Avaliação psicológica

Coleção Avaliação Psicológica

Coordenador:
Makilim Nunes Baptista

Conselho editorial do Ibap:
Marlene Alves da Silva (FASU/UNIGRAD)
Fabiano Koich Miguel (UEL)
Marcelo Henkrein (UFRR)

Dados Internacionais de Catalogação na Publicação (CIP)
(Câmara Brasileira do Livro, SP, Brasil)

Avaliação psicológica : guia para a prática profissional / Katya Luciane de Oliveira, Patrícia Waltz Schelini, Sabrina Martins Barroso, (organizadoras). [Coleção Avaliação Psicológica] – Petrópolis, RJ : Vozes, 2020.

Vários autores.

Bibliografia.

2ª reimpressão, 2024.

ISBN 978-65-571-3056-8

1. Avaliação psicológica 2. Psicólogos – Formação profissional I. Oliveira, Katya Luciane de. II. Schelini, Patrícia Waltz. III. Barroso, Sabrina Martins.

20-41680   CDD-150.287

Índices para catálogo sistemático:
1. Avaliação psicológica   150.287

Cibele Maria Dias – Bibliotecária – CRB-8/9427

Avaliação psicológica
Guia para a prática profissional

Katya Luciane de Oliveira
Patrícia Waltz Schelini
Sabrina Martins Barroso
(orgs.)

© 2020, Editora Vozes Ltda.
Rua Frei Luís, 100
25689-900 Petrópolis, RJ
www.vozes.com.br
Brasil

Todos os direitos reservados. Nenhuma parte desta obra poderá ser reproduzida ou transmitida por qualquer forma e/ou quaisquer meios (eletrônico ou mecânico, incluindo fotocópia e gravação) ou arquivada em qualquer sistema ou banco de dados sem permissão escrita da editora.

CONSELHO EDITORIAL

Diretor
Volney J. Berkenbrock

Editores
Aline dos Santos Carneiro
Edrian Josué Pasini
Marilac Loraine Oleniki
Welder Lancieri Marchini

Conselheiros
Elói Dionísio Piva
Francisco Morás
Gilberto Gonçalves Garcia
Ludovico Garmus
Teobaldo Heidemann

Secretário executivo
Leonardo A.R.T. dos Santos

PRODUÇÃO EDITORIAL

Aline L.R. de Barros
Jailson Scota
Marcelo Telles
Mirela de Oliveira
Natália França
Otaviano M. Cunha
Priscilla A.F. Alves
Rafael de Oliveira
Samuel Rezende
Vanessa Luz
Verônica M. Guedes

Editoração: Fernando Sergio Olivetti da Rocha
Diagramação: Sheilandre Desenv. Gráfico
Revisão gráfica: Nilton Braz da Rocha
Capa: WM design

ISBN 978-65-571-3056-8

"As opiniões, hipóteses e conclusões ou recomendações expressas neste material são de responsabilidade dos autores e não necessariamente refletem a visão do IBAP – Instituto Brasileiro de Avaliação Psicológica."

Este livro foi composto e impresso pela Editora Vozes Ltda.

Prefácio

A avaliação psicológica é atividade exclusiva do psicólogo. Esta área vem crescendo significativamente pelo país, devido aos esforços do Instituto Brasileiro de Avaliação Psicológica, em conjunto com o Conselho Federal de Psicologia. Não há dúvidas de que os testes psicológicos passaram a ser mais valorizados pela sociedade devido ao trabalho destas entidades que têm buscado, cada vez mais, demonstrar a cientificidade dos instrumentos psicológicos. Os parâmetros para avaliação dos testes psicológicos pela Câmara de Avaliação Psicológica, e divulgados pelo Satepsi, demonstram o rigor que é exigido para se atestar a qualidade dos instrumentos psicológicos que podem ser utilizados no país. Tais padrões estão em consonância com as recomendações internacionais para uso dos testes, como é divulgado pela International Testing Commission.

O crescimento da área de avaliação psicológica no país requer não somente testes com qualidade científica, mas também profissionais que estejam qualificados para fazer uso adequado destes instrumentos. Entretanto, esta não é a realidade na formação do profissional de Psicologia, e, considerando a nossa dimensão territorial, uma tarefa bastante difícil de se conseguir uniformidade. Portanto, inúmeras vezes o psicólogo é formado de maneira bastante precária para atuar com a avaliação psicológica em diferentes áreas de atuação. Este profissional depara-se com várias dúvidas na sua prática diária, que envolvem questões práticas para avaliação psicológica de populações específicas. Outras dúvidas podem estar relacionadas às questões éticas e orientações de como selecionar um instrumento psicológico para um objetivo determinado. Até mesmo oferecer o seu trabalho como avaliador pode ser um tema que traz incertezas.

Nesse sentido, a proposta deste livro é auxiliar estes profissionais que necessitam de orientações práticas para atuar na área de avaliação psicológica. Estes psicólogos podem ser recém-formados, ou estarem atuando em outra área na qual não utilizava testes psicológicos, mas que tenham decidido mudar sua linha de trabalho, direcionando-a para a avaliação psicológica, em diferentes contextos. Estas pessoas, sem dúvida, poderão se beneficiar dos temas discutidos nos capítulos deste livro, que poderão depois ser aprofundados com leituras mais teóricas.

Os primeiros capítulos deste livro trazem a distinção entre avaliação psicológica e testagem, como também abordam o tema da avaliação neuropsicológica e sua discriminação da avaliação psicológica. As resoluções do Conselho Federal de Psicologia e algumas orientações na escolha de um teste psicológico, para atender objetivos específicos, são também discutidas na primeira parte deste livro.

As necessidades envolvidas na avaliação de diferentes grupos etários fazem parte dos temas abrangidos por este livro. Com esta finalidade, são trazidas orientações práticas a ser consideradas quando o psicólogo realiza uma avaliação psicológica com criança, por exemplo. Outro tema de destaque é a avaliação de adolescentes, com orientações sobre a postura do psicólogo ao realizar este trabalho, e sugestões de instrumentos psicológicos para diferentes queixas que podem trazer o jovem para o atendimento psicológico. A avaliação de adultos, por sua vez, envolve um amplo leque de demandas, para as quais o psicólogo iniciante na área deve considerar para realizar um trabalho de qualidade. Já a avaliação de idosos, muitas vezes solicitada por outros profissionais, exige conhecimentos da neuropsicologia que deverão ser combinados com os da psicologia, a fim de ser realizado um diagnóstico comparativo.

As questões éticas com as quais o psicólogo se depara, em vários momentos da avaliação psicológica, são bastante discutidas neste livro. Embora exista o Código de Ética da Psicologia, os dilemas encontrados na prática da avaliação psicológica podem trazer dúvidas para o profissional. Por fim, as oportunidades que podem existir para serviços de avaliação psicológica exigem um profissional com maior segurança na sua atuação, que advém não somente da sua postura ética, mas também que possa resolver situações práticas que ocorrem no exercício destas atividades.

Finalmente, este livro poderá ser de grande ajuda para todos aqueles que desejam atuar na área da avaliação psicológica, mas que necessitam de um suporte inicial, com orientações breves e práticas para situações específicas deste campo de trabalho. Certamente, a atualização deste profissional deverá ocorrer, no futuro, de forma contínua, para que possa oferecer um trabalho para a sociedade com qualidade e cientificidade.

Solange Muglia Wechsler, Ph.D.
Professora do Curso de Pós-graduação de Psicologia da PUC-Campinas
Ex-presidente do Instituto Brasileiro de Avaliação Psicológica
Membro do Conselho Diretor da International Testing Commission

Apresentação

Sempre que iniciamos em uma área profissional temos dúvidas sobre como proceder. O que é importante conhecer? Como se preparar? Quais os principais aspectos devemos considerar para sermos bons profissionais? Como apresentar meus serviços e conquistar o mercado de trabalho?

Quando um estudante de Psicologia ou psicólogo decide trabalhar com avaliação psicológica ele precisa se habituar com uma forma de pensar e uma prática extremamente rica e variada, mas cuja formação ao longo da graduação por vezes é feita de forma fragmentada ou incompleta. Apesar de ser ressaltado com frequência que a avaliação psicológica é uma prática privativa dos psicólogos, por vezes a formação para atuar com avaliação deixa a desejar, e essa carência na formação pode gerar perguntas que os jovens profissionais não sabem a quem recorrer para sanar.

Nesta obra professores de diferentes partes do Brasil, com experiência em avaliação psicológica, buscam responder a perguntas-chave sobre o trabalho como avaliador e oferecer indicações práticas para jovens profissionais e estudantes que desejam se aprofundar nessa temática. As organizadoras pediram aos autores que respondessem a dúvidas comuns de estudantes de graduação e pós-graduação sobre avaliação psicológica, destacando o próprio percurso como exemplo e indicando material para aprofundamento teórico para os interessados. Avaliação psicológica e neuropsicológica são a mesma coisa? As habilidades e preocupações que devo ter como profissional são as mesmas para trabalhar com pessoas de todas as etapas da vida? Preciso trabalhar com testes psicológicos sempre que conduzir uma avaliação? Como escolho esses instrumentos? Como oferecer meus serviços e quem vai me contratar? Questões como essas foram as norteadoras para a criação deste livro, dado o impacto que podem ter no trabalho de um profissional que escolhe a área de avaliação psicológica. Convidamos a todos a ler e conhecer mais sobre a atuação em avaliação psicológica. Esperamos que o livro contribua para diminuir as dúvidas relacionadas com essa temática e incentive novos profissionais a abraçar esse caminho.

As organizadoras

Sumário

1 Por que os professores diferenciam avaliação psicológica e testagem psicológica?, 11

2 Qual a diferença entre avaliação psicológica e avaliação neuropsicológica?, 21

3 Quais os diferentes contextos de atuação em avaliação psicológica e suas resoluções específicas?, 33

4 Como escolher um teste psicológico?, 46

5 O que é mais frequente avaliar em crianças e como fazê-lo?, 60

6 O que é mais frequente avaliar em adolescentes e como fazê-lo?, 73

7 O que é mais frequente avaliar em adultos e como fazê-lo?, 92

8 O que é mais frequente avaliar em idosos e como fazê-lo?, 107

9 Quais são os cuidados éticos ao realizar uma avaliação psicológica?, 118

10 Como oferecer o meu trabalho como avaliador(a)?, 128

Sobre os autores, 146

1
Por que os professores diferenciam avaliação psicológica e testagem psicológica?

Katya Luciane de Oliveira

Amanda Lays Monteiro

Cristiane Faiad

Monalisa Muniz

Patrícia Waltz Schelini

Relevância da dúvida

O motivador de pensar sobre a temática do capítulo para a formação profissional ou atuação dos psicólogos se fundamenta na trajetória das autoras na área da avaliação psicológica. Este primeiro capítulo agrega membros do Grupo de Trabalho (GT) da Associação Nacional de Pesquisa e Pós-graduação em Psicologia (Anpepp), intitulado Pesquisa em Avaliação Psicológica, tratando-se do primeiro e mais antigo GT da área. Com a responsabilidade de problematizar e discutir diferenças e articulações entre avaliação psicológica e testagem psicológica, inicialmente serão delimitados os conceitos acerca do que se considera por avaliação psicológica para subsidiar então no que se difere da testagem psicológica. Por fim, serão tecidas as conclusões e considerações finais, das quais será possível indicar os avanços obtidos e desafios que ainda estão por vir para a área.

A avaliação psicológica conquistou um avanço surpreendente nas últimas duas décadas em nosso país. Diversas ações e produtos comprovam um crescimento exponencial e de qualidade da área, entre estes: maior quantidade de publicações científicas com destaque para diversos livros elaborados por autores brasileiros, o que permite contemplar as peculiaridades da nossa cultura; a formação de duas associações específicas da área, em 1997, e que estão cada vez mais ativas – Associação Brasileira de Rorschach e Métodos Projetivos e Instituto Brasileiro de Avaliação Psicológica; a criação da *Revista de Avaliação Psicológica*, no ano de 2002; Resoluções do Conselho Federal de Psicologia (CFP) específicas para atuação em avaliação psicológica nos diversos contextos e que foram elaboradas a partir da demanda da sociedade (ex.: diretrizes para a realização da avaliação psicológica – Resolução CFP 09/2018; perícia psicológica no trânsito – Resolução CFP 001/2019; concessão de registro e/ou de arma de fogo – Resolução CFP 018/2008 e concursos públicos e processos seletivos – Resolução CFP 002/2016); a implementação do Sistema de Avaliação dos Testes Psicológicos (Satepsi), em 2001, um marco para a área no Brasil; e o reconhecimento da Avaliação Psicológica como especialidade pelo CFP, em 2019.

Toda essa expansão ocorre atrelada ao desenvolvimento de pesquisas na área, as quais se inserem tanto no campo epistêmico dos fundamentos das medidas e técnicas de avaliação quanto na produção de novos instrumentais e tecnologias na produção de instrumentos psicológicos (Faiad, Pasquali, & Oliveira, 2019). Esse espaço cada vez maior que a avaliação psicológica ocupa na Psicologia e sociedade é reflexo da sua relevância no fazer psicológico, sempre atrelado com o compromisso social. Diante disso, é imperativo que o psicólogo tenha conhecimento sobre o que é avaliação psicológica, pois é uma área transversal na ciência e prática psicológica. Assim, o presente capítulo tecerá discussões a respeito da temática para a formação profissional do psicólogo, buscando por meio de pressupostos construídos na literatura científica diferenciar os distintos enquadres oriundos da avaliação psicológica e testagem psicológica e seus desdobramentos.

Faz-se importante ressaltar que a avaliação psicológica deve ser considerada sob a ótica inerente ao raciocínio psicológico que abarca toda atuação profissional do psicólogo e se baseia em um raciocínio científico. Diante de qualquer situação, o psicólogo faz uma avaliação inicial, não necessariamente estruturada em um processo, para tentar compreender brevemente determinado fenômeno. Em uma avaliação estruturada em um processo são utilizadas técnicas para o levantamento de informações, análise e interpretação apropriada dos dados e elaboração de documentos psicológicos. Assim, é possível distinguir a avaliação psicológica não estruturada, que seria uma análise psicológica breve e que é construída basicamente a partir do conhecimento e raciocínio psicológico, quando, por exemplo, a partir da leitura de um documento que contém informações da evolução de um caso, o psicólogo emite suas considerações; e avaliação psicológica estruturada, a qual se fundamenta em um processo com mais recursos técnicos e maior tempo para o entendimento de um fenômeno, a qual será o objeto deste capítulo e a qual subsidia as decisões e orientações de intervenção.

Trajetória na temática

Inicialmente cabe contextualizar o ponto de partida do qual os autores iniciam suas considerações, que está atrelado às suas atuações enquanto professores pesquisadores da área da avaliação psicológica, tanto em âmbito da graduação quanto da Pós-graduação *Stricto Sensu*. Na equipe há aqueles que coordenam laboratórios de avaliação psicológica e atuam com serviço público de avaliação psicológica. Alguns de nós são supervisores de estágio de avaliação psicológica ou afins, como o psicodiagnóstico. Parte dos autores também faz parte da diretoria do Instituto Brasileiro de Avaliação Psicológica – Ibap (gestão 2019-2021). Posto isto, procuraremos trazer considerações não somente fundadas na literatura científica, mas e especialmente baseada na *expertise* de anos de atuação prática na área.

Resposta à dúvida do capítulo

O ato de avaliar as pessoas em diversas habilidades, entre elas as cognitivas, remonta a 2200 a.C. no Império Chinês durante a dinastia Han, e os testes dentro da história atingiram um grande protagonismo, tendo como destaque, no início do século XX, a "escala de medida da inteligência" de Binet e Simon publicada em 1905 e o teste dos borrões de tinta de Rorschach, em 1921, de autoria de Hermann Rorschach. A Primeira Guerra Mundial também fez uso intenso dos testes, aumentando a visibilidade dessa ferramenta psicológica (Cohen, Swerdlik, & Sturman, 2014; Urbina, 2014). Fatos que contribuíram para que a testagem psicológica, que é somente a utilização de teste, ganhasse mais destaque e espaço em diversos ambientes como um procedimento de avaliação de aspectos psicológicos.

A avaliação psicológica como um processo que faz uso de variadas ferramentas psicológicas (observações, entrevistas e também testes) para o levantamento de informações sobre um indivíduo é diferente da prática da testagem (uso somente de teste para uma avaliação). Na Segunda Guerra Mundial (1939-1945), por exemplo, foi necessária a seleção de militares que desempenhariam funções muito especializadas, como a espionagem, de modo que o U. S. Office of Estrategic Services dos Estados Unidos (atualmente Central Intelligence Agency – CIA), fez uso de diversos instrumentos e procedimentos, entre estes o teste psicológico, para a coleta e integração dos dados advindos de vários métodos (Cohen, Swerdlik, & Sturman, 2014).

No entanto, mesmo com uma nova compreensão sobre a avaliação psicológica, ainda hoje, diversos profissionais da psicologia desconhecem a diferença entre testagem psicológica e avaliação psicológica, tratando-as como sinônimo. Ressalta-se que são terminologias específicas que caracterizam práticas distintas e complementares dentro da atuação do profissional de psicologia. A origem deste equívoco pode estar relacionada ao modo como a avaliação psicológica foi inicialmente promulgada, ou seja, vinculada ao desenvolvimento e emprego de testes psicológicos. Os autores ressaltam que, no passado, a avaliação psicológica era restrita à utilização dos testes, sendo desconsiderados fatores hoje tidos como imprescindíveis para uma avaliação integral, que abarque a complexidade do indivíduo e do meio em que este se encontra inserido (Andrade & Sales, 2017).

Com certeza, a história da valiação, na qual o teste inicialmente era utilizado como a única ferramenta para se avaliar, contribuiu inadequadamente para o uso dos termos testagem e avaliação psicológica como sinônimos. Porém, após mais de 70 anos de um novo entendimento da avaliação, ou seja, como um processo que abrange o uso de diversas ferramentas, métodos, técnicas para a integração e análise dos dados advindos de variadas fontes, pode-se destacar a formação na Psicologia e em específico na área da avaliação psicológica, em nosso país, como uma variável que também disseminou a compreensão equivocada que iguala a testagem à avaliação.

Da mesma maneira que a formação contribuiu para o equívoco, ela está ajudando significativamente para que uma nova realidade se construa. Hoje, com todo o avanço que foi conquistado na área, mais um ganho também se refere a uma quantidade maior de professores de Avaliação Psicológica mais competentes. Por isso esses profissionais diferenciam os dois termos e fazem questão desse conhecimento ser realmente internalizado pelos estudantes, pois só assim conseguiremos que um dia tal diferenciação seja algo de domínio não apenas dos psicólogos, mas da sociedade.

Posta toda essa contextualização, agora se faz necessário ir à definição de avaliação psicológica. Muitos autores já a definiram com algumas especificidades em cada descrição, mas convergindo em relação a ser um processo não padronizado que integra e analisa informações coletadas, sendo que na grande maioria das definições se menciona que há uso de diversas técnicas, métodos, instrumentos ou testes psicológicos.

No Brasil, em 2013, o Conselho Federal de Psicologia publicou uma atualização da Cartilha de Avaliação Psicológica na qual consta uma definição abrangente e detalhada sobre o que é avaliação psicológica, que segue:

> A avaliação psicológica é um processo técnico e científico realizado com pessoas ou grupos de pessoas que, de acordo com cada área de conhecimento, requer metodologias específicas. Ela é dinâmica e constitui-se em fonte de informações de caráter explicativo sobre os fenômenos psicológicos, com a finalidade de subsidiar os trabalhos nos diferentes campos de atuação do psicólogo, dentre eles a saúde, educação, trabalho e outros setores que ela se fizer necessária. Trata-se de um estudo que requer um planejamento prévio e cuidadoso, de acordo com a demanda e fins para os quais a avaliação se destina (CFP, 2013, p. 13).

Analisando essa definição, é interessante ressaltar alguns termos, como: "técnico e científico", que correspondem ao embasar a avaliação na ciência psicológica e nas técnicas reconhecidas na psicologia; "grupos", enfatizando que é um processo aplicado não apenas à coleta de informações e compreensão de um indivíduo, mas também para o funcionamento e dinâmica que se formam a partir de um grupo, apesar da prática com grupos ainda ser pouco realizada, relatada e estudada; "dinâmica", pois não há uma padronização, um modelo a ser seguido para a realização da avaliação psicológica, uma vez que há características específicas da demanda, população, do contexto, dos recursos materiais, das competências do avaliador, envolvimento do avaliado, relação com o avaliado e informações que surgem a cada sessão; "subsidiar os trabalhos" porque a avaliação colabora ao planejamento de intervenções, sendo que ela pode ser realizada para também monitorar a proposta interventiva, o que permite verificar a eficiência do trabalho.

Complementando o exposto, a avaliação psicológica deve ser considerada como um processo técnico-científico de coleta de dados, estudo e interpretação de informações a respeito dos fenômenos psicológicos, que são resultado da relação do indivíduo com a sociedade, ou seja, devem ser considerados os aspectos sociais, culturais e históricos que permeiam a vida do indivíduo avaliado. Para tanto, faz-se necessária a compreensão dos construtos psicológicos e a integração de diferentes fontes de informações. Com a avaliação psicológica se busca uma predição, ou seja, uma estimativa do que se pretende responder em relação a um indivíduo, um grupo de pessoas ou um programa (Cohen, Swerdlik, & Sturman, 2014).

Ainda é importante ressaltar que o processo de avaliação psicológica se fundamenta na compreensão da especificidade de cada caso avaliado. Por isso é um equívoco considerar que a avaliação psicológica é uma prática que reduz o ser humano a um número ou um "rótulo" diagnóstico. O indivíduo deve ser considerado como sujeito único que apresenta características próprias e que se insere num contexto social que influencia seu modo de interagir no meio. Dessa forma, a análise qualitativa dos dados oriundos da avaliação assume maior relevância do que uma análise estanque do resultado geral do sujeito em relação ao grupo de referência ao qual foi comparado, como ocorre no teste psicológico (Reppold, Zanini, & Noronha, 2019).

Procurando atender a demanda da sociedade e da categoria profissional dos psicólogos, e que contempla o descrito nos parágrafos supracitados, foi criada a primeira resolução específica sobre a avaliação psicológica, a Resolução CFP 09/2018 que estabelece diretrizes para a realização de avaliação psicológica no exercício profissional da psicóloga e do psicólogo e regulamenta o Sistema de Avaliação de Testes Psicológicos – revogando a 002/2003; 005/2012 (Resolução 09/2018). As resoluções anteriores, agora revogadas, abrangiam somente o uso, elaboração e comercialização dos testes psicológicos, mas a de 09/2018 discorre e orienta sobre a prática da avaliação psicológica, abarcando também os cuidados com os testes.

Desde o início, a Resolução 009/2018 apresenta o entendimento da avaliação psicológica como processo, retirando o foco dos chamados testes psicológicos como ferramentas exclusivas para sua realização, bem como ampliando a noção de avaliação psicológica para além da chamada testagem psicológica:

> Art. 1º – Avaliação psicológica é definida como um processo estruturado de investigação de fenômenos psicológicos, composto de métodos, técnicas e instrumentos, com o objetivo de prover informações à tomada de decisão, no âmbito individual, grupal ou institucional, com base em demandas, condições e finalidades específicas (Resolução 09/2018, p. 2).

A resolução está dividida em seis tópicos, sendo o 1º "Das diretrizes básicas para a realização de avaliação psicológica no exercício profissional da psicóloga e do psicólogo". Há de se destacar que a resolução aponta para a liberdade do psicólogo em decidir o que utilizar na avaliação desde que seja embasada na ciência psicológica e nas normativas vigentes do Conselho Federal. Entretanto especifica que qualquer decisão deve estar respaldada por pelo menos uma fonte fundamental de informação e, quando se julgar pertinente, por fontes complementares. As fontes fundamentais são: testes psicológicos aprovados pelo CFP para uso profissional e/ou entrevistas psicológicas e/ou protocolos ou registros de observação de comportamentos obtidos individualmente ou por meio de processo grupal e/ou técnicas de grupo. As fontes complementares incluem: técnicas e instrumentos não psicológicos que possuam respaldo da literatura científica da área e que respeitem o Código de Ética e as garantias da legislação da profissão; documentos técnicos, tais como protocolos ou relatórios de equipes multiprofissionais (Resolução 09/2018).

A prerrogativa do psicólogo poder decidir o que utilizar a partir do estabelecido na resolução, para realizar o processo de avaliação psicológica e chegar em respostas que o permita tomar decisões e quando necessário orientar intervenções, é de suma importância para a autonomia desse profissional e para sua responsabilidade. Nesse sentido, cabe ressaltar o cuidado que o psicólogo precisa ter, pois apesar da resolução indicar que se pode utilizar uma ou outra fonte fundamental, é muito complicado conseguir embasar uma decisão, por exemplo, somente a partir do uso de um teste psicológico. O resultado de um teste apenas se torna significativo quando contextualizado com demais informações, como o contexto social, compreensão de particularidades da pessoa ou grupo, entre outras variáveis. A integração dos dados coletados a partir de diversas fontes de informação é que permitirá melhor embasamento de uma decisão ou orientação; caso contrário, corre-se o risco de cometer diversos equívocos.

Outro ponto nesta resolução que fica evidente é o campo da avaliação psicológica permear exclusivamente o exercício profissional dos psicólogos, contribuindo para sua inserção em diferentes contextos, tais como o educacional, forense, hospitalar, organizacional, do trânsito, entre tantos outros (Hauck Filho & Zanon, 2015). Talvez um dos grandes desafios da área esteja na compreensão, por parte do profissional, da necessidade de conhecer os aspectos técnicos que envolvem a avaliação (instrumentos existentes, identificação de aspectos técnicos no manual dos testes, entre outros) e, também, a particularidade que cada um dos contextos de atuação resguarda. Isso se faz possível por meio de uma formação profissional adequada e do investimento na formação continuada.

Podemos entender que a avaliação psicológica pode advir de três diferentes categorias, aqui propostas apenas para fins didáticos. Uma avaliação pode ser demandada de forma espontânea ou eventual, ou seja, ela surge como uma demanda durante algum processo interventivo. Comumente em psicoterapia, quando o profissional precisa lançar mão de dados complementares para compreender melhor seu paciente e direcionar sua intervenção. Uma outra categoria está na demanda de avaliação compulsória, quando a avaliação tem um caráter obrigatório (Faiad & Alves, 2018) como, por exemplo, nos contextos de concursos públicos, no trânsito, na cirurgia bariátrica, dentre outros. Ainda há as avaliações institucionais, que surgem sob demanda formal e geralmente se encontram no contexto do judiciário. Como exemplo, temos as perícias psicológicas, as avaliações no contexto de disputa de guarda, na subtração internacional, entre outros. Em cada um desses contextos há especificidades que precisam ser profundamente conhecidas pelo profissional. Para mais informações sugerimos a leitura do livro *Compêndio de avaliação psicológica* (Baptista et al., 2019) no qual constam capítulos de diversas temáticas e contextos da avaliação psicológica.

Em face ao exposto, fica evidente que a formação do profissional que pretende trabalhar com a avaliação psicológica deve abarcar o conhecimento especializado no que se refere aos testes psicológicos e seu manuseio, e também todas as demais ferramentas inerentes à complexa tarefa de avaliar um ser humano, assim como compreender as especificidades de cada contexto, demanda e população envolvidos na realização da avaliação psicológica. Como ressaltam Andrade e Sales (2017) e Primi (2018), frente à prática da avaliação psicológica ser exclusiva do psicólogo, é necessário que esse profissional tenha conhecimento especializado sobre as teorias psicológicas e sobre o que se pretende avaliar. Os diversos modos, procedimentos, técnicas, métodos, testes, instrumentos que constituem um processo de avaliação possuem importância central para a sociedade, contribuindo sobremaneira em diferentes campos de conhecimento.

Diante o apresentado até o momento, pode-se perceber que o processo de avaliação psicológica é complexo e demanda variados e aprofundados conhecimentos. Com o intuito de organizar o conhecimento necessário a ser demonstrado por um avaliador, em 2012 um grupo de pesquisadores/professores/profissionais da área propuseram 27 competências importantes a serem desenvolvidas para um profissional realizar uma avaliação psicológica com qualidade e ética (Nunes, Muniz, Reppold, Faiad, Bueno, & Noronha, 2012; Muniz, 2017). Não é objetivo deste capítulo trabalhar as competências, mas cabe mencionar que várias estão relacionadas à natureza, definição e o uso dos testes psicológicos, bem como seu papel dentro da avaliação psicológica. A partir desse ponto do texto traremos informações de forma mais específica sobre os testes para contribuir com o desenvolvimento dessas competências mencionadas.

Teste e testagem psicológica

Como pode ser constatado no tópico sobre avaliação psicológica, o teste sempre teve um protagonismo na prática de avaliar, sendo que, inicialmente, a avaliação era somente baseada na testagem. Aliado a isso, muitos testes psicológicos ganharam destaque mundial e foram muito utilizados em diversas sociedades, contextos e situações. Com isso os testes também foram aprimorados, sendo que hoje qualquer teste psicológico de qualidade tem diversos estudos científicos que indicam evidências de validade, precisão e normatização. No entanto, constituiu-se um novo entendimento sobre avaliação psicológica, a qual passou a ser realizada enquanto um processo que faz uso de diversas técnicas, procedimentos, instrumentos, dentre eles o teste, que pode ou não ser utilizado.

Os testes tendem a ser descritos de forma que duas de suas características se sobressaiam: eles têm a finalidade de coletar dados e são padronizados. A primeira característica, de coletar, se assemelha à avaliação psicológica, assim como com qualquer outra técnica que é utilizada no processo de avaliar, pois o objetivo da avaliação é conseguir a maior quantidade de informações possíveis sobre uma pessoa, grupo ou instituição. Porém, o segundo ponto, a padronização, é um dos aspectos que mais diferenciam o uso do teste da avaliação psicológica, pois esta não é padronizada e precisa ser muito flexível para ir se delineando a partir das demandas, contextos, população e informações coletadas durante o processo. Já o teste, caso sua aplicação não siga o estabelecido na padronização, não possibilitará a obtenção de um resultado que possa ser comparado com o da amostra da população (normativa). Outro aspecto específico do teste é o da comparação, o que na avaliação psicológica não é o objetivo. Caso o avaliador utilize um teste, as informações serão analisadas e integradas, mas nem sempre é necessária tal comparação.

A testagem psicológica pauta seus resultados nas informações obtidas por meio dos testes psicológicos de diferentes tipos. Esses são definidos como medidas padronizadas e objetivas que buscam a obtenção de amostras de comportamento relevantes para o funcionamento cognitivo ou afetivo e avaliação dessas amostras segundo certos padrões (CFP, 2013; Urbina, 2014).

Segundo os *Standards for Educational and Psychological Testing* (Aera/APA/NCME, 2014), que são um conjunto de informações que orientam sobre uso e elaboração de testes desenvolvidos pela Associação Americana de Pesquisa Educacional (Aera) em parceria com a Associação Americana de Psicologia (APA) e Conselho Nacional de Medição em Educação (NCME), o emprego adequado dos testes psicológicos corresponde à possibilidade de decisões mais bem fundamentadas e compatíveis com a realidade daquele(s) que se pretende avaliar. Em contrapartida, seu uso inapropriado pode trazer consequências decisivas e, por vezes, irreparáveis, visto que os resultados atestam condições específicas que influenciam na vida dos indivíduos e em outras partes abarcadas na testagem.

A esse respeito, Urbina (2014) evidencia que por mais que as qualidades técnicas de vários testes estejam inferiores ao esperado para que estes possam contribuir efetivamente com aquilo que pretendem avaliar, grande parte dos erros cometidos são em decorrência da falta de conhecimentos ou competências por parte dos profissionais que os utilizam. De modo análogo, estudos realizados no Brasil indicam essa realidade (Noronha, Primi, & Alchieri, 2005; Zaia, Oliveira, & Nakano, 2018) fomentando discussões relativas à formação dos estudantes de Psicologia e dos psicólogos quanto ao uso de testes psicológicos e quanto ao processo de avaliação psicológica de modo geral.

Considerações finais: avanços e desafios

Como apresentado no início do texto, a área da avaliação psicológica cresceu exponencialmente no Brasil. Hoje temos profissionais mais bem-preparados, testes psicológicos com maior qualidade, regulamentação (Resoluções do CFP) da prática tanto de forma geral quanto em contextos específicos, produção significativa de conhecimento e a retomada do prestígio da área, e de seus profissionais, pela sociedade. No entanto ainda há muito a ser desenvolvido e conquistado; como exemplo, podemos citar algumas situações. A ampliação dos contextos nos quais a avaliação psicológica está inserida, como é o caso das políticas públicas, é uma delas, o que demanda novos conhecimentos e repensar a prática para que se adeque às mais variadas possibilidades de realização da avaliação e com isso pensar se e o quanto os testes psicológicos tenderiam a contribuir com o processo.

Uma outra situação seria a disseminação de novas propostas de avaliação, como a Avaliação Terapêutica, caracterizada como um processo colaborativo onde as intervenções ocorrem durante o processo (para maiores informações recomendamos consultar Villemor-Amaral & Resende, 2018). A outra é a continuação na luta para uma melhor formação dos profissionais da área da avaliação psicológica. Cabe destacar que, além da importância dos investimentos na formação dos estudantes de Psicologia, a fim de que estes se encontrem efetivamente preparados para atuar na área, desenvolvendo um trabalho que responda as demandas levantadas pelo indivíduo, grupos e/ou programas com primazia e ética, há que se pensar na qualificação dos profissionais, docentes e pesquisadores que atuam com avaliação psicológica. Estes devem estar em um processo de capacitação profissional em constante aprimoramento, buscando aliar a teoria presente na literatura nacional e internacional com uma prática que abarque cada vez mais a integralidade do indivíduo, respondendo às demandas que se apresentam com êxito (Noronha & Reppold, 2010; Zaia et al., 2018). Parte desse desafio está, sem dúvida, no fortalecimento da área dentro das Instituições de Ensino Superior, em um melhor investimento e fortalecimento de disciplinas atinentes à área de avaliação psicológica, em busca de formar competências técnicas (Nunes, Muniz, Reppold, Faiad, Bueno, & Noronha, 2012; Muniz, 2017) que possibilitem profissionais melhor preparados para atuarem no mercado e na busca por melhorias das Diretrizes Curriculares dos cursos de Psicologia.

Indicação de referências e/ou sites para aprofundamento no tema

Baptista, M. N., Muniz, M., Reppold, C. T., Nunes, C. H. S. S., Carvalho, L. F., Primi, R., Noronha, A. P. P., Seabra, A. G., Wechsler, S., Hutz, C. S., & Pasquali, L. (2019). *Compêndio de avaliação psicológica*. Petrópolis: Vozes.

Sites

www.ibapnet.org.br

https://www.apa.org

https://site.cfp.org.br

https://www.itc-conference.com

Referências

American Educational Research Association, American Psychological Association, & National Council on Measurement in Education (2014). *Standards for educational and psychological testing*. Washington, DC: Autor.

Andrade, J. M., & Sales, H. F. S. (2017). A diferenciação entre avaliação psicológica e testagem psicológica: questões emergentes. In: M. R. C. Lins, & J. C. Borsa (orgs.). *Avaliação psicológica: aspectos teóricos e práticos* (pp. 9-22). Petrópolis: Vozes.

Baptista, M. N., Muniz, M., Reppold, C. T., Nunes, C. H. S. S., Carvalho, L. F., Primi, R., Noronha, A. P. P., Seabra, A. G., Wechsler, S., Hutz, C. S., & Pasquali, L. (2019). *Compêndio de avaliação psicológica*. Petrópolis: Vozes.

Cohen, R. J., Swerdlik, M. E., & Sturman, E. D. (2014). *Testagem e avaliação psicológica: introdução a testes e medidas*. Porto Alegre: AMGH.

Conselho Federal de Psicologia (2013). *Cartilha de Avaliação Psicológica 2013*. Brasília: Conselho Federal de Psicologia. Recuperado em 31 de agosto de 2019, de http://satepsi.cfp.org.br/docs/Avaliac%CC%A7aopsicologicaCartilha1.pdf

Conselho Federal de Psicologia (2018). *Resolução 9, de 25 de abril de 2018*. Brasília: CFP. Recuperado em 08 de maio de 2018, de http://satepsi.cfp.org.br/docs/Resolução-CFP-no-09-2018-com-anexo.pdf

Faiad, C., & Alves, I. C. B. (2018). Contribuições do Satepsi para Avaliações Psicológicas Compulsórias (Trânsito, Porte de Arma e Concursos Públicos). *Psicol. Cienc. Prof., 38*(n. esp.), 50-59. Http://Dx.Doi.Org/10.1590/1982-3703000208851.

Faiad, C., Pasquali, L., & Oliveira, K. L. (2019). Histórico da avaliação psicológica no mundo. In: M. N. Baptista, M. Muniz, C. T. Reppold, C. H. S. S. Nunes, L. F. Carvalho, R. Primi, A. P. P. Noronha, A. G. Seabra, S. M. Wechsler, C. S. Hutz, & L. Pasquali (orgs.). *Compêndio de avaliação psicológica* (pp. 111-121). Petrópolis: Vozes.

Hauck Filho, N., & Zanon, C. (2015). Questões básicas sobre mensuração. In: C. L. Hutz, D. R. Bandeira, & C. M. Trentini (orgs.). *Psicometria* (pp. 23-43). Porto Alegre: ArtMed.

Noronha, A. P. P., Primi, R., & Alchieri, J. C. (2005). Instrumentos de avaliação mais conhecidos/utilizados por psicólogos e estudantes de psicologia. *Psicologia: Reflexão e Crítica, 18*(3), 390-401. Https://doi.org/10.1590/S1413-73722005000100015.

Noronha, A. P. P., & Reppold, C. T. (2010). Considerações sobre a avaliação psicológica no Brasil. *Psicologia: Ciência e Profissão, 30*(n. esp.), 192-201. Https://doi.org/10.1590/S1414-98932010000500009.

Nunes, M. F. O., Muniz, M., Reppold, C. T., Faiad, C., Bueno, J. M. H., & Noronha, A. P. (2012). Diretrizes para o ensino de avaliação psicológica. *Avaliação Psicológica, 11*(2), 309-316.

Primi, R. (2018). Avaliação psicológica no século XXI: de onde viemos e para onde vamos. *Psicologia: Ciência e Profissão*, *38*(n. esp.), 87-97. Https://Dx.Doi.Org/10.1590/1982-3703000209814.

Reppold, C. T., Zanini, D. & Noronha, A. P. (2019). O que é avaliação psicológica? In: M. N. Baptista, M. Muniz, C. T. Reppold, C. H. S. S. Nunes, L. F. Carvalho, R. Primi, A. P. P. Noronha, A. G. Seabra, S. M. Wechsler, C. S. Hutz, & L. Pasquali (orgs.). *Compêndio de avaliação psicológica* (pp. 15-28). Petrópolis: Vozes.

Villemor-Amaral, A. E., & Resende, A. C. (2018). Novo modelo de avaliação psicológica no Brasil. *Psicologia Ciência e Profissão*, *38*(n. esp.), 122-132.

Urbina, S. (2014). *Essentials of psychological testing* (2. ed.). Hoboken: Wiley.

Zaia, P., Oliveira, K. S., & Nakano, T. C. (2018). Análise dos processos éticos publicados no jornal do Conselho Federal de Psicologia. *Psicologia: Ciência e Profissão*, *38*(1), 8-21. Https://doi.org/10.1590/1982-3703003532016.

2
Qual a diferença entre avaliação psicológica e avaliação neuropsicológica?

Marcela Mansur-Alves

Júlia Beatriz Lopes-Silva

Relevância da dúvida

Durante os anos de formação profissional e, mais especificamente do lugar em que falamos, que é o da formação profissional em Psicologia, nos são apresentados todos aqueles conteúdos e disciplinas que são considerados necessários e suficientes para desenvolvermos as competências fundamentais para atuação profissional sólida, ética e tecnicamente qualificada. Somos expostos a um sem-número de teorias e práticas que, no caso da Psicologia, muitas vezes parecem contradizer-se. Talvez, em parte, essa contradição possa ser explicada pelas várias nuanças e facetas do que é ser humano, ainda que seja difícil para um aluno em formação se situar e capturar essas nuanças. O mesmo acontece com a compreensão das especificidades e similaridades entre práticas e campos de atuação. A formação em Psicologia é generalista e, portanto, ninguém concluirá a graduação como psicólogo clínico, organizacional, do esporte, do trânsito, jurídico ou neuropsicólogo. Essas são áreas de especialidade do psicólogo, formalizadas pelo Conselho Federal de Psicologia – CFP (Resolução 003/2016) com vistas à qualificação profissional. Não obstante, uma competência necessária e essencial para qualquer psicólogo é saber conduzir um processo de avaliação psicológica. Todo psicólogo que se gradua estaria, em tese, habilitado a conduzir tal processo. Ou seja, por lei, ele poderia fazê-lo, ainda que não tenha todo acesso a uma formação extensa e completa para realização de tal processo.

Nesse sentido, a avaliação psicológica é atividade essencial de um psicólogo e se caracteriza por ser um "processo estruturado de investigação de fenômenos psicológicos, que faz uso de métodos, instrumentos e técnicas próprios, com objetivo de prover informações à tomada de decisão em vários âmbitos" (Art. 1º, Resolução 09/2018, CFP). E como atividade profissional essencial, o Conselho Federal de Psicologia vem direcionando esforços, nos últimos 15 anos, para regulamentar e qualificar esse campo de atuação. Mais especificamente, tem havido uma grande preocupação em regulamentar a construção, o uso e a comercialização dos testes psicológicos, instrumentos extremamente importantes na grande maioria dos processos de avaliação (Reppold & Noronha, 2018). Os testes psicológicos são, pensando de uma forma simples e legalista, instrumentos de uso exclusivo de psicólogos, por se tratar de ferramentas que mensuram construtos psicológicos (Bandeira, 2018). A qualidade destes instrumentos e sua permissão ou não para uso profissional são avaliadas pela Comissão Consultiva em Avaliação Psicológica (CCAP) e disponibilizadas pelo Sistema de Avaliação de Testes Psicológicos (Satepsi).

O Satepsi tem como principal objetivo avaliar a qualidade técnico-científica dos testes psicológicos, incluindo o conteúdo dos manuais. Entretanto, outras práticas de avaliação, como a avaliação neuropsicológica, podem utilizar instrumentos que não passam pelo crivo do Satepsi. Diversos testes neuropsicológicos, como Cubos de Corsi, ou Torre de Londres, são de domínio público, e as informações sobre administração e interpretação dos resultados não estão contempladas em manuais e, sim, em artigos científicos. Nesse sentido, trabalhar com avaliação neuropsicológica exige um processo de busca ativa do neuropsicólogo sobre possibilidades de instrumentos e normas disponíveis para o contexto brasileiro. A resolução 002/2004, do CFP, reconhece a Neuropsicologia como especialidade em Psicologia, e afirma que esta área de atuação "utiliza instrumentos especificamente padronizados para a avaliação das funções neuropsicológicas" (Resolução 002/2004, CFP, p. 3). Mas o que seria esta padronização específica? Quais seriam as funções neuropsicológicas?

Pouco se debate sobre Neuropsicologia no contexto da graduação em Psicologia e, concomitantemente, é possível observar um crescimento exponencial do interesse em cursos de pós-graduação. Em consulta ao Google, realizada em agosto de 2018, utilizando-se os termos "pós-graduação e neuropsicologia", foram encontrados 233.000 resultados! Legrenzi e Umiltá (2011) discutem o aumento significativo das disciplinas "neuro", como Neuropsicologia, Neuroeconomia, Neuroética, dentre outras. Segundo esses autores, esta não é uma moda transitória e, no contexto brasileiro, podemos observar um número consistente e contínuo de profissionais que buscam um aprofundamento em neuropsicologia. Deste modo, é extremamente necessário que sejam debatidas as possibilidades e limitações da avaliação neuropsicológica e suas similaridades e divergências em relação à avaliação psicológica.

Trajetória na temática

Com o objetivo de tentarmos responder à dúvida acerca das diferenças entre avaliação psicológica e neuropsicológica, nós, autoras deste capítulo, partimos de trajetórias de formação diferentes, mas que acreditamos serem complementares para tentar oferecer uma resposta que se aproxime de uma compreensão mais realista desta problemática, além de sinalizar que é possível conversar, refletir e discordar de forma construtiva.

Uma das autoras, a Marcela, é professora do Curso de Psicologia da Universidade Federal de Minas Gerais (UFMG) e leciona disciplinas de avaliação psicológica na graduação e na pós-graduação. Trabalhou com avaliação psicológica e diferenças individuais, sendo monitora na graduação, colaborando como aluna de iniciação científica em pesquisas na área, fazendo estágios externos e internos nesse campo de atuação. Fez mestrado e doutorado em áreas associadas à avaliação e orienta, atualmente, trabalhos de mestrado e doutorado que se situam na interface entre avaliação e intervenção. Já organizou congressos na área e escreveu capítulos e artigos, além de materiais de apoio técnico a profissionais. O campo de avaliação psicológica é parte tão essencial de sua trajetória profissional que entendeu que também poderia contribuir para o mesmo, se inserindo em sociedades científicas da área e, atualmente, faz parte, há duas gestões, da diretoria do Instituto Brasileiro de Avaliação Psicológica

(Ibap). É deste lugar que a Marcela falará para vocês, do lugar de quem está na área há muitos anos, mas que ainda entende que tem muito a aprender e a ensinar.

A outra autora, Júlia, também é professora do Curso de Psicologia da UFMG, mas tem uma trajetória um pouco diferente. No segundo semestre de sua graduação em Psicologia começou a iniciação científica no Laboratório de Neuropsicologia do Desenvolvimento (LND-UFMG). Fazer parte do LND-UFMG foi muito importante para que ela tivesse contato com a prática de avaliação neuropsicológica de crianças e adolescentes, dado que não havia oferta de disciplinas de neuropsicologia na matriz curricular. A partir disso, fez mestrado e doutorado no Programa de Pós-graduação em Saúde da Criança e do Adolescente, utilizando ferramentas de avaliação neuropsicológica. Já deu aulas em diversos cursos de pós-graduação em Neuropsicologia e, mais especificamente, já ministrou a disciplina de Avaliação Neuropsicológica em alguns desses cursos. Também já atuou em clínicas multidisciplinares e em consultório particular no contexto da avaliação neuropsicológica de crianças com algum transtorno do neurodesenvolvimento, principalmente de transtornos de aprendizagem. Acredita que a Avaliação Neuropsicológica ainda é uma área bastante desconhecida e cercada de diversos mitos, por isso acha bastante relevante clarear algumas dúvidas sobre as possibilidades de atuação do neuropsicólogo.

Resposta à dúvida do capítulo

O Conselho Federal de Psicologia (CFP), por meio da Resolução 003/2016 oferece a possibilidade que o psicólogo obtenha o título de especialista em uma determinada área de atuação. Atualmente é possível obter o título de especialista em Neuropsicologia, o que foi determinado a partir da Resolução 002/2004. De acordo com essa resolução, o neuropsicólogo atua no diagnóstico da "cognição, das emoções, da personalidade e do comportamento sob o enfoque da relação entre estes aspectos e o funcionamento cerebral" (Resolução 002/2004, CFP, p. 2). Aí talvez esteja uma grande diferença entre a avaliação psicológica e a neuropsicológica. No caso da Neuropsicologia, o principal modelo epistemológico utilizado é o da correlação anatomofuncional, ou seja, há um pressuposto que perpassa todo o processo de avaliação de que determinada função ou comportamento associa-se a um determinado substrato neurobiológico. Vamos pensar, por exemplo, no caso de um paciente que procura a avaliação neuropsicológica para investigar a hipótese diagnóstica de dislexia. Diversos estudos (como Dehaene, Cohen, Morais, & Kolinsky, 2015; Schuster et al., 2015) já encontraram relação entre a atividade do córtex temporal esquerdo e da região occipital esquerda com prejuízos de leitura. Desse modo, ao realizar a avaliação de um sujeito com suspeita de dislexia, é importante avaliar funções cognitivas associadas a essas regiões cerebrais, como o processamento fonológico e a capacidade de identificar letras. Em se tratando dos processos de avaliação psicológica, os modelos teórico-epistemológicos utilizados são os mais diversos, podendo estar situados dentro de diferentes correntes do pensamento psicológico. Por exemplo, o uso de testes projetivos clássicos, tais como o psicodiagnóstico de Rorschach, exige uma compreensão mais aprofundada de conceitos da teoria psicanalítica, ao passo que o uso e integração de dados de testes psicométricos de personalidade, tais como a Bateria Fatorial de Personalidade (BFP), vai demandar do profissional uma compreensão do modelo dos cinco grandes fatores e sua aplicação na clínica psicológica. Não obstante, para além de um modelo epistemológico mais geral e do uso de teorias psicológicas, as demandas diversificadas e atreladas a contextos diversos em avaliação psicológica e neuropsicológica irão demandar teorias e conhecimentos bastante específicos para cada um deles. Um psicólogo ou neuropsicólogo clínico, que trabalha com avaliação em crianças e adolescentes, terá que ter domínio de conceitos e modelos de desenvolvimento cognitivo e socioafetivo e psicopatologia na infância e adolescência, ao passo que um psicólogo ou neuropsicólogo que trabalha com atletas adultos de alto rendimento provavelmente teria que entender e dominar conceitos da Psicologia do Esporte e de treinamento físico, tático e técnico. Em resumo, quando se trata de embasamento teórico, o neuropsicólogo sempre fará uso de um raciocínio clínico que inclua uma correlação anatomofuncional, ao passo que o psicólogo que trabalha com avaliação psicológica não teria como base fundamental do seu trabalho a busca pelos substratos neurobiológicos associados a um dado comportamento. Eis aqui uma diferença fundamental!

Por outro lado, apenas mais recentemente é que o Sistema de Conselhos Regionais de Psicologia reconheceu a Avaliação Psicológica como especialidade da Psicologia, por considerar que avaliação psicológica apresenta um conjunto de métodos, técnicas e procedimentos suficientes que a sustentam como uma especialidade dentro da Psicologia (Resolução CFP n. 18/2019). Essa foi uma conquista importante para a área de avaliação psicológica e traz à tona uma outra realidade bastante atual, que é o crescente número de cursos de especialização em avaliação psicológica, mesmo antes do reconhecimento da especialidade como estratégia para cobrir demandas de formação no ensino superior, seja ele público ou privado (Gouveia, 2018). Nesse sentido, podemos considerar que tanto a avaliação psicológica quanto a neuropsicologia são especialidades do psicólogo reconhecidas pelo CFP. Entretanto, quando olhamos para a formação profissional para ambas, nos cursos de graduação em Psicologia do país, observamos mais uma diferença importante. A avaliação psicológica é considerada um campo de conhecimento básico na Psicologia, fazendo parte das Diretrizes Curriculares Nacionais (DCNs) da profissão, configurando um campo de habilidades entendidas como básicas e fundamentais para a atuação profissional. Assim, pois, ainda que haja uma grande variação nas matrizes curriculares dos cursos de Psicologia no Brasil, quanto a carga horária média e número de disciplinas de avaliação psicológica contempladas, todos os cursos de Psicologia possuem ao menos uma disciplina obrigatória de Avaliação Psicológica (Finelli, Freitas, & Cavalcanti, 2015; Gouveia, 2018). Por outro lado, a Neuropsicologia, apesar de também se configurar como importante campo de atuação profissional que, inclusive, vem experimentando um crescimento vertiginoso nas últimas décadas, parece não ser entendida como competência básica para atuação do psicólogo, estando pouco ou não representada nas matrizes curriculares dos cursos de Psicologia do país.

Certamente, quando falamos de diferenças entre avaliação psicológica e neuropsicológica não podemos deixar de mencionar a Resolução 09/2018 do CFP, que regulamenta a avaliação por meio do estabelecimento de diretrizes para sua realização. Segundo esta resolução, a avaliação psicológica pode ser definida como "um processo estruturado de investigação de fenômenos psicológicos". Esta definição também revela uma especificidade da avaliação psicológica, que não é tão encontrada na neuropsicológica: a estruturação. Enquanto a avaliação neuropsicológica é um processo mais flexível, a avaliação psicológica é mais estruturada em relação às etapas da avaliação e também em relação aos instrumentos utilizados para coleta de informações.

Especificamente em relação aos instrumentos utilizados, há uma grande diferença em relação aos dois tipos de avaliação. De acordo com a Resolução 09/2018, é considerada uma falta ética o uso de testes desfavoráveis ou não avaliados pela Comissão Consultiva em Avaliação Psicológica (CCAP) e disponibilizados no Satepsi, durante a avaliação psicológica. Segundo esta resolução, as fontes fundamentais de coleta de informação durante a avaliação psicológica são os testes psicológicos aprovados pelo CFP, entrevistas e protocolo de registros de observação. Os testes psicológicos passam por uma avaliação rigorosa dos seus manuais, devendo atender a requisitos referentes à definição dos construtos investigados, objetivos e contextos, apresentação de sistema de aplicação e correção, dentre outros. Desse modo, o psicólogo que trabalha com avaliação psicológica deve manter-se frequentemente atualizado em relação aos testes que estão com parecer favorável para uso, dado que os estudos de validade, precisão e as normas de testes psicológicos têm prazo máximo de 15 anos.

Por outro lado, de acordo com a Resolução 002/2004, o neuropsicólogo "utiliza instrumentos especificamente padronizados para avaliação das funções neuropsicológicas" (Resolução 002/2004, CFP, p. 3). A escolha dos instrumentos utilizados na avaliação neuropsicológica é, desse modo, um tanto mais flexível, o que pode apresentar vantagens e desvantagens. Uma vantagem é a grande possibilidade de utilização de tarefas neuropsicológicas e a produção constante de publicações científicas sobre parâmetros psicométricos dos instrumentos. Diferentemente dos testes psicológicos, que apresentam manuais e são de uso exclusivo dos psicólogos, muitos testes e tarefas neuropsicológicos foram publicados no formato de artigos científicos e, consequentemente, são de domínio público. Um exemplo de teste neuropsicológico é o *Stroop Victoria*, amplamente conhecido para avaliação de funções executivas. Nesse teste é inicialmente apresentado um cartão com pontos coloridos, seguido por um cartão composto por palavras neutras, como cadeira e lápis, impressas em cores diferentes. Por fim, é apresentado um terceiro cartão composto por palavras que representam cores, como verde e vermelho, impressas em cores que são correspondentes (p. ex., a palavra verde impressa na cor vermelha). Nos três cartões, o examinando deve nomear as cores dos pontos e, posteriormente, das palavras, e o tempo é registado. Espera-se que o tempo gasto no terceiro cartão seja maior, dado que é necessário inibir a resposta automática de leitura das palavras para nomear a cor em que elas estão impressas. Este teste não é um teste comercializado, não existe um manual publicado e pode ser produzido por qualquer pessoa. As informações referentes às instruções de aplicação podem ser encontradas em livros (Júlio-Costa, Moura, & Haase, 2017; Strauss, Sherman, & Spreen, 2006) e artigos científicos (Stroop, 1935; Gerstadt, Hong, & Diamond, 1994); e existem normas publicadas para o contexto brasileiro (para crianças, cf. Charchat-Fichman & Oliveira, 2009; adolescentes, Duncan, 2006; e idosos, Klein, Adda, Miotto, Lucia, & Scaff, 2010). Esta é considerada uma desvantagem por alguns profissionais que trabalham com avaliação neuropsicológica: dado que os testes não possuem manual, o neuropsicólogo precisa realizar uma busca ativa de artigos que descrevam o instrumento e, frequentemente, estas informações são publicadas em inglês.

O fato de alguns dos instrumentos neuropsicológicos serem de domínio público está associado a uma outra especificidade importante da avaliação neuropsicológica: ela pode ser realizada por profissionais não psicólogos. Existem vários cursos de pós-graduação *lato sensu* que formam profissionais em neuropsicologia e estes podem ser cursados por profissionais de diversas áreas como Pedagogia, Fisioterapia, Medicina, Fonoaudiologia. A neuropsicologia é, por definição, interdisciplinar. Em 2011, a revista do Sistema do Conselho Federal e Regionais de Fonoaudiologia (Comunicar) publicou um artigo intitulado "Fonoaudiologia e Neuropsicologia: ciências interdisciplinares e inter-relacionadas". As autoras desse artigo, Jerusa Salles e Letícia Mansur, são fonoaudiólogas de formação com grande atuação em pesquisas neuropsicológicas. Nesse artigo elas comentam sobre a relação de reciprocidade entre Neuropsicologia e Fonoaudiologia e a importância de uma formação teórico-prática para a adoção responsável do referencial teórico neuropsicológico. Um ponto importante que deve ser ressaltado é que, além dos testes de domínio público, testes psicológicos também podem ser utilizados na avaliação neuropsicológica, como, por exemplo, testes de inteligência, dentre outros testes de uso exclusivo. Nesse caso, neuropsicólogos que não são formados em psicologia não podem aplicá-los. Faz-se importante destacar que uma diretriz importante, que é comum ao trabalho em avaliação psicológica e neuropsicológica, é que as psicólogas e os psicólogos não poderão elaborar, validar, traduzir, adaptar, normatizar, comercializar e fomentar instrumentos ou técnicas psicológicas para criar, manter ou reforçar preconceitos, estigmas ou estereótipos (Resolução 09/2018, CFP).

Outra diferença encontrada entre os processos de avaliação psicológica e neuropsicológica recai sobre a produção de documentos escritos, decorrentes de ambos. Ao final de todo processo de avaliação o profissional deve produzir um documento escrito com os resultados obtidos, em que são descritas a demanda recebida, os procedimentos adotados pelo profissional para responder a esta demanda, os resultados encontrados e o raciocínio psicológico utilizado para interpretar esses resultados e se chegar a uma conclusão sobre o caso. Esse documento pode ser solicitado pelo usuário do serviço de avaliação prestado, sendo que esse último possui o direito de receber tal documento. Os documentos escritos, decorrentes de processos de avaliação psicológica, devem seguir as modalidades (declaração, atestado, parecer ou laudo) e as orientações quanto à qualidade técnica e científica, contidas na Resolução 06/2019 do CFP, que institui regras para produção de documentos escritos produzidos por psicólogos e psicólogas. Alguns pontos importantes desta resolução que destacamos são: a) para elaboração de um documento decorrente de avaliação psicológica, os profissionais psicólogos devem fundamentar a sua decisão obrigatoriamente em métodos, técnicas e instrumentos psicológicos reconhecidos cientificamente para uso na prática profissional do psicólogo (essas fontes de informação estão descritas em detalhes na Resolução 09/2018); b) a resolução traz uma diferenciação entre relatório (informativo de um trabalho desenvolvido ou em desenvolvimento e não visa produzir um diagnóstico psicológico) e laudo (resultante direto de um processo de avaliação psicológica que visa subsidiar decisões relacionadas ao contexto em que a demanda surgiu; c) os laudos psicológicos podem tratar de hipóteses diagnósticas, diagnóstico, prognóstico e encaminhamento. A Resolução 06/2019 traz uma estrutura predeterminada para o laudo, que é composta de seis itens (identificação, descrição da demanda, procedimento, análise, conclusão e referências) a serem contemplados, necessariamente, pelos psicólogos na produção desse documento. Ou seja, esse é um documento que possui uma estrutura padronizada e uma regulamentação própria.

Muito embora essa mesma Resolução (06/2019) possa orientar a produção de documentos escritos decorrentes de processos de avaliação neuropsicológica, ela só possui impacto direto na prática profissional de neuropsicólogos que possuem formação superior em psicologia. Isso poderia indicar que a produção de documentos escritos em avaliação neuropsicológica estaria mais sujeita a variações e diferenças de estrutura e conteúdo entre os profissionais que atuam na área. Tzotzoli (2012) sugeriu uma estrutura de tópicos para a redação do laudo neuropsicológico, a qual difere da proposta pela Resolução 06/2019. O primeiro tópico estaria associado à identificação da demanda de avaliação. A seguir, a entrevista clínica e observações comportamentais deveriam ser descritas. É importante que seja reportado quem foi entrevistado na anamnese e que o motivo da avaliação seja descrito em termo do impacto funcional na vida do sujeito. Já as observações clínicas devem ser relatadas de forma descritiva e não interpretativa. É mais adequado descrever o comportamento por meio de frases do tipo *"O paciente X estava se adiantando nas instruções, fazendo comentários do tipo 'Já entendi', 'ok', 'ahan', e, como resultado, ele não estava usando o tempo disponível antes de emitir sua resposta"*, em vez de *"Paciente X não estava prestando atenção e não estava seguindo as instruções"*. O próximo tópico refere-se aos resultados dos testes e deve conter o nome e os resultados dos testes, tanto de forma quantitativa quanto qualitativa. Uma diferença relevante entre a avaliação psicológica e a neuropsicológica é a grande ênfase nos aspectos qualitativos proposta pela neuropsicologia (Mansur-Alves, 2018). Além de simplesmente reportar a pontuação obtida pela criança, deve-se relatar as estratégias utilizadas e análises qualitativas dos erros. Winograd, de Jesus e Uehara (2012) realizaram entrevistas semiestruturadas com 11 neuropsicólogos brasileiros para investigar a importância atribuída à avaliação qualitativa na prática clínica. A partir da análise dos dados verificou-se que 82% dos profissionais afirmam que contemplam a avaliação qualitativa na redação dos laudos. A seguir, a seção de síntese deve resumir todas as seções anteriores, incluindo a retomada da demanda, informações relevantes da entrevista e das observações comportamentais e dos demais instrumentos utilizados. Por fim, a conclusão deve ser sucinta e, segundo a autora, "um bom neuropsicólogo não fica superinterpretando os resultados, mas simplesmente se atém ao que ele sabe com certeza, baseado nos resultados e observações clínicas" (*"A good neuropsychologist does not over-interpret findings but simply sticks to what he knows for sure based on the results and the clinical observations"*, Tzotzoli, 2012, p. 823). É importante ressaltar que esta é apenas uma sugestão de organização estrutural de laudo neuropsicológico, mas este documento deve sempre apresentar a descrição do perfil neuropsicológico construído ao longo da avaliação, o qual deve possibilitar o planejamento de estratégias de reabilitação e a realização de previsões prognósticas. Por fim, Tzotzoli (2012) enfatiza que o laudo neuropsicológico deve ser sucinto e claro em relação ao objetivo da avaliação, além de ser compreensível para leitores não especialistas em neuropsicologia.

Em se tratando das demandas, também é possível observarmos diferenças entre a avaliação psicológica e neuropsicológica. Psicólogos e psicólogas que trabalham com avaliação psicológica recebem demandas por avaliação ou exame psicológico provenientes de vários contextos e campos de atuação, tais como trânsito, seleção e recrutamento de pessoas, concursos e segurança pública, concessão e/ou porte de arma de fogo, hospitalar (avaliação pré e pós-operatório, p. ex.), escolar/educacional, orientação profissional, jurídico (vara de família e vara criminal, p. ex.), esporte e clínica, para citar apenas alguns. Por outro lado, os profissionais que trabalham com avaliação neuropsicológica têm suas demandas mais concentradas em alguns campos, tais como ambulatórios e hospitais, escolas e clínica (Mansur-Alves, 2018). Não obstante essas diferenças, algumas das demandas recebidas são comuns à avaliação psicológica e neuropsicológica e, muitas vezes, levam profissionais recém-formados e, até mesmo, com mais experiência, a não entenderem, na prática, como os dois processos, para demandas parecidas, diferem. Assim, vamos tentar dar um breve exemplo de como um mesmo caso poderia ser conduzido a partir das duas abordagens. Imaginemos que o clínico receba em seu consultório um encaminhamento de um pediatra para avaliação de uma criança de 12 anos com suspeita de Transtorno do Déficit de Atenção e Hiperatividade (Tdah). A criança acumula prejuízos no desenvolvimento de competências básicas, tais como leitura, escrita e habilidades matemáticas e queixas de regulação de comportamento no contexto escolar.

No contexto da avaliação neuropsicológica, após a realização da anamnese com os responsáveis, uma alternativa interessante seria a utilização do questionário Snap-MTA-IV (Mattos et al., 2006), que permite o rastreio de sintomas do Tdah e do transtorno desafiador e de oposição. Como relatado no *Manual Diagnóstico e Estatístico de Transtornos Mentais – DSM-5* (American Psychiatric Association, 2013), é necessária a presença de prejuízo funcional em, pelo menos, dois contextos e, em decorrência disso, é importante que o neuropsicólogo encaminhe o questionário para a escola. A partir disso, o neuropsicólogo deve realizar a testagem, utilizando instrumentos que avaliem atenção. Cabe ressaltar que crianças com Tdah, além das habilidades atencionais prejudicadas, podem apresentar dificuldades com as funções executivas, principalmente nos aspectos relacionados ao controle inibitório, flexibilidade cognitiva, memória operacional e tomada de decisões, mas este padrão de prejuízos nem sempre é encontrado (Nigg et al., 2005). O próprio DSM-5 afirma que pode haver problemas cognitivos com testes de atenção, função executiva ou memória associado ao Tdah, embora esses testes não sejam suficientemente sensíveis ou específicos para servir como índices diagnósticos. Na síntese dos resultados, então, o neuropsicólogo realizará uma retomada da caracterização dos sintomas obtida por meio da entrevista clínica, bem como na observação do comportamento e fontes complementares, como a escola, para apoiar ou descartar a hipótese diagnóstica de Tdah.

No contexto da avaliação psicológica, a realização de entrevista de anamnese com a família (pais e/ou responsáveis) também é fundamental para constituir o quadro geral de desenvolvimento da criança e entender quando e onde esses prejuízos estão presentes. Também, como passo seguinte, seria usual aplicar algum instrumento mais padronizado para levantar a quantidade e intensidade dos sintomas, bem como os contextos nos quais os mesmos estão presentes. Uma opção viável seria a Entrevista Diagnóstica com o K-Sads (versão brasileira da *Schedule for Affective Disorders and Schizophrenia for School-Aged Children*), que pode ser realizada com figuras parentais, com professores e com a própria criança. É também bastante usual, que observações estruturadas na escola sejam realizadas com vistas a verificar a ocorrência dos prejuízos identificados no contexto escolar, além de possibilitar uma análise mais detalhada das interações sociais da criança em ambiente natural (Mansur-Alves & Saldanha-Silva, 2015). Como forma de avaliar o perfil cognitivo do paciente, não apenas suas dificuldades, mas também as forças do seu funcionamento psicológico, é comum a escolha de uma bateria de testes padronizados e tarefas que possam fazer esse mapeamento de habilidades de maneira mais ampla e completa possível. Nesse sentido, o uso de testes que avaliem funções cognitivas mais gerais e específicas é inserido. Um instrumento muito utilizado na avaliação do nível intelectual em crianças e adolescentes, as Escalas Wechsler de Inteligência para Crianças – 4a. edição (Wisc-IV), seria uma primeira escolha. Isso porque, ainda que o nível intelectual não seja critério diagnóstico para o Tdah (APA, 2014), a inteligência é considerada fator de proteção e compensação para os prejuízos apresentados pela criança, além de favorecer um melhor prognóstico do quadro clínico.

O Wisc-IV oferecerá um perfil completo de forças e dificuldades da criança em várias aptidões intelectuais específicas por meio de dados quantitativos e qualitativos, auxiliando não apenas no diagnóstico, mas também no planejamento de intervenção. Por exemplo, é comum que crianças que tenham Tdah apresentem piores resultados em subtestes de atenção (cancelamento), memória operacional (sequência de números e letras e dígitos) e velocidade de processamento (códigos) no Wisc (Mayes & Caullon, 2006). Mais ainda, esse perfil cognitivo no Wisc-IV para crianças com Tdah pode variar entre as apresentações do transtorno (desatenta, hiperativa/impulsiva e combinada), oferecendo *insights* importantes para o profissional que está conduzindo a avaliação (Thaler, Bello, & Etcoff, 2013).

Além do Wisc-IV, instrumentos padronizados para avaliação da atenção concentrada, sustentada e dividida, memória, planejamento, habilidades perceptomotoras e desempenho escolar são utilizados porque permitem levantar prejuízos primários e secundários presentes em um quadro de Tdah (Mansur-Alves & Saldanha-Silva, 2015). Também não é incomum que, em processos de avaliação psicológica, o funcionamento socioemocional seja avaliado. É relativamente frequente que crianças e adolescentes com Tdah tenham dificuldades no funcionamento social e em regulação emocional (frustração, impaciência e hostilidade) (Barkley, 2015; Wheeler & Carlson, 2000). Assim, pois, testes ou escalas para avaliação de competências sociais e temperamento (personalidade) também são escolhidos para compor a bateria de avaliação. Novamente, a avaliação desses aspectos não apenas auxilia na compreensão do caso, como também favorece a seleção mais adequada de estratégias de intervenção que estejam alinhadas ao perfil de funcionamento psicológico da criança. Considerando o levantamento das informações provenientes de todas essas ferramentas, o psicólogo seguirá para apresentação e descrição dos resultados obtidos em cada instrumento e integração interpretativa desses resultados que leve a uma compreensão dinâmica e cientificamente respaldada em teorias e modelos psicológicos daquele quadro clínico, chegando a um parecer que seja indicativo ou conclusivo e oferecendo os encaminhamentos pertinentes ao caso.

Como observado, os procedimentos utilizados no decorrer da avaliação psicológica e da neuropsicológica para investigação do Tdah apresentam diversas sobreposições. Em ambas as avaliações a entrevista clínica apresenta um papel central na compreensão da sintomatologia, e a observação do comportamento em vários contextos é considerada uma fonte importante de informação. Por outro lado, a escolha dos instrumentos de testagem e os pressupostos teórico-epistemológicos são diferentes, com utilização de instrumentos padronizados e de personalidade na avaliação psicológica e tarefas de funções executivas na neuropsicológica. Consequentemente, o arcabouço teórico e os resultados serão interpretados e descritos de formas diferentes, mas, provavelmente, chegando à mesma conclusão.

Considerações finais

A prática em avaliação é uma das principais competências profissionais a serem adquiridas por um psicólogo e psicóloga durante seu percurso na graduação. Ainda que extremamente importante e necessária para atuação profissional, os diferentes tipos de fazer em avaliação podem, por vezes, levar a uma série de enganos comuns. Assim, pois, este capítulo teve como objetivo tentar apresentar de maneira breve e simples as diferenças na condução de processos de avaliação psicológica e neuropsicológica por meio da apresentação da perspectiva complementar de duas pesquisadoras com atuação consolidada e especializada em cada uma das áreas. A intenção foi apresentar ao leitor algumas dessas diferenças fundamentais, tais como aquelas que recaem sobre o raciocínio clínico utilizado, a existência de normativas e resoluções específicas, a produção de documentos, o uso de testes psicológicos, a formação para atuação em ambas e as demandas recebidas. Essas diferenças, embora pareçam triviais a um leitor iniciante, possuem importantes repercussões teórico-práticas e precisam ser efetivamente consideradas e compreendidas. Não obstante as diferenças, os processos de avaliação psicológica e neuropsicológica apresentam vários pontos em comum, dentre eles o fato de terem a produção de um documento psicológico como principal produto da avaliação, no qual, apesar das especificidades referentes a cada um dos processos, há uma descrição do perfil (neuro)psicológico do sujeito, assim como eventuais encaminhamentos. Ambos os processos devem ser realizados com o cuidado ético necessário e, para tal, é crucial que o estudante e o profissional interessados em realizar avaliações estejam em constante processo de estudo e atualização.

Sugestão de leituras para aprofundamento na temática

Conselho Federal de Psicologia (2013). *Cartilha avaliação psicológica*. Brasília: CFP. Disponível em: http://satepsi.cfp.org.br/docs/cartilha.pdf

Conselho Federal de Psicologia (2017). *Cartilha sobre avaliação psicológica*. Brasília: CFP. Disponível em: http://satepsi.cfp.org.br/docs/Cartilha-Avalia%C3%A7%C3%A3o-Psicol%C3%B3gica.pdf

Jurado, M. Á., & Pueyo, R. (2012). Doing and reporting a neuropsychological assessment. *International Journal of Clinical and Health Psychology, 12*(1), 123-141. Http://www.Aepc.Es/Ijchp/Articulos_Pdf/Ijchp-404.Pdf.

Mansur-Alves, M. (2018). Contrastando avaliação psicológica e neuropsicológica: acordos e desacordos. In: L. F. Malloy-Diniz, D. Fuentes, P. Mattos, & N. Abreu. *Avaliação Neuropsicológica* (pp. 03-09). 2. ed. Porto Alegre: Artmed.

Referências

American Psychiatric Association (2013). *Diagnostic and statistical manual of mental disorders* (5th ed.). Washington, DC.

Bandeira, D. R. (2018). A Controvérsia do Uso dos Testes Psicológicos por Psicólogos e Não Psicólogos. *Psicologia: Ciência e Profissão, 38*(n. esp.), 159-166. Https://doi.org/10.1590/1982-3703000208860.

Barkley, R. A. (2015). Emotional dysregulation is a core component of ADHD. In: R. A. Barkley (ed.) *Attention-deficit hyperactivity disorder: A handbook for diagnosis and treatment* (pp. 81-115). Nova York: The Guilford Press.

Charchat-Fichman, H., & Oliveira, R. M. (2009). Performance of 119 Brazilian children on Stroop paradigm: Victoria version. *Arquivos de Neuro-Psiquiatria, 67*(2b), 445-449. Http://dx.doi.org/10.1590/S0004-282X2009000300014.

Dehaene, S., Cohen, L., Morais, J., & Kolinsky, R. (2015). Illiterate to literate: behavioural and cerebral changes induced by reading acquisition. *Nature Reviews Neuroscience, 16*(4), 234. Https://Doi.Org/10.1038/Nrn3924.

Duncan, M. T. (2006). Obtenção de dados normativos para desempenho no teste de Stroop num grupo de estudantes do Ensino Fundamental em Niterói. *Jornal Brasileiro de Psiquiatria, 55*(1), 42-48. Http://dx.doi.org/10.1590/S0047-20852006000100006.

Finelli, L. A. C. F., Freitas, S. R., & Cavalcanti, R. L. (2015). Docência em avaliação psicológica: A formação no Brasil. *Revista de Estudios e Investigación en Psicología y Educación,* Extra (12), A12-31. Https://doi.org/10.17979/reipe.2015.0.12.567.

Gerstadt, C., Hong, Y., & Diamond, A. (1994). The relationship between cognition and action: Performance of $3^{1/2}$-7 year old children on a Stroop-like day-night test. *Cognition, 53,* 129-153. Https://doi.org/10.1016/0010-0277(94)90068-X.

Gouveia, V. V. (2018). Formação em avaliação psicológica: situação, desafios e diretrizes. *Psicologia: Ciência e Profissão, 38*(3), 74-86. Https://doi.org/10.1590/1982-3703000208641.

Júlio-Costa, A., Moura, R., & Haase, V. G. (orgs.) (2017). *Compêndio de testes neuropsicológicos: Atenção, funções executivas e memória.* São Paulo: Hogrefe.

Klein, M., Adda, C. C., Miotto, E. C., Lucia, M. C. S., & Scaff, M. (2010). O paradigma stroop em uma amostra de idosos brasileiros. *Psicologia Hospitalar, 8*(1), 93-112. Http://pepsic.bvsalud.org/scielo.php?script=sci_arttext&pid=S1677-4092010000100007.

Legrenzi, P. & Umiltà, C. (2011). *Neuromania – On the Limits of Brain Science* (pp. 120). Oxford: OUP.

Mansur-Alves, M. (2018). Contrastando avaliação psicológica e neuropsicológica: acordos e desacordos. In: L.F. Malloy-Diniz, D. Fuentes, P. Mattos, & N. Abreu. *Avaliação Neuropsicológica* (pp. 03-09). 2. ed. Porto Alegre: Artmed.

Mansur-Alves, M., & Saldanha-Silva, R. (2015). Exemplo de documento técnico: avaliação de um caso de suspeita de Tdah. In: S. M. Barroso, F. Scorsolini-Comin, & E. Nascimento (orgs.). *Avaliação psicológica: da teoria às aplicações* (pp. 92-102). Petrópolis: Vozes.

Mayes, S. D., & Calhoun, S. L. (2006). Wisc-IV and Wisc-III profiles in children with ADHD. *Journal of Attention Disorders, 9*(3), 486-493. Https://doi.org/10.1177/1087054705283616.

Mattos, P., Pinheiro, M. A., Rohde, L. A. P., & Pinto, D. (2006). Apresentação de uma versão em português para uso no Brasil do instrumento MTA-Snap-IV de avaliação de sintomas de transtorno do déficit de atenção/

hiperatividade e sintomas de transtorno desafiador e de oposição. *Revista de Psiquiatria do Rio Grande do Sul, 28*(3), 290-297. Http://dx.doi.org/10.1590/S0101-81082006000300008.

Nigg, J. T., Willcutt, E. G., Doyle, A. E., & Sonuga-Barke, E. J. S. (2005). Causal heterogeneity in attention-deficit/hyperactivity disorder: do we need neuropsychologically impaired subtypes? *Biological Psychiatry, 57*: 1.224-1.230. Https://doi.org/10.1016/j.biopsych.2004.08.025.

Reppold, C., & Noronha, A. P. P. (2018). Impacto dos 15 Anos do Satepsi na avaliação psicológica brasileira. *Psicologia: Ciência e Profissão, 38*(3), 6-15. Https://doi.org/10.1590/1982-3703000208638.

Resolução 009, de 25 de abril de 2018. Estabelece diretrizes para a realização de avaliação psicológica no exercício profissional da psicóloga e do psicólogo, regulamenta o Sistema de Avaliação de Testes Psicológicos – Satepsi e revoga as Resoluções 002/2003, 006/2004 e 005/2012 e Notas Técnicas 01/2017 e 02/2017. Brasília: Conselho Federal de Psicologia. Recuperado de: http://satepsi.cfp.org.br/docs/Resolu%C3%A7%C3%A3o-CFP-n%C2%BA-09-2018-com-anexo.pdf

Resolução 6, de 29 de março de 2019. Institui regras para a elaboração de documentos escritos produzidos pela(o) psicóloga(o) no exercício profissional e revoga a Resolução CFP 15/1996, a Resolução CFP 07/2003 e a Resolução CFP 04/2019. Brasília: Conselho Federal de Psicologia. Recuperado de: https://atosoficiais.com. br/cfp/resolucao-do-exercicio-profissional-n-6-2019-institui-regras-para-a-elaboracao-de-documentos-escritos-produzidos-pela-o-psicologa-o-no-exercicio-profissional-e-revoga-a-resolucao-cfp-no-15-1996-a-resolucao-cfp-no-07-2003-e-a-resolucao-cfp-no-04-2019?q=006/2019

Resolução CFP 18/2019, de 17 de setembro de 2019. Reconhece a Avaliação Psicológica como especialidade da Psicologia. Brasília: Conselho Federal de Psicologia. Recuperado de: https://site.cfp.org.br/cfp-publica-resolucao-que-torna-a-avaliacao-psicologica-especialidade-da-psicologia/

Schuster, S., Hawelka, S., Richlan, F., Ludersdorfer, P., & Hutzler, F. (2015). Eyes on words: A fixation-related fMRI study of the left occipito-temporal cortex during self-paced silent reading of words and pseudowords. *Scientific Reports*, 5, 12.686. Doi: 10.1038/srep12686.

Strauss, Sherman & Spreen (2006). *A compendium of neuropsychological tests: administration, norms, and commentary* (3. ed.). Nova York: Oxford University Press.

Stroop, J. R. (1935). Studies of interference in serial verbal reactions. *Journal of Experimental Psychology*, 18, 43-662. Http://dx.doi.org/10.1037/h0054651.

Thaler, N. S., Bello, D. T., & Etcoff, L. M. (2013). Wisc-IV profiles are associated with differences in symptomatology and outcome in children with ADHD. *Journal of Attention Disorders*, 17(4), 291-301. Doi: 10.1177/1087054711428806.

Tzotzoli, P. (2012). A guide to neuropsychological report writing. *Health*, 4(10), 821-823. Doi: 10.4236/health.2012.410126.

Winograd, M., de Jesus, M., Vasconcelos, M., & Uehara, E. (2012). Aspectos qualitativos na prática da avaliação neuropsicológica. *Ciências & Cognição, 17*(2), 02-13. Http://www.cienciasecognicao.org/revista/index.php/cec/article/view/810/543.

Wheeler, J. M., & Carlson, C. L. (2000). Social functioning and emotional regulation in the attention deficit hyperactivity disorder subtypes. *Journal of Clinical Child Psychology*, 29(1), 30-42. Https://Doi.Org/10.1207/S15374424jccp2901_4.

3
Quais os diferentes contextos de atuação em avaliação psicológica e suas resoluções específicas?

Lucila Moraes Cardoso

Ana Cristina Resende

Daniela Sacramento Zanini

Relevância da dúvida

A área de avaliação psicológica é ampla e envolve diferentes contextos de atuação do psicólogo. Entender cada um desses contextos assim como as normativas profissionais a eles relacionados é de fundamental importância para a boa prática do psicólogo. Nesse sentido, este capítulo visa reforçar às psicólogas e aos psicólogos a importância de reconhecer as especificidades dos diferentes contextos de atuação da psicóloga e do psicólogo especialista em avaliação psicológica, assim como apresentar as legislações existentes. Dessa forma, o presente capítulo pretende contribuir para uma prática técnica, ética e científica das pessoas interessadas em atuar nessa área como também possibilitar uma prática mais comprometida com a psicologia, que visa a promoção e o respeito aos direitos humanos, ponderando as implicações sociais dela decorrentes.

Contudo, dada a grande possibilidade de atuação do psicólogo especialista em avaliação psicológica, este capítulo não esgotará o debate. Espera-se que, a partir de sua leitura, seja possível às leitoras e aos leitores buscarem mais informações sobre as especificidades de cada um dos contextos de atuação.

Trajetória na temática

As autoras deste capítulo têm experiência na área de avaliação psicológica há mais de 15 anos. A experiência das autoras compreende a atuação nos contextos de ensino, pesquisa e na prática profissional como psicólogas. De forma mais específica, a primeira autora (Lucila Moraes Cardoso) é professora da área de Avaliação Psicológica na Universidade Estadual do Ceará, onde coordena o Laboratório de Estudos e Práticas em Avaliação Psicológica (Leapsi). Tem experiência de avaliação à seleção de executivos e aproximou-se das discussões sobre o exercício profissional ao integrar a Comissão de Avaliação Psicológica do CRP-11 (desde 2013 até o momento) e da Comissão Consultiva de Avaliação Psicológica (CCAP do CFP, gestão 2017-2019).

A segunda autora (Ana Cristina Resende) é supervisora de estágio em Psicodiagnóstico, orientadora de mestrado e doutorado na área de Fundamentos e Medidas da Psicologia. Tem experiência em perícia e assistência técnica em Psicologia Jurídica. Ocupa atualmente o cargo de presidente da Associação Brasileira de Rorschach e Métodos Projetivos e é membro do GT da Anpepp de Métodos Projetivos em Avaliação Psicológica. Aproximou-se mais das discussões sobre legislações e resoluções para exercício profissional ao integrar a Comissão Consultiva de Avaliação Psicológica (CCAP do CFP, gestão 2017-2019). A terceira autora (Daniela Sacramento Zanini) é professora da Pontifícia Universidade Católica de Goiás há mais de 16 anos, onde orienta alunos no estágio curricular, mestrado e doutorado em Psicologia sob as temáticas relacionadas à AP e saúde. Também atua como psicóloga clínica e da saúde em consultório particular e já trabalhou em centros de saúde e hospitais como psicóloga realizando avaliações psicológicas pré e pós-cirúrgicas, pós-acidente vascular encefálico (AVE), em quadros de epilepsia, entre outros. Foi conselheira do Conselho Federal de Psicologia na gestão 2017-2019, quando também coordenou a Comissão Consultiva em Avaliação Psicológica.

Resposta à dúvida do capítulo

A avaliação psicológica é aqui compreendida, conforme resolução CFP 009/2018, como um processo estruturado de compreensão dos fenômenos psicológicos, podendo a psicóloga e o psicólogo utilizar-se de métodos, técnicas e instrumentos para gerar as informações que possibilitem a tomada de decisão, no âmbito individual, grupal ou institucional, a partir de demandas específicas. Esse campo de atuação transita pelas diversas áreas da psicologia e, desse modo, possui dilemas específicos em cada um dos contextos possíveis de atuação, que dependerá também da demanda e finalidade da avaliação psicológica que será realizada.

Entre os instrumentos de avaliação psicológica, pode-se citar os testes psicológicos, que devem ter parecer favorável do Sistema de Avaliação de Testes Psicológicos (Satepsi) para o seu uso profissional. Esses testes sempre apresentam em seus manuais suas propriedades científicas ou psicométricas para avaliar construtos bem específicos, em contextos bem delimitados, por meio de aplicações individuais e ou grupais, quer sejam em lápis e papel ou informatizada (mediada pelo computador).

Cabe aqui um destaque à nota técnica CFP 07/2019, na qual explicita que o formato de aplicação informatizada não se equivale à aplicação online (ou seja, de acesso remoto ou a distância) na medida em que consta na mesma: "4) Cabe à(ao) psicóloga(o) a análise e o estudo do manual do teste psicológico aprovado no Satepsi para identificar a forma de aplicação recomendada para o mesmo". Assim, ao utilizar os testes psicológicos é preciso que as psicólogas e os psicólogos assegurem as condições adequadas à administração e, consequentemente, interpretação dos resultados colhidos no processo de avaliação psicológica, tal qual consta na Resolução CFP 09/2018 e no Código de Ética Profissional. O psicólogo deverá criar estratégias eficientes para garantir que, mesmo a distância, é o seu examinando que está respondendo e dentro das condições estabelecidas pelo manual do teste.

Dentre as características a serem consideradas desde o início da avaliação psicológica é se a busca pela mesma foi espontânea ou se é uma avaliação compulsória. Considera-se busca espontânea quando a pessoa a ser avaliada tem o interesse de passar pelo processo de avaliação psicológica, mas não há uma demanda legal. Mesmo que tenha ocorrido um encaminhamento por algum profissional, ela tem uma motivação intrínseca de ser avaliada. Como exemplo podemos citar algumas das avaliações psicológicas que ocorrem no contexto da saúde para auxiliar o diagnóstico de demências. Embora haja uma indicação médica a pessoa pode optar por realizar ou não tal avaliação.

As avaliações compulsórias são aquelas em que há um caráter de obrigatoriedade, que ocorrem quando a pessoa deve realizá-la por força de uma exigência legal (Faiad & Alves, 2018). Isto é, a pessoa deve ser submetida à avaliação para que possa obter a autorização, o benefício ou o emprego desejado, tratando-se de uma motivação extrínseca.

As avaliações compulsórias sem dúvida estão entre as práticas de avaliação psicológica mais conhecidas na população de um modo geral. Muitas pessoas, por exemplo, relatam sobre as experiências que tiveram com profissionais da psicologia ao fazer o exame psicológico para obtenção da Carteira Nacional de Habilitação. Recentemente também houve um aumento de debate sobre a avaliação psicológica para manuseio de arma de fogo devido ao Decreto presidencial n. 9.847/2019 sobre a aquisição, o cadastro, o registro, o porte e a comercialização de armas de fogo e de munição. Além disso, editais que preveem a avaliação psicológica como uma das etapas de seleção em concursos públicos são facilmente encontrados na internet. Essas três situações, assim como a avaliação nas Forças Armadas e na aviação civil compõe um leque de situações em que as pessoas passam por avaliações psicológicas para assegurar que possuem características de personalidade e a aptidão necessária que assegurem a possibilidade de realizar as tarefas de interesse adequadamente.

Outro contexto que por vezes envolve avaliações compulsórias é o da saúde. Nos últimos anos, observa-se um aumento no número de procedimentos cirúrgicos que podem gerar mudanças significativas no modo como a pessoa se relaciona com o ambiente onde vive. Como exemplos dessas situações podemos citar as avaliações para a cirurgia bariátrica, a reprodução assistida ou mesmo para o transplante de órgãos.

Uma avaliação psicológica, independente da demanda, se espontânea ou compulsória, deverá ser sempre um instrumental essencial em favor da dignidade do indivíduo e da proteção da sociedade. Essa diferença das razões ou motivações para submeter-se a uma avaliação psicológica deve ser considerada, pois pode influenciar na relação estabelecida entre as pessoas envolvidas e em todo o processo avaliativo, incluindo-se a escolha das estratégias de avaliação. Ressalta-se aqui que é atribuição da psicóloga ou do psicólogo decidir quais estratégias de avaliação psicológica utilizará, tendo autonomia para condução de todo o processo, desde que em consonância com as regulamentações éticas da profissão, tal qual consta na resolução do CFP 009/2018 (Conselho Federal de Psicologia [CFP], 2018).

Essa diversidade de contextos ratifica a pluralidade da psicologia e evidencia a avaliação psicológica como uma área de atuação em múltiplos contextos. Cada um desses contextos possui características específicas assim como instruções normativas que, juntamente com as resoluções do Conselho Federal de Psicologia, precisam ser consideradas pelo profissional.

Toda resolução do Conselho Federal de Psicologia sobre a atuação das psicólogas e psicólogos passa pela Assembleia de Políticas, da Administração e das Finanças (Apaf), que é composta por até três representantes do CFP e por conselheiros de todos os Conselhos Regionais de Psicologia – CRPs (CFP, 2019c). Geralmente as resoluções são criadas a partir de demandas específicas, que levam à criação de um grupo de trabalho (GT) da Apaf. Esses GTs são formados por representantes dos CRPs e do CFP e têm por objetivo um aprofundamento teórico e compreensão da prática dos profissionais para propor uma redação da resolução. Essa minuta de resolução é, então, apresentada a todo sistema Conselho, a quem cabe sugerir alterações e a aprovação da redação na Apaf. Assim, antes de uma resolução ser publicada, esta é amplamente debatida nos espaços de deliberação do Sistema Conselho de Psicologia. Exemplo desse processo democrático pode ser visto em Rueda e Zanini (2018), que relatam como foi o processo de construção da Resolução CFP 09/2018.

As resoluções são elaboradas no sentido de orientar as(os) profissionais para uma atuação ética e responsável em consonância com os direitos humanos da pessoa atendida pelas psicólogas e pelos psicólogos, bem como orientar a(o) profissional às boas práticas. Para facilitar o acesso das psicólogas e psicólogos às normativas do CFP foi criado um sistema de buscas chamado Atos Oficiais (CFP, 2019a), que permite os profissionais fazerem buscas sobre todas as normativas do CFP a partir de palavras--chave. Ao fazer a busca por palavras-chave como trânsito, arma de fogo, concurso, entre outras, é possível encontrar todas as resoluções relacionadas a essa palavra.

Considerando os diferentes contextos de atuação profissional em que a avaliação psicológica pode se desenvolver, suas especificidades e a diversidade de resoluções, apresentaremos, a seguir, alguns dos contextos em que a demanda por avaliação psicológica é mais frequente. Mais especificamente apresentaremos o contexto de atuação, suas resoluções e alguns dos dilemas que os profissionais que atuam no contexto vivenciam. Por fim, o presente capítulo também apresentará uma breve discussão sobre os documentos psicológicos decorrentes da prática profissional do psicólogo. Espera-se, com este capítulo, proporcionar ao jovem profissional uma visão geral dos diferentes contextos da avaliação psicológica, suas legislações profissionais e documentos decorrentes de cada uma delas.

Avaliação psicológica no contexto do trânsito

Em pesquisa realizada pelo Centro de Referência Técnica em Psicologia (Crepop), em 2010, 76,7% das psicólogas e dos psicólogos do trânsito declaram que suas atividades profissionais estão voltadas ao exame de avaliação psicológica para Carteira Nacional de Habilitação (CFP, 2018b). No art. 2º do par. 1º da Resolução CFP 001/2019 a perícia psicológica no trânsito é definida como um processo de avaliação psicológica e destaca-se a exigência de que a mesma seja realizada por psicólogas e psicólogos qualificadas(os) no assunto. Deste modo, para atuar neste contexto, as psicólogas e os psicólogos devem ter, no mínimo, um ano de formado; estar com o registro profissional atualizado no respectivo CRP; ter experiência de um ano na área de avaliação psicológica; ter concluído curso de capacitação para psicóloga ou psicólogo responsável pela avaliação psicológica e, como Psicólogo Perito Examinador do Trânsito, também deve apresentar o título de especialista em Psicologia de Trânsito reconhecido pelo CFP e ser credenciada(o) pelo Departamento de Trânsito (Detran).

Na Resolução CFP 001/2019 consta que as psicólogas e os psicólogos devem avaliar aspectos cognitivos, tais como atenção concentrada, dividida e alternada, memória visual e inteligência; juízo crítico/comportamento, por meio de entrevista individual; e traços de personalidade, a considerar a impulsividade, a agressividade e a ansiedade em níveis adequados, isto é, não podendo estar exacerbada ou muito diminuída. Um motorista muito ansioso, que é dependente de drogas psicoativas, que adquiriu algum comprometimento neuropsicológico, que está estressado ou é muito distraído, pode gerar sérios problemas no trânsito. Ao avaliar todas essas funções psicológicas é possível identificar comprometimentos psicológicos, fazer os encaminhamentos mais adequados para cada caso e com isso cuidar e proteger tanto o indivíduo como a sociedade.

Destaca-se que historicamente uma das principais dificuldades relatadas por psicólogas e psicólogos atuantes neste contexto envolve a distinção entre as orientações do CFP e do Conselho Nacional de Trânsito (Contran) à prática profissional. Nesse sentido, Rueda (2019) reforça a importância da Resolução CFP 001/2019, que foi elaborada por um grupo de trabalho composto por representantes do CFP, da Associação Brasileira de Psicologia do Tráfego (Abrapsit), dos Detrans e do Contran, e que essa resolução vai interferir na resolução do Contran 424 de 2012. Para o autor, essa iniciativa marca um passo fundamental na relação entre o CFP e o Contran e é um avanço importante para os profissionais que atuam nesse contexto.

Avaliação psicológica no contexto da aviação

A avaliação psicológica no contexto da aviação tem ganhado destaque nos últimos anos, em especial, pelo número crescente de voos nacionais e internacionais. Embora não exista um protocolo padrão de como essas avaliações devem ser realizadas, há algumas diretrizes a serem cumpridas, principalmente no que diz respeito à capacitação psicofísica. No Brasil, essas avaliações são realizadas em dois contextos, o da Força Aérea Brasileira e o da aviação civil.

Na Força Aérea Brasileira há o Instituto de Psicologia da Aeronáutica (IPA), que tem entre suas incumbências realizar os processos de avaliação psicológica, seja o exame de aptidão psicológica, realizado nos processos seletivos de ingresso, ou o exame psicológico, que objetiva mensurar a sanidade mental e o equilíbrio psicoemocional do periciado. Essas avaliações visam assegurar a inexistência de transtornos psíquicos ou distúrbios de personalidade que possam comprometer o desempenho atual e/ou futuro da pessoa avaliada e são realizadas pelas(os) próprias(os) psicólogas e psicólogos do IPA (CFP, 2019b).

Os requisitos à avaliação psicológica de tripulantes civis são definidos no Regulamento Brasileiro de Aviação Civil n. 67, aprovado por meio da resolução da Agência Nacional de Aviação Civil (Anac) n. 211, que estabelece como requisitos mentais e comportamentais a ausência de algum transtorno que possa causar falta de aptidão repentina e a ausência de diagnósticos psicopatológicos. Segundo a normativa, as avaliações psicológicas são obrigatórias, devem ser realizadas por psicólogos e devem abordar aspectos sobre a personalidade, a atenção, a memória e o raciocínio do candidato. Em entrevista para a revista diálogos (CFP, 2019b), o psicólogo Sávio Valviesse da Motta, gerente técnico em fatores humanos da Anac, explicou que a Anac não credencia psicólogas ou psicólogos para fazer as avaliações psicológicas. Cabe aos candidatos buscar profissionais que realizam essas avaliações e apresentar o atestado psicológico aos médicos credenciados pela Anac.

Avaliação psicológica para manuseio de arma de fogo

Atualmente exige-se que uma pessoa, civil ou militar, que deseje utilizar uma arma de fogo seja submetida a uma avaliação psicológica. O objetivo dessa avaliação é investigar se o candidato possui características compatíveis para o trabalho armado ou posse e manuseio pelos civis.

Para realizar procedimentos de avaliação relacionados ao manuseio de arma de fogo, as psicólogas e os psicólogos devem atentar-se principalmente às resoluções CFP 18/2008, CFP 02/2009 e CFP 10/2009, que abordam sobre o trabalho do psicólogo na avaliação psicológica para concessão de registro e/ou porte de arma de fogo. Além do registro profissional, será exigido da(o) psicóloga(o) o credenciamento na Polícia Federal nos casos previstos em lei, em especial na Lei n. 10.826/03.

Segundo o psicólogo Marcelo Resende, em entrevista à revista *Diálogos* (CFP, 2019b), para se cadastrar na Polícia Federal a psicóloga ou o psicólogo deve apresentar requerimento padrão; original e cópia de documentos de identificação e CPF; certidões negativas de antecedentes criminais fornecidas pela Justiça Federal, Estadual, Militar e Eleitoral; declaração por escrito que não está passando por inquérito policial ou processo criminal; comprovante de que possui pelo menos três anos de exercício na profissão e prática com os instrumentos de avaliação psicológica usados nas baterias avaliativas, ou certificado de curso de 80h ou mais sobre os testes psicológicos; inscrição ativa no CRP e comprovante de estar em dia com as autorizações legais pertinentes ao local de trabalho.

Por meio da instrução normativa do departamento de Polícia Federal n. 78, de 10 de fevereiro de 2014, foi estabelecido que a(o) psicóloga(o) deve atestar a aptidão psicológica para o manuseio de arma de fogo. Para tal, as psicólogas e os psicólogos devem basear suas avaliações em uma bateria com, no mínimo, um teste projetivo, um teste expressivo, um teste de memória, um teste de atenção difusa e concentrada, e uma entrevista semiestruturada. Nota-se, desse modo, que a instrução normativa orienta em relação a alguns construtos a serem avaliados e métodos a serem utilizados. Contudo, cabe à(ao) psicóloga(o) escolher quais instrumentos utilizar no processo avaliativo, assim como, ao final do processo de avaliação, dar o atestado de aptidão se julgar que o candidato demonstrou condições psicológicas e capacidade para portar e manusear uma arma de fogo. Da mesma forma, negar o porte de qualquer pessoa que não apresente os requisitos.

Avaliação psicológica em concursos públicos

A avaliação psicológica em concursos públicos tem o objetivo de identificar se as características de um candidato são compatíveis às exigidas no perfil profissiográfico do cargo. A prática de avaliação psicológica em processos seletivos de natureza pública e privada foi inicialmente regulamentada pela resolução CFP 01/2002. Posteriormente, o Decreto n. 7.308, de 22 de setembro de 2010, definiu regras para as avaliações psicológicas de concursos e impulsionou a revisão da Resolução 01/2002. Este processo resultou em sua alteração e publicação da resolução CFP 02/2016. Atualmente, os psicólogos que atuam em concursos públicos devem sustentar a sua atuação tanto na resolução CFP 02/2016 e como no Decreto n. 9.739, de 28 de março de 2019.

Na avaliação psicológica em concursos públicos destaca-se a importância de assegurar o princípio de isonomia (Faiad & Alves, 2018), isto é, que todos os candidatos possam ser avaliados do mesmo modo. Para Cristiane Faiad (CFP, 2019b) um dos problemas nessa área é o fato de profissionais que possuem pouco conhecimento sobre avaliação psicológica e psicometria se proporem a acompanhar o candidato ou candidata nas entrevistas devolutivas, pois não conseguem compreender o resultado do laudo psicológico resultante do processo avaliativo. Outro problema encontrado nesse contexto é a realização de avaliações psicológicas fora do processo seletivo do concurso público. Essas avaliações externas, além de quebrar o princípio de autonomia, indubitavelmente promovem questionamentos quanto à pertinência e à possibilidade de comparar a avaliação realizada em outro contexto, sob outras condições e com outros fins diferentes daquela realizada no contexto do certame do concurso.

De acordo com Krug, Trentini e Bandeira (2016), entre os dilemas deste contexto, há uma dissonância entre as expectativas da justiça e da sociedade. Por vezes é esperado que nesta avaliação também sejam identificados traços psicopatológicos, o que, segundo os autores, demandaria uma avaliação mais profunda do candidato, tal como um processo de psicodiagnóstico.

Avaliação psicológica na área da saúde

As avaliações psicológicas na área da saúde ainda estão em processo de consolidação de seu espaço. De acordo com Remor (2019), pacientes com doenças agudas, geralmente, permanecem pouco tempo hospitalizados de modo que no hospital a avaliação e a intervenção estão especialmente entrelaçadas na consulta e acompanhamento. São várias as situações em que a avaliação psicológica pode contribuir com o processo de tomada de decisão na área da saúde. Entre essas há a avaliação psicológica de candidatos à cirurgia bariátrica, à reprodução assistida e à readequação genital.

De uma forma geral, as psicólogas e os psicólogos que atuam nesses contextos de avaliação na área da saúde padecem de orientação da própria psicologia. Com isso acabam atuando conforme normativas mais voltadas para a área médica, que orientam muito mais o trabalho dos psiquiatras do que normativas específicas do Conselho Federal de Psicologia. A título de exemplo, pode-se citar a avaliação psicológica para realização de cirurgia bariátrica, em que as psicólogas e os psicólogos se orientam por resolução da área médica (Bordignon, Bertoletti, & Trentini, 2019), e de reprodução assistida, regulamentada pela Resolução do Conselho Federal de Medicina 2.168/2017. Esse desamparo também ocorre no meio científico ao se considerar que frequentemente as(os) profissionais se utilizam majoritariamente de instrumentos de domínio público que não têm estudos de evidências de validade para a população brasileira (Silva, Silva, Nunes, Costa, & Carneiro, 2019).

No caso da cirurgia bariátrica, entende-se que uma boa prática de avaliação psicológica deveria avaliar se o candidato tem um quadro depressivo com ou sem ideações suicidas, ou transtorno de ansiedade, se é adicto de álcool ou outras drogas ilícitas, se tem psicoses graves ou outro transtorno complexo o suficiente para impactar no reestabelecimento do paciente no pós-cirúrgico. Contudo, ainda não se tem um protocolo com critérios que minimamente norteiem a atuação da(o) psicóloga(o) que realiza esse tipo de avaliação (Silva et al., 2019).

Nas avaliações psicológicas para readequação genital, que não se trata de uma avaliação compulsória, nem de uma avaliação de psicopatologia, as psicólogas e os psicólogos devem compreender, antes de tudo, que também não se objetiva afirmar se uma pessoa é de fato trans ou não. Essa definição, se a pessoa é trans ou não, é determinada pelo autorrelato da pessoa que busca a avaliação (Soll & Costa, 2019). Segundo o psicólogo Ângelo Brandelli Costa, em entrevista realizada pelo CFP (2018a), essa avaliação deve estar voltada para observar questões da condição humana, que merecem avaliação do ponto de vista do sofrimento, das necessidades específicas relativas ao corpo e à disforia de gênero, ou seja, o mal-estar de ter um corpo ou uma identidade de gênero que não está de acordo com as expectativas sociais e o desejo da pessoa.

Nessas avaliações, assim como qualquer outra do contexto de saúde, é preciso também se aprofundar nos aspectos psicossociais, nos traços de personalidade e nas demandas de saúde para que se possa prestar uma assistência qualificada. É importante que as psicólogas e os psicólogos estejam atentos às Resoluções CFP 001/1999, que estabelece normas de atuação para os psicólogos em relação à questão da orientação sexual, e CFP 001/2018, que regulamenta as boas práticas na atenção em saúde de pessoas trans e travestis, incluindo-se na avaliação psicológica.

Avaliação psicológica no contexto organizacional e do trabalho

A avaliação psicológica nas organizações geralmente ocorre para seleção de um candidato para uma vaga de trabalho, seja para entrada na organização ou para promoção interna. A avaliação psicológica para seleção também pode ser considerada compulsória na medida em que se o candidato não passar pela avaliação, ele não tem a chance de concorrer à vaga. Geralmente, essa avaliação é solicitada para auxiliar a tomada de decisão do responsável na empresa sobre qual é o candidato que possui um perfil mais próximo ao desejado para ocupar uma determinada função ou para avaliação de situações de risco tal como nas avaliações psicossociais, conforme abordado por Efrom, Vazquez e Hutz (2020).

Assim como ocorre em todos os contextos anteriormente mencionados, é preciso que as psicólogas e os psicólogos façam um amplo estudo do perfil necessário para identificar quais construtos devem ser mensurados e a partir destes definir as melhores estratégias a serem utilizadas na seleção. Um aspecto, entretanto, que diferencia das situações anteriormente mencionadas refere-se ao tipo de informação que é demandada às psicólogas e aos psicólogos. Nos demais contextos compulsórios, cabe ao profissional informar se a pessoa está ou não apta psicologicamente para exercer uma determinada função, enquanto no contexto organizacional espera-se que sejam identificadas quais são as forças e as fragilidades de um candidato para ocupar uma determinada função (Franco, 2013). Franco (2013), ao abordar o contexto de seleção de executivos, explica que as psicólogas e os psicólogos são requisitadas(os) para descrever o funcionamento do candidato considerando o processo de tomada de decisões, solução de problemas, o modo como expressa as emoções, a maneira de liderar uma equipe, entre outros fatores importantes sobre suas competências e potenciais. Desse modo, é importante que seja produzido um laudo psicológico e conduzida uma entrevista devolutiva minuciosa em relação às potencialidades e fragilidades de cada candidato.

Elaboração dos documentos escritos

Uma dúvida que tem surgido entre diversos profissionais, em especial após a Resolução CFP 006/2019 sobre a elaboração de documentos escritos decorrente da atuação profissional, é sobre qual o documento que o psicólogo deve emitir em cada contexto de atuação. Conforme descrito na resolução, os documentos decorrentes da avaliação psicológica podem ser o Atestado psicológico ou o Laudo psicológico. A escolha entre esses dois modelos de documentos é responsabilidade do profissional e dependerá, principalmente, do que é esperado que as psicólogas e os psicólogos apresentem como resultado da avaliação psicológica e, sobretudo, para quem apresentará. Essa escolha deve considerar os condicionantes éticos e técnicos envolvidos no contrato estabelecido com quem contrata.

Em especial, destaca-se o art. 1º, alíneas g e h do Código de ética profissional do psicólogo, conforme Resolução CFP 10/2005, que versam serem deveres fundamentais do psicólogo: g) Informar, a quem de direito, os resultados decorrentes da prestação de serviços psicológicos, transmitindo somente o que for necessário para a tomada de decisões que afetem o usuário ou beneficiário; h) Orientar a quem de direito sobre os encaminhamentos apropriados, a partir da prestação de serviços psicológicos, e fornecer, sempre que solicitado, os documentos pertinentes ao bom termo do trabalho. No mesmo sentido, o art. 9º versa que é dever do psicólogo respeitar o sigilo profissional a fim de proteger, por meio da confidencialidade, a intimidade das pessoas, grupos ou organizações, a que tenha acesso no exercício profissional.

Esses artigos e alíneas do Código de Ética Profissional do psicólogo apontam para a necessidade das psicólogas e dos psicólogos refletirem não só sobre qual documento é o mais apropriado para o contexto de seu trabalho, mas também sobre o conteúdo a ser informado nos documentos psicológicos produzidos, a depender de para quem ele está direcionado. Não se trata de omitir informações importantes, mas de informar "somente o que for necessário para a tomada de decisões que afetem o usuário ou beneficiário" resguardando o sigilo profissional e a proteção do avaliando.

Nos contextos do trânsito, manuseio de arma de fogo e concursos públicos, por exemplo, as resoluções dos órgãos que regulamentam esses contextos explicitam que cabe ao psicólogo informar se o candidato está naquele momento apto ou inapto para exercer a tarefa que se espera que ele realize. No art. 10º da Resolução CFP 006/2019 consta que o "Atestado psicológico consiste em um documento que certifica, com fundamento em um diagnóstico psicológico, uma determinada situação, estado ou funcionamento psicológico, com a finalidade de afirmar as condições psicológicas de quem, por requerimento, o solicita", podendo o mesmo ser usado para justificar estar apto ou não para atividades específicas. Assim, para esses contextos, o atestado aparentemente viabilizaria a tomada de decisão esperada. Além disso, não há necessidade de maiores informações para os órgãos competentes acerca de características pessoais dos avaliandos. De fato, nesses contextos informar mais que a aptidão seria informação desnecessária e poderia incorrer em falta ética.

Na Resolução CFP 006/2019, o laudo é um documento mais completo na medida em que objetiva subsidiar decisões relacionadas ao contexto em que surgiu a demanda, e para isso deve apresentar informações técnicas e científicas dos fenômenos psicológicos, considerando os condicionantes históricos e sociais da pessoa, grupo ou instituição atendida. Diante do exposto, defende-se nos contextos para os quais se espera elementos mais descritivos do funcionamento psíquico, como nos contextos de seleção de executivos (Franco, 2013), o laudo psicológico seria o documento mais indicado. Por fim, cabe ressaltar que não há o impedimento de emissão de mais de um documento. Por exemplo, pode ser que uma pessoa que se submeteu à avaliação psicológica para manuseio de arma de fogo obtenha o atestado para apresentar na Polícia Federal e solicite um laudo psicológico para compreender melhor seu funcionamento psicológico. Nessas situações, cabe ao profissional fornecer ambos documentos.

Considerações finais

O presente capítulo objetivou apresentar uma visão geral dos diferentes contextos da avaliação psicológica, suas legislações profissionais e documentos decorrentes de cada uma delas. Para isso apresentou alguns dos contextos mais frequentes de realização de avaliação psicológica e as atuais normativas do Conselho Federal de Psicologia. Espera-se, com isso, auxiliar o jovem profissional a ter um panorama geral dos principais contextos de atuação em avaliação psicológica. Contudo, algumas ressalvas merecem ser realizadas.

Primeiramente, dado o espaço do capítulo, não se pretendeu esgotar todas as possibilidades de atuação do profissional psicólogo especialista em avaliação psicológica. Estas são inúmeras e os desafios que se interpõem à área de avaliação psicológica com as constantes mudanças sociais são ainda maiores. Desta forma, cabe ao profissional em avaliação psicológica, uma vez definindo o contexto em que gostaria de atuar, aprofundar ainda mais em seus estudos a fim de compreender os desafios e demandas específicos deste contexto.

Em segundo lugar, gostaríamos de destacar as mudanças sociais e relações da psicologia com outras áreas da ciência que demandam adequações das legislações. Desta forma, apresentamos as legislações vigentes no momento; contudo, cabe às psicólogas e aos psicólogos buscarem atualizar-se sempre em termos das normativas que regulamentam sua profissão por meio da consulta à página do CFP e mais especificamente ao site dos "atos oficiais" apresentado anteriormente.

Por fim, vale reiterar que as psicólogas e os psicólogos devem atuar de acordo com os princípios fundamentais dos direitos humanos, buscando continuamente promover a relação entre ciência, tecnologia e sociedade para garantir atenção à saúde, bem como o respeito ao contexto ecológico, à qualidade de vida e ao bem-estar dos indivíduos e das coletividades, considerando sua diversidade. Ressalta-se ainda que nenhum processo de avaliação psicológica deve ser usado para a manutenção ou prática de preconceito, discriminação, violência e exploração como formas de dominação e segregação.

Indicação de referências e/ou cursos para aprofundamento no tema

Para manter-se atualizada(o) em relação às legislações, resoluções e notas técnicas específicas das áreas da avaliação psicológica é importante estar sempre revisitando o site do CFP e do Satepsi, onde todas as legislações ficam facilmente disponíveis para qualquer pessoa interessada por meio dos endereços:

https://atosoficiais.com.br/cfp

https://site.cfp.org.br/legislação/resolucoes-do-cfp

https://site.cfp.org.br/legislacao/notas-tecnicas

http://satepsi.cfp.org.br/

Referências

Bordignon, S., Bertoletti, J., & Trentini, C. M. (2019). Avaliação psicológica de candidatos à cirurgia bariátrica e seguimento de pacientes no período pós-cirúrgico. In: C. S. Hutz, D. R. Bandeira, C. M. Trentini, & E. Remor (orgs.). Avaliação psicológica nos contextos de saúde e hospitalar (pp. 160-169). Porto Alegre: Artmed.

Conselho Federal de Psicologia – CFP (2018a). Diálogo Digital: Avaliação psicológica, cirurgia bariátrica e de readequação genital. Brasília: O autor. Recuperado em: https://www.youtube.com/watch?v=JAxfWsfEaWM

Conselho Federal de Psicologia – CFP (2018b). Referências técnicas para atuação de psicólogas(os) em políticas públicas de mobilidade humana e trânsito. Brasília.

Conselho Federal de Psicologia – CFP (2019a). Atos oficiais do Conselho Federal de Psicologia. Brasília: O autor. Recuperado em: https://atosoficiais.com.br/cfp

Conselho Federal de Psicologia – CFP (2019b). *Revista Diálogos: Avaliação psicológica compulsória*. Brasília.

Conselho Federal de Psicologia – CFP (2019c). Sistema Conselhos. Brasília: O autor. Recuperado em: https://site.cfp.org.br/cfp/sistema-conselhos/

Decreto n. 7.308, de 22 de setembro de 2010. *Diário Oficial (da) República Federativa do Brasil*, Poder Executivo. Brasília, 23 de setembro de 2010. Seção 1.

Decreto presidencial n. 9.739, de 28 de março de 2019. *Diário Oficial (da) República Federativa do Brasil*, Poder Executivo. Brasília, 29 de março de 2019. Seção 1.

Decreto presidencial n. 9.847/2019, de 25 de junho de 2019. *Diário Oficial (da) República Federativa do Brasil*, Poder Executivo. Brasília, 26 de junho de 2019. Seção 1.

Efrom, C., Vazquez, A. C. S., & Hutz, C. S. (2020). Avaliação de fatores psicossociais no trabalho. In: C. S. Hutz, D. R. Bandeira, C. M. Trentini, & A. C. Vazquez (orgs., 2020). *Avaliação psicológica no contexto organizacional e do trabalho* (pp.19-37). Porto Alegre: Artmed.

Faiad, C., & Alves, I. C. B. (2018). Contribuições do Satepsi para avaliação psicológica compulsória (Trânsito, Porte de Arma e Concursos Públicos). *Psicologia: Ciência e Profissão*, vol. 38, p. 50-59.

Franco, R. R. C. (2013). O uso de testes psicológicos em seleção profissional. In: R. R. C. Franco, & L. M. Cardoso (orgs.). *Teorias e práticas psicológicas aplicadas no contexto de seleção de executivos*. São Paulo: Casa do Psicólogo.

Instrução Normativa 78, de 10 de fevereiro de 2014. *Diário Oficial (da) República Federativa do Brasil*, Departamento da Polícia Federal. Brasília, 03 de março de 2014. Seção 1.

Krug, J. S., Trentini, C. M., & Bandeira, D. R. (2016). Conceituação de psicodiagnóstico na atualidade. In: C. S. Hutz, D. R. Bandeira, C. M. Trentini, & J. S. Krug (orgs.). *Psicodiagnóstico* (pp.16-20). Porto Alegre: Artmed.

Lei n. 10.826, de 22 de dezembro de 2003. *Diário Oficial (da) República Federativa do Brasil*, Poder Executivo. Brasília, 23 de dezembro de 2003. Seção 1.

Remor, E. (2019). A avaliação psicológica em contextos de saúde e hospitalar. C. S. Hutz, D. R. Bandeira, C. M. Trentini, & E. Remor (orgs.). *Avaliação psicológica nos contextos de saúde e hospitalar* (pp.13-26). Porto Alegre: Artmed.

Nota técnica CFP n. 7, de 26 de setembro de 2019. Substitui a Nota técnica n. 5/2019. Orienta psicólogas(os) sobre a utilização de testes psicológicos em serviços realizados por meio de tecnologias de informação e da comunicação. Brasília: Conselho Federal de Psicologia.

Resolução Anac n. 211, de 7 de dezembro de 2011. Aprova o Regulamento Brasileiro da Aviação Civil n. 67. Brasília: Agência Nacional de Aviação Civil.

Resolução CFM n. 2.168/2017, de 10 de novembro de 2017. Adota as normas éticas para a utilização das técnicas de reprodução assistida, tornando-se o dispositivo deontológico a ser seguido pelos médicos brasileiros e revogando a Resolução CFM n. 2.121, publicada no D.O.U. de 24 de setembro de 2015, Seção I, p. 117. Brasília: Conselho Federal de Medicina.

Resolução CFP n. 001, de 07 de fevereiro de 2019. Institui normas e procedimentos para a perícia psicológica no contexto do trânsito e revoga as Resoluções CFP n. 007/2009 e 009/2011. Brasília: Conselho Federal de Psicologia.

Resolução CFP n. 001, de 19 de abril de 2002. Regulamenta a avaliação psicológica em concurso público e processos seletivos da mesma natureza. Brasília: Conselho Federal de Psicologia.

Resolução CFP n. 001, de 22 de março de 1999. Estabelece normas de atuação para os psicólogos em relação à questão da orientação sexual. Brasília: Conselho Federal de Psicologia.

Resolução CFP n. 001, de 29 de janeiro de 2018. Estabelece normas de atuação para as psicólogas e os psicólogos em relação às pessoas transexuais e travestis. Brasília: Conselho Federal de Psicologia.

Resolução CFP n. 002, de 21 de janeiro de 2016. Regulamenta a avaliação psicológica em concurso público e processos seletivos de natureza pública e privada e revoga a Resolução CFP n. 001/2002. Brasília: Conselho Federal de Psicologia.

Resolução CFP n. 002, de 30 de março de 2009. Altera a Resolução CFP n. 018/2008 e dá outras providências. Brasília: Conselho Federal de Psicologia.

Resolução CFP n. 006, de 29 de março de 2019. Institui regras para a elaboração de documentos escritos produzidos pela(o) psicóloga(o) no exercício profissional e revoga a Resolução CFP n. 15/1996, a Resolução CFP n. 07 /2003 e a Resolução CFP n. 04/2019. Brasília: Conselho Federal de Psicologia.

Resolução CFP n. 009, de 25 de abril de 2018. Estabelece diretrizes para a realização de avaliação psicológica no exercício profissional da psicóloga e do psicólogo, regulamenta o Sistema de Avaliação de Testes Psicológicos – Satepsi e revoga as Resoluções 002/2003, 006/2004 e 005/2012 e Notas técnicas n. 01/2017 e 02/2017. Brasília: Conselho Federal de Psicologia.

Resolução CFP n. 010, de 21 de julho de 2005. Aprova o Código de Ética Profissional do Psicólogo. Brasília: Conselho Federal de Psicologia.

Resolução CFP n. 010, de 21 de outubro de 2009. Altera a Resolução CFP n. 018/2008 e dá outras providências. Brasília: Conselho Federal de Psicologia.

Resolução CFP n. 018, de 09 de dezembro de 2008. Dispõe acerca do trabalho do psicólogo na avaliação psicológica para concessão de registro e/ou porte de arma de fogo. Brasília: Conselho Federal de Psicologia.

Resolução Contran n. 425, de 27 de novembro de 2012. Dispõe sobre o exame de aptidão física e mental, a avaliação psicológica e o credenciamento das entidades públicas e privadas de que tratam o art. 147, I e §§ 1º a 4º e o art. 148 do Código de Trânsito Brasileiro. Brasília: Conselho Nacional de Trânsito.

Rueda, F. (2019). Avaliação psicológica no contesto do trânsito. In: M.N. Baptista et al. (orgs.). *Compêndio de avaliação psicológica* (pp. 299-310). Petrópolis: Vozes.

Rueda, F. J. M., & Zanini, D. S. (2018). O que muda com a Resolução CFP n. 09/2018? *Psicologia: Ciência e Profissão, 38*(n. esp.), 16-27.

Silva, F. G., Silva, T. C. S., Nunes, I. F. R., Costa, L. O. de L., & Carneiro, E. B. (2019). Avaliação psicológica no pré-operatório para cirurgia bariátrica: uma revisão sistemática. *Psicologia & Conexões, 1*(2), doi.org/10.29327/psicon.v1.i2.a2.

Soll, B. M. B., & Costa, A. B. (2019). Avaliação psicológica da disforia de gênero e candidatos à cirurgia de afirmação de gênero. In: C. S. Hutz, D. R. Bandeira, C. M. Trentini, & E. Remor (orgs.). *Avaliação psicológica nos contextos de saúde e hospitalar* (pp.126-137). Porto Alegre: Artmed.

4
Como escolher um teste psicológico?

Makilim Nunes Baptista

Evandro Morais Peixoto

Hugo Ferrari Cardoso

Relevância da dúvida

Sabemos o quanto pode exigir de um psicólogo a escolha de um teste psicológico para auxiliar, por exemplo, em um diagnóstico. Além disso, é bastante comum sermos indagados sobre qual o melhor teste para avaliar um construto específico. Muitas vezes, sem parâmetros confiáveis, sugerimos este ou aquele teste, pois podemos simplesmente utilizar mais um determinado teste e acabar gostando de trabalhar com sua aplicação e correção; no entanto, não necessariamente tal teste pode ter características psicométricas adequadas para avaliar o construto em um contexto específico, uma faixa etária ou mesmo com uma base teórica que se adequa ao objetivo da avaliação. Logo, escolher um teste exigirá muitos conhecimentos e habilidades, além do que, eticamente, somos responsáveis pelas nossas escolhas profissionais, o que incidirá nas nossas decisões clínicas e intervenções futuras.

Trajetória na temática

Os autores deste capítulo possuem vasta experiência na construção de escalas psicométricas, dentre as quais associadas a fatores de risco e proteção em saúde mental, bem como escalas que avaliam variáveis de saúde mental em ambientes organizacionais. Além disso, também possuem conhecimentos específicos em delineamentos de pesquisa que têm como objetivo buscar evidências de validade de escalas nacionais e internacionais, bem como na adaptação de instrumentos psicológicos à realidade cultural do Brasil. Assim, decidimos, de maneira menos formal, falar sobre a responsabilidade e importância em escolher escalas apropriadas na prática da pesquisa, mas sobretudo na clínica.

Resposta à dúvida do capítulo

Quando surgiu a oportunidade de escrever sobre algumas dicas de como escolher um teste psicológico, por si só já foi um grande desafio, visto que, apesar de ser algo relativamente simples de se perguntar, não existem respostas corretas, banais, nem receitas prontas. Escolher qualquer coisa pode ser uma tarefa relativamente simples, como por exemplo a cor das bexigas da festa de aniversário de um filho. Mesmo assim, algumas decisões podem ser importantes neste caso, como as cores do balão ou dos balões, que podem ou não combinar com a decoração restante, o tamanho dos balões, se eles serão enchidos com oxigênio ou com algum gás para que fiquem flutuando, se os balões formarão um desenho, como uma espiral trançada na entrada da festa ou se serão soltos no salão, se haverá um balão grande com guloseimas para ser estourado no final da festa; enfim, estas decisões podem gerar mais ou menos divertimento, beleza e ornamento na festa. Os detalhes podem ser o grande diferencial da comemoração e render elogios ou críticas de quem irá ao evento.

Da mesma forma, poderíamos comparar a escolha de um teste com a escolha de compra de um carro, ou uma roupa para um evento específico. Nem sempre decisões são fáceis, ou pelo menos as decisões podem gerar consequências simples ou mais complexas. Por exemplo, escolher uma roupa inadequada para algum evento pode gerar consequências apenas para você, ou seja, críticas, olhares enviesados, risadas. Se você não se importa com isso, tudo bem em usar um vestido longo em um piquenique, mas, quando a escolha afeta a outro, aí sim devemos nos preocupar realmente com nossas escolhas.

A Psicologia é uma ciência e, como tal, deve ser pautada em estudos prévios científicos que dão ao profissional ferramentas adequadas para a realização de seu trabalho. As ferramentas adequadas, pautadas nas decisões metodológicas e técnicas, fazem uma grande diferença nos resultados, como bem afirmam Noronha e Baptista (2016), ou seja, a avaliação psicológica (AP) é uma atividade de grande importância e pressupõe o uso de técnicas de avaliação pautadas em conhecimento específico. Além disso, a AP difunde a Psicologia, como área de grande interesse social, científico e técnico, auxiliando pessoas e grupos nos mais diferentes contextos.

Além disso, existem resoluções, cartilhas, livros, sites e até números temáticos de revistas científicas, desenvolvidos e/ou fomentados pelo sistema conselhos e/ou outras associações que prezam pela avaliação psicológica, tal como o Instituto Brasileiro de Avaliação Psicológica (Ibap, 2019a). Estes materiais auxiliam o profissional em obter maiores informações sobre a AP, os testes e outras fontes de informações fundamentais no exercício profissional. Como exemplo, tem-se o site do Sistema de Avaliação de Testes Psicológicos – Satepsi (CFP, 2019a) ou do Ibap (Ibap, 2019a), resoluções e cartilhas de AP, tal como a Resolução 09/2018, ou a *Cartilha avaliação psicológica* (CFP, 2019b), dentre outras, que podem ser baixadas no site do CFP ou estão disponibilizadas no site do Ibap (2019b).

O *Compêndio de avaliação psicológica* também é um material bastante amplo, escrito por profissionais especializados na área (Baptista et al., 2019), além de números especiais de revistas sobre avaliação psicológica, como é o caso do número especial 1 do vol. 38 da revista intitulada *Psicologia: Ciência e Profissão* (SciELO, 2019). A Comissão Consultiva de Avaliação Psicológica – CCAP (CFP, 2019c) vem desenvolvendo um trabalho bastante ativo e útil na área, além do que atualmente não faltam informações disponíveis, escritas em português, para o iniciante ou o profissional que atua e utiliza os conhecimentos da AP, já que a área se desenvolveu enormemente, inclusive com congressos bem-estabelecidos e periódicos, como o Congresso Brasileiro de Avaliação Psicológica e congresso da Associação Brasileira de Rorschach e Métodos Projetivos que ocorrem a cada dois anos em estados brasileiros diferentes (Ibap, 2019c; ASBRo, 2019).

Logo, as decisões de um psicólogo devem ser pautadas em métodos e técnicas psicológicas, podendo o profissional que aborda o processo de AP lançar mão de testes para auxiliá-lo em sua prática (Reppold, Zanini, & Noronha, 2019). Apesar de poder ser uma opção, o uso de testes psicológicos parece ser bastante adequado na utilização de diferentes métodos de levantamento de dados quando se pensa no processo de AP, já que a avaliação que utiliza multimétodos pode oferecer informações fundamentais e complementares às decisões do profissional. Sendo assim, como apontam Borges e Baptista (2018), o profissional pode utilizar de informações provindas de entrevistas estruturadas, semiestruturadas (ou anamneses), técnicas de observação em contextos específicos (controlados ou não), testes, diários, dentre outros métodos. Nas opções de métodos diferentes, abordaremos mais especificamente as escalas psicológicas, lembrando que, se forem utilizadas enquanto fontes fundamentais, como por exemplo em diagnóstico, os mesmos devem ser aprovados pelo CFP; no entanto, enquanto fontes complementares, os testes não necessariamente precisam deste tipo de chancela. Obviamente, quanto mais os testes possuam de informações e chancelas dos órgãos que regulam nossa profissão, tanto melhor para o psicólogo e seu paciente.

Testes psicológicos

Alguns questionamentos, ao se utilizar um teste psicológico, devem ser realizados pelo próprio profissional que pretende empregá-lo no processo de avaliação. Estas questões, e outras, devem servir de guias para que um teste deva ser adequadamente utilizado em alguma área, condição e contextos específicos, como clínica, jurídico, organizacional, ciclo vital, hospital, dentre outros. Por exemplo, as notas técnicas são fundamentais para o embasamento das escolhas de instrumentos psicológicos, tal como a 7/2019 (CFP, 2019d), além da própria resolução 09/2018, que descreve os principais critérios sobre as qualidades psicométricas dos testes psicológicos.

Como apontam Groth-Marnat (2016), tais guias, especificados em questionamentos, são fundamentais para que o profissional se pergunte sobre a plausibilidade do uso de tais recursos. Dentre algumas das principais perguntas se tem: O psicólogo realmente compreende o construto teórico que pretende medir? Os itens do teste correspondem à descrição teórica do construto? Se é um teste autoadministrado (autorrelato), o examinando tem nível intelectual/cognitivo para a compreensão dos itens? A duração do teste é adequada ao contexto? As normas do teste usado foram desenvolvidas tendo como base um grupo de pessoas com características semelhantes ao examinando? O tamanho da amostra de padronização foi adequado? Existem normas especializadas para subgrupos? As instruções permitem uma administração padronizada? As propriedades psicométricas do teste que proponho usar, bem como as estimativas de confiabilidade, são adequadas? Quais critérios e procedimentos foram utilizados para avaliar o teste? O teste produzirá medições precisas para o contexto e a finalidade que está sendo utilizado? Complementando tais questões, ainda poderíamos inserir outras, como por exemplo: Qual o objetivo de minha avaliação? O profissional tem treinamento e conhecimentos básicos de psicometria para o uso de testes? O psicólogo somente irá aplicar, pontuar e buscar informação nas normas, ou irá realizar um processo investigativo?

A partir de agora, iremos tentar abordar, por tópicos, estas perguntas realizadas anteriormente, mesmo que de forma não aprofundada. Além disso, traremos exemplos e abordaremos informações complementares sobre esses questionamentos. Tentaremos também começar pelas perguntas mais gerais ou mais importantes e, muitas vezes, uma pergunta mais específica será abordada dentro de um tópico maior, a começar pelo objetivo que o psicólogo possui ao propor alguma avaliação, como se segue.

1 Qual o objetivo de minha avaliação?

Você precisa de uma faca em duas situações, ou seja, para cortar uma peça de carne e para cortar um pão italiano. Você usaria a mesma faca? Provavelmente não, já que a primeira deveria ter características bem diferentes da segunda, inclusive porque uma faca serrada de pão não seria muito útil para fazer um corte em uma carne ou acabaria com o seu churrasco. As escalas não são iguais da mesma maneira que as pessoas possuem personalidades diferentes entre si. Poderíamos até dizer, em termos análogos, que cada teste possui uma personalidade diferente do outro, mesmo que ambos avaliem o mesmo construto, e mesmo este construto sendo personalidade. As escalas que se propõe a avaliar um mesmo construto podem ter diferenças expressivas em sua construção, embasamento teórico, número de itens, tipo de resposta, objetivo, contexto de aplicação, normas, evidências de validade, dentre outras características. Sendo assim, o psicólogo ou mesmo o pesquisador necessitam de clareza quanto ao objetivo da avaliação.

Se você trabalha em um Centro de Saúde e seu objetivo é fazer um rastreamento nas pacientes da ginecologia, no sentido de detectar aquelas mulheres que possam vir a ter maior chance de apresentar sintomatologia depressiva, já que a depressão pré-natal pode gerar uma série de consequências para a mãe e para o futuro bebê, então você tem uma tarefa muito específica. Se o seu objetivo é avaliar clinicamente uma mulher puérpera que já tem uma hipótese diagnóstica de depressão, e que pensa em suicídio, a sua forma de escolher escalas e de pensar sobre como realizar tais avaliações pode ser completamente diferente. Por exemplo, ao nível mundial existem mais de 280 medidas diferentes na avaliação de depressão e cada escala pode ter sido construída para uma finalidade diferente (Santor, Gregus, & Welch, 2006), inclusive para diferentes tipos ou características do amplo espectro que se chama transtorno do humor (ex.: avaliar Distimia exige uma escala bem diferente de uma avaliação de um Transtorno Depressivo Maior com especificações do tipo melancolia)

Da mesma forma, uma escala criada para rastreamento tem características bem diferentes de outra criada para avaliar clinicamente alguém que já possua hipótese diagnóstica para um Episódio Depressivo Maior (EDM). Uma escala de rastreamento deve ser curta, rápida de se avaliar e com normas específicas à população geral. Já uma escala de avaliação clínica pode ser mais longa e avaliar sintomas atípicos, por exemplo, ou mesmo possuir itens diferentes (em termos de construção e dificuldade psicométrica) da primeira escala. Dessa forma, o objetivo da sua avaliação poderá requerer o uso de escalas diferentes. Obviamente nem sempre temos várias opções de escolha, mas, se isto é possível, é fundamental algum conhecimento sobre o construto e sobre as escalas disponíveis. No início do Satepsi havia poucas escalas aprovadas para o uso restrito; no entanto, com o passar do tempo, vários manuais foram sendo aprovados para o uso do psicólogo, o que tende a crescer nos próximos anos.

Mais uma questão que é relevante, no caso de escalas que avaliam algum tipo de transtorno diagnóstico, e que é imprescindível nestes casos, além dos estudos mais tradicionais psicométricos, índices de sensibilidade e especificidade, ou seja, a acurácia diagnóstica da escala (Pettersson, Bostrom, Gustavsson, & Ekselius, 2015). Sendo assim, é necessário saber se nos estudos com amostras clínicas a escala utilizada foi capaz de detectar pessoas com depressão (ex.: EDM), quando esta pessoa realmente foi pré-diagnosticada com depressão por um profissional treinado (isto se chama sensibilidade). Do contrário, a escala também deve dar baixas pontuações (não detectar depressão) em pessoas que também não receberam o diagnóstico de EDM por um profissional treinado (isto se chama especificidade). Uma escala que aponta alguém como tendo depressão, quando esta pessoa não tem (isto é chamado de falso-positivo), em uma frequência muito alta, pode não ser adequada para detectar este fenômeno, ou mesmo o contrário, ou seja, quando a escala não aponta depressão, mas a pessoa tem este diagnóstico (falso-negativo).

Complementando a ideia anterior, e ainda relacionado com o objetivo do teste, o clínico e/ou o pesquisador deve se atentar ao que diz respeito à adequação do teste para o objetivo, contexto e ciclo vital ao qual o teste será utilizado. Como exemplos temos que um teste que avalia depressão em crianças e adolescentes não pode ter o mesmo formato de perguntas/respostas, número de itens, dentre outras características, de um teste que irá avaliar idosos hospitalizados. Assim, por exemplo, um teste para crianças deve conter poucos itens, linguagem simples e adequada para a faixa etária, formato simples de resposta (ex.: escala tipo *Likert* de três pontos – sempre, às vezes, nunca), e ter passado por um grupo focal para realmente avaliar se os itens são compreendidos por crianças (Baptista, 2018a).

De outra forma, um idoso hospitalizado também não pode responder um teste longo. O teste não deve conter itens somáticos/vegetativos (ex.: dificuldade em dormir e comer), pois o ambiente hospitalar tem algumas peculiaridades que influenciam diretamente a pontuação final (já que as pessoas geralmente não conseguem dormir direito e nem comer bem em um hospital), e idosos podem ter características cognitivas que dificultam a resposta em uma escala tipo *Likert* de vários pontos. Logo, o formato de resposta poderia ser dicotômico (sim x não), com um número pequeno de itens. Escalas podem ser desenvolvidas de maneira diferente para ciclos vitais diversos e, preferencialmente, as normas também devem ser adequadas para características sociodemográficas importantes para cada construto. Logo, para um exemplo fictício, se a literatura demonstra que a atenção concentrada diminui com a idade, então o teste deve apresentar normas para faixas etárias diversas. Se a literatura diz que sintomas de depressão podem ser diferentes para homens e mulheres, logo, as normas deveriam contemplar normas para os sexos (Baptista, 2018b).

2 O psicólogo realmente compreende o construto teórico que pretende medir?

Um dos importantes desafios ligados à escolha de um teste para compor um processo de avaliação psicológica está relacionado à compreensão do construto psicológico que se pretende avaliar. É comum que profissionais interessados na avaliação de um construto específico – por exemplo, personalidade – invistam na busca de um teste que apresente evidências de validade junto à população de interesse; imaginemos nesse exemplo a população de universitários. Uma das possibilidades desse profissional é recorrer à lista de instrumentos aprovados do Satepsi para fundamentar sua escolha nos requisitos mínimos esperados de um instrumento, conforme descrito pelo CFP (2019b). Ao acessar a lista dos testes de personalidade aprovados pelo Satepsi, o profissional vai se dar conta que ainda assim precisará tomar decisões, já que encontrará, ao menos, uma dezena de testes aprovados.

Um dos pontos que fundamentará essa escolha diz respeito ao conhecimento das teorias psicológicas que dão base à construção desses testes. Vale ressaltar que fenômenos psicológicos (depressão, inteligência, personalidade) não são variáveis observadas diretamente, assim as teorias têm um importante papel na psicologia ao descrever um racional que permita a compreensão da existência do fenômeno psicológico e como variações nesses construtos causam diferenças em expressões comportamentais, ou seja, expressões observáveis, representantes desses fenômenos psicológicos (Borsboon, Mellenbergh, & Heerden, 2004). Dessa forma, em contato com a lista dos testes aprovados do Satepsi, podemos encontrar instrumentos que têm por objetivo a avaliação do mesmo fenômeno (personalidade), tendo como base propostas teóricas diferentes e, consequentemente, com foco em expressões comportamentais distintas.

Nessa direção, ter conhecimento dos construtos teóricos que se pretende avaliar, das diferentes propostas teóricas empregadas para compreensão e reconhecimento das expressões comportamentais deste construto é de extrema relevância ao profissional da psicologia frente ao desafio de escolha de um teste psicológico, haja vista que este instrumento deve se basear em fundamentos teóricos condizentes com aqueles que fundamentam o processo de avaliação. Do contrário serão encontradas dificuldades para integrar os resultados advindos do teste aos outros resultados provenientes dos diferentes procedimentos que compõem o processo avaliativo.

Imagine que você quer avaliar sintomatologia depressiva, mas está preocupado com sintomas vegetativos/somáticos que seu paciente relata (ex.: dificuldades para dormir, comer, libido etc.), qual escala que avalia depressão (EDM) escolheria? Você pode escolher uma escala, por exemplo, que, dentre os 20 itens, apenas 2 itens avaliam apetite e sono, ou escolheria uma escala de 20 itens com 8 itens somáticos/vegetativos? Se você é um psicólogo com orientação cognitiva não deveria escolher uma escala que foi criada baseada nestes princípios teóricos? Logo, como aponta Baptista (2018a), as escalas que avaliam um mesmo construto podem ser tão diferentes entre si que não possuem, sequer, os mesmos descritores (características principais da expressão latente do fenômeno).

3 Características a serem observadas no teste de autorrelato

Considerando que um construto psicológico é uma variável improvável de ser acessada diretamente e em toda sua extensão, Anastasi e Urbina (2000) definiram o teste psicológico como uma pequena amostra de comportamento, cuidadosamente escolhida, que permite uma compreensão global do aspecto avaliado. Dessa forma, os itens do teste podem ser considerados como expressões comportamentais do fenômeno psicológico que se pretende avaliar. Faz-se necessário que um conjunto de itens do teste cubra uma amostra representativa de comportamentos, possibilitando assim a realização de inferências sobre o construto-alvo. Dessa forma, construtos mais simples como satisfação com a vida, demandariam um número diminuto de número de itens, haja vista menor complexidade do construto e, portanto, a necessidade de apenas algumas questões para compreensão do quanto uma pessoa se percebe satisfeita com o seu próprio estilo de vida. Como exemplo, ver a Escala de Satisfação com Vida, que conta com apenas 5 itens (Diener, Emmons, Larsen, & Griffin, 1985). No caso da avaliação da personalidade isso é muito diferente, pois ao se tratar de um construto complexo exige uma grande quantidade de itens para cobrir as diferentes expressões desse construto (Pacico & Hutz, 2015), tendo como exemplo a Bateria Fatorial de Personalidade, que conta com 126 itens (Nunes, Hutz, & Nunes, 2010).

Ainda assim, não basta se ater somente ao número de itens que uma escala possui, mesmo porque podemos ter escalas com menor número de itens e que possuem melhores características psicométricas do que aquelas com mais itens, também chamadas de versões curtas (ou *short versions*). Paralelo a isso, os itens do teste se caracterizam como uma importante informação a ser levada em consideração na escolha de um instrumento.

A construção dos itens também deve ser cuidadosamente elaborada, já que itens de difícil compreensão, com duplo sentido, com mais de uma característica a ser avaliada e/ou com linguagem inadequada/rebuscada, também podem limitar as evidências de validade. Como exemplo, tem-se escalas baseadas em sistema de resposta do tipo *Likert* que podem gerar dúvidas. Imaginemos o seguinte formato de resposta: "Concordo muito, Concordo parcialmente, Nem concordo nem discordo, Discordo parcialmente e Discordo muito". Ora, qual a diferença entre concordar parcialmente e discordar parcialmente? Parece a história do copo meio cheio e meio vazio.

Outra questão problemática diz respeito a itens com semântica negativa que começam com negativa e a respectiva escala de resposta pode confundir a quem tenta responder. Imaginemos, por exemplo, um item como: "Não me sinto triste", em uma escala de resposta como "Sempre, Às vezes, Nunca". Quando a pessoa responde que não se sentiu triste nunca, então ela sempre se sentiu alegre. Este tipo de questão e o formato de resposta pode gerar respostas enviesadas pela não compreensão do item por quem responde, mesmo porque é obrigação do psicólogo averiguar se quem irá responder a uma escala possui capacidade e perfil cognitivo para tal tarefa. Por último, podemos pensar no seguinte item: "Sinto-me feliz e disposto", ou seja, o respondente pode estar feliz, porém não disposto e vice-versa; logo, é um item que avalia duas características, o que também não é adequado. Esses são alguns dos exemplos, dentre muitos outros possíveis (Artino & Gehlbach, 2012; Artino, Gehlbach, & Durning, 2011).

4 O teste apresenta evidências de validade, precisão e normatização?

O usuário de um teste deve atentar também à qualidade psicométrica do instrumento. Embora os testes aprovados pela comissão consultiva do Satepsi apresentem os requisitos mínimos estabelecidos para aprovação e liberação do uso profissional (CFP, 2019a), faz-se necessário que os psicólogos reconheçam a sua parcela de responsabilidade no processo de escolha de um instrumento. Os testes disponíveis para uso profissional podem variar em relação às suas qualidades psicométricas e, portanto, essas podem ser informação de extrema relevância para escolha do instrumento mais adequado às demandas do processo de avaliação em questão.

Imaginemos dois testes aprovados como dois modelos de carros diferentes. O primeiro modelo é básico e possui somente o necessário para ser aprovado e vendido no mercado. O segundo carro é a versão completa daquele mesmo modelo, possuindo todo o tipo de itens de segurança, conforto, tecnologia (ex.: sete *airbags*, câmbio automático, controle de estabilidade, teto solar, retrovisores com sistema de detecção de ponto cego, bancos de couro, assistente de rampa, dentre outros). Vejam, os dois carros são aprovados para serem vendidos, mas um possui muito mais segurança, confiabilidade e tecnologia do que o outro. Assim também podem ser os manuais aprovados. O primeiro manual pode ter somente as condições mínimas para ser aprovado, e o outro do mesmo construto pode ter diversos estudos psicométricos, com pessoas com características diferentes, com amostras de várias regiões, vários estudos de evidências de validade, confiabilidade, normas específicas, dentre outras características.

Dentre estas propriedades psicométricas assinaladas anteriormente destacam-se os conceitos de validade, precisão e normatização (Aera, APA, & NCME, 2014). Devido a limitações de espaço estes temas não serão tratados exaustivamente neste capítulo; contudo, o leitor pode acessar uma vasta literatura internacional (Aera et al., 2014) e nacional (Peixoto & Ferreira-Rodrigues, 2019) para maior aprofundamento.

A validade pode ser compreendida como o grau em que as evidências científicas dão sustentação para interpretação dos escores do teste (Aera et al., 2014); em outras palavras, corresponde ao acúmulo de resultados de pesquisas que dão base para interpretação dos resultados do teste frente a população de interesse, no contexto específico em que ela se encontra. Desta forma, podemos nos perguntar se um teste de depressão que apresenta evidências de validade para a população não clínica de mulheres adultas pode ser aplicado a adolescentes no contexto escolar. A resposta é provavelmente não, à medida que o profissional que escolheu o teste deve se responsabilizar pela reunião de evidências científicas que o permita interpretar os resultados apresentados por esses adolescentes no contexto escolar, e à medida que o instrumento não tenha suas propriedades psicométricas testadas nessa nova população o psicólogo não tem evidências científicas nas quais pode sustentar suas interpretações.

De acordo com os *standards* para testagem psicológica e educacional, desenvolvidos conjuntamente pela American Educational Research Association (Aera), American Psychological Association (APA) e National Council on Measurement in Education (NCME) (Aera et al., 2014), uma importante referência internacional para área da avaliação psicológica, existem cinco tipos de validade: baseadas no conteúdo, na estrutura interna, na relação com outras variáveis, no processo de resposta e nas consequências da testagem. A validade com base no conteúdo do teste tem como principal objetivo verificar a adequabilidade dos itens do instrumento para avaliação do construto psicológico-alvo. Trata-se de uma etapa teórica de avaliação do instrumento em que evidências desse tipo de validade são observadas junto aos especialistas no construto que indicam a abrangência do conjunto de itens para avaliar o fenômeno psicológico de interesse, a relevância teórica dos itens do teste, a pertinência prática e a clareza do conteúdo desses itens para a população em que se pretende aplicar o teste, dentre outras possibilidades.

A validade baseada na estrutura interna investiga a estrutura de covariância entre os itens de um teste. Para tanto, recorre-se, por exemplo, a procedimentos estatísticos com análise fatorial com objetivo de verificar se a estrutura de covariância/correlação empiricamente observada entre os itens do teste corresponde à estrutura hipotetizada teoricamente. Pensemos num exemplo do modelo dualístico da paixão, proposto por Vallerand et al. (2003) e Vallerand (2015), que compreende a paixão como a maneira como as pessoas se relacionam com uma atividade de interesse, na qual invistam tempo e energia para sua realização. Essa paixão pode ser harmoniosa à medida que essa atividade se enquadra com outras atividades da pessoa apaixonada, ou obsessiva caso a pessoa não controle o desejo de realização dessa atividade, tomando um espaço desproporcional em sua identidade.

Baseado nessa proposta teórica, Vallerand desenvolveu a Escala da Paixão (Vallerand et al., 2003), um instrumento composto de 12 itens (seis teoricamente desenvolvidos para avaliação da paixão harmoniosa e seis destinados à avaliação da paixão obsessiva) e propôs estudos de verificação de sua estrutura interna. Corroborando sua proposta teórica foi verificado, por intermédio da análise fatorial exploratória, que o instrumento realmente se organizava em dois fatores distintos: um em que se agrupavam os itens referentes à paixão harmoniosa e outro com itens de paixão obsessiva. Esse instrumento tem sido adaptado para diversas culturas, contextos e populações, e resultados semelhantes têm sido observados, sugerindo assim, a cada estudo, novas evidências de validade com base na estrutura interna ao instrumento (Peixoto, Nakano, Castillo, Oliveira, & Balbinotti, 2019).

A validade com base na relação com outras variáveis tem como objetivo estimar o padrão de correlação de um teste com outros instrumentos. No caso de outro instrumento avaliando o mesmo construto espera-se uma correlação alta, também denominada convergente; no entanto, quando o outro instrumento se baseia num construto diferente, porém relacionado, espera-se correlações moderadas. Por fim, pode-se optar pela estimação da correlação com outro instrumento desenvolvido com base em um construto totalmente diferente, o que resultaria numa ausência de associação entre as variáveis. Outra importante característica deste tipo de validade diz respeito à relação com um critério externo. Nesse caso, verifica-se o poder preditivo da variável de interesse sobre um critério externo. Podemos imaginar um estudo em que se verificou as influências da paixão harmoniosa pelo esporte na manutenção desta prática ao longo da vida, sugerindo que pessoas com maiores níveis de paixão harmoniosa tendem a permanecer por mais tempo na prática de atividades esportivas em grupo e, portanto, a colher os benefícios físicos, emocionais e relacionais destas atividades (Peixoto & Palma, no prelo).

A validade baseada no processo de resposta é mais rara de ser investigada e busca detectar os processos mentais/cognitivos em que as pessoas se envolvem para responder os itens do instrumento. Estudos que buscam evidências deste tipo de validade envolvem procedimentos qualitativos como entrevistas para acessar esses processos mentais do respondente, solicitando, por exemplo, do respondente, que mecanismos ou analogias ou estratégias a pessoa utilizou para chegar a tal resposta. Por fim, a validade baseada nas consequências da testagem busca verificar os efeitos positivos e negativos do uso do teste para a população-alvo da testagem. Nesse caso, verifica-se as consequências sociais intencionais ou não intencionais do uso do teste para aquela população (Primi, Muniz, & Nunes, 2009; Peixoto & Ferreira-Rodrigues, 2019).

Embora a validade possa ser considerada a principal propriedade psicométrica de um teste psicológico, o psicólogo deve também se atentar ao conceito de precisão, que está associado à qualidade do instrumento em fornecer resultados estáveis e, portanto, ao erro de medida inerente ao teste. Diferentes procedimentos metodológicos podem ser empregados para a verificação das evidências de precisão de um instrumento como aplicação teste-reteste, análise de consistência interna, entre outros (cf. Peixoto & Ferreira-Rodrigues, 2019; Primi, 2012). Contudo, vale ressaltar que um instrumento psicológico nunca será livre de erro, haja vista que os resultados obtidos no teste nunca representarão perfeitamente a característica psicológica do respondente. Contudo, é extremamente necessário conhecer essa propriedade do teste a fim de estabelecer suas limitações e não pôr em risco a avaliação do construto-alvo (Primi, 2012).

A última característica destacada neste quesito diz respeito à normatização do teste, que corresponde ao estabelecimento de parâmetros interpretativos para os possíveis escores (pontuações) no instrumento de medida. Comumente, essas normas são estabelecidas com base nos escores de um grupo normativo, também denominado grupo de referência. A partir dos resultados desse grupo se desenvolvem tabelas comparativas que possibilitarão a atribuição de sentido psicológico aos escores apresentados por outros respondentes do teste, ao compará-lo com um grupo de pessoas com características sociodemográficas semelhantes às dele. Dependendo do construto, essas tabelas comparativas podem ser desenvolvidas considerando a população geral ou em função de outras variáveis que exercem influência sobre os resultados do teste, como sexo, estágio desenvolvimental, nível de escolaridade, entre outras.

Um exemplo prático destes procedimentos foi apresentado por Hutz e Zanon (2011) ao estabelecerem normas interpretativas para a versão brasileira da escala de autoestima de Rosenberg. Na ocasião os autores empregaram o método percentil para estabelecimento de normas em função das faixas etárias 10-12 anos, 13-15 anos, 16-19 anos e 20-30 anos, tendo como fundamentação o conhecimento teórico/empírico de que a autoestima tende a ser mais elevada na infância, haja vista a perspectiva mais autocentrada característica desta etapa da vida, e tenderia a diminuir ao longo do desenvolvimento, uma vez que as pessoas mais maduras possuem mais conhecimentos de suas limitações. Dessa forma, um escore bruto igual a 29 refere-se ao percentil 50 no grupo normativo de crianças de 10 a 12 anos, enquanto o mesmo escore corresponde a um percentil 90 para o grupo de pessoas na faixa etária entre 20 e 30 anos, sugerindo que o resultado em questão supera os escores de 90% da amostra normativa.

Esse exemplo deixa claro a importância de se comparar as pessoas com grupos normativos com características semelhantes e, portanto, da responsabilidade do psicólogo ao escolher um instrumento adequado (com evidências de validade, precisão e normatização) às características da pessoa ou grupo submetido ao procedimento de testagem. Do contrário, as decisões podem ser tomadas com base em resultados imprecisos, trazendo assim consequências negativas a essas pessoas, bem como a incorrer em faltas éticas no exercício profissional do psicólogo(a), conforme descrito nas diretrizes para a realização da Avaliação Psicológica (CFP, 2019b).

5 Testagem psicológica é somente a soma de escores?

Há tempos em que muitos psicólogos e até mesmo professores de AP confundem Avaliação Psicológica com testagem psicológica, mesmo que esta questão já tenha sido debatida em vários meios eletrônicos, de debates (congressos) e em cartilhas (CFP, 2013). A testagem psicológica pode ser utilizada como uma das várias ferramentas (ou métodos), no processo complexo de compreensão dos fenômenos psicológicos dos indivíduos ou grupos. No entanto, mesmo não se tendo tal confundidor, é necessário diferenciar o processo de testagem enquanto procedimento mecânico, ou seja, simplesmente pensando na aplicação em condições adequadas de um teste e sua consequente correção e resultados, ou seja, um processo mais mecanizado a respeito de comparar os escores do indivíduo com uma tabela normativa de percentis, quartis, escores Z ou quaisquer outras fontes de distribuição dos dados com a testagem basicamente dita.

A testagem psicológica, a não ser que tenha como objetivo rastrear pessoas com determinadas características, como, por exemplo, saber qual a prevalência de um fenômeno em uma amostragem representativa, como vários estudos internacionais e nacionais (ex.: Auerbach et al., 2018; Mendes-Chillof, 2019), não deve ser vista como um processo mecânico de coleta, soma de escores e comparação com normas disponíveis. Mais do que isso, por exemplo, na clínica, um teste deve ser minuciosamente averiguado após sua aplicação, correção e comparação. Nesse sentido, imaginemos que o clínico esteja utilizando uma escala de avaliação de sintomatologia de depressão para a confirmação de um diagnóstico em uma criança (Baptista, 2018a). A escala utilizada, ou seja, Escala Baptista de Depressão – versão infantojuvenil – Ebadep-Ij possui 27 itens com semânticas negativa e positiva e avalia diversos descritores importantes de sintomatologia depressiva nessa faixa etária, com normas por sexo e faixa etária (criança e adolescente). Cada item, nesse caso, deve ser esmiuçado pelo clínico, pois pode trazer informações fundamentais no processo diagnóstico, além de informações complementares.

Logo, uma questão simples tal como: "Sinto-me sozinho", deve ser explorada com a criança qualitativamente, em linguagem adequada, ou seja, se essa percepção ocorre por falta de amigos, por ausência dos familiares ou se, mesmo com pessoas ao redor da criança, essa percepção é contínua; se está presente em todas as ocasiões ou se ocorre depois de eventos específicos; se sempre ocorreu ou vem ocorrendo mais nos últimos dias ou semanas; o que a criança faz para lidar com essa percepção, dentre outras questões que podem dar dicas importantes de estratégias de enfrentamento, contingências em que ocorre, dentre outras informações. Assim, a escala deve ser utilizada, também, como estímulo para desencadear um processo de avaliação mais aprofundado do fenômeno a ser investigado, gerando informações importantes para o diagnóstico e intervenção particularizada para cada caso.

Considerações finais

Discorrer sobre como escolher um teste psicológico em tão poucas laudas é tarefa árdua e fica sempre a sensação de que faltam diversas dicas e que os tópicos poderiam ser mais bem-explorados. Um livro de 400 páginas não seria suficiente para abordar toda a temática, mas tentamos aqui expressar algumas preocupações com esta tarefa cotidiana de qualquer clínico que deseja utilizar escalas no auxílio de seu labor. Tentamos abordar alguns pontos nevrálgicos na escolha de ferramentas mais apropriadas; no entanto, muito ainda se faz necessário para esgotar essas questões.

Como vimos durante todo o capítulo, escolher um teste é um fenômeno que exige uma série de conhecimentos e cuidados do profissional. O psicólogo, ao escolher um teste, deve proceder como um médico que receita algum medicamento, ou seja, saber quais são as queixas, sinais e sintomas, características do paciente (ex.: idade, história pregressa, sexo, contexto), quais remédios existem na prateleira da farmácia, e conhecer a bula de cada um (indicação, efeitos colaterais, posologia etc.). O profissional deve ter treinamento e conhecimentos básicos de psicometria para o uso de testes que inclui o processo de aplicação, correção interpretação com base em normas, pois caso não proceda corretamente imputará novas fontes de erro na mensuração do construto psicológico de interesse, o que traria prejuízos diretos à pessoa submetida ao processo de avaliação psicológica.

O profissional competente e ético tem como características a busca de novos conhecimentos e/ou implementação daqueles já adquiridos; sendo assim, tem o dever de conhecer as ferramentas que pretende utilizar em sua prática. Como visto, a utilização da faca de serra para cortar a carne pode gerar resultados desastrosos, da mesma forma que, quando se usa uma faca correta para o objetivo que se propõe, os resultados são adequados e precisos, auxiliando ao profissional entender o construto que deseja avaliar e, automaticamente, gerando dados que vão auxiliar o paciente no enfrentamento de seus problemas.

Indicação de referências e/ou cursos para aprofundamento no tema

Ambiel, R. A. M., Rabelo, I. S., Pacanaro, S. V., Alves, G. A. S., & Leme, I. A. S. (2011). *Avaliação psicológica: guia de consulta para estudantes e profissionais de psicologia*. São Paulo: Casa do Psicólogo.

Baptista, M. N., et al. (2019). *Compêndio de avaliação psicológica*. Petrópolis: Vozes.

Muniz, M. (2018). Ética na Avaliação Psicológica: Velhas questões, novas reflexões. *Psicologia: Ciência e Profissão*, 38(n. esp.), 133-146. Https://dx.doi.org/10.1590/1982-3703000209682.

Referências

American Educational Research Association (Aera), American Psychology Association (APA), & National Council on Measurement in Education (NCME) (2014). *Standards for Educational and Psychological Testing*. Washington, DC: American Educational Research Association.

Anastasi, A., & Urbina, S. (2000). *Testagem psicológica*. Porto Alegre: Artes Médicas Sul.

Artino, A. R., Jr., & Gehlbach, H. (2012). AM last page: Avoiding four visual-design pitfalls in survey development. *Academic Medicine: Journal of The Association of American Medical Colleges, 87*(10), 1.452.

Artino, A. R., Jr., Gehlbach, H., & Durning, S. J. (2011). AM Last Page: Avoiding five common pitfalls of survey design. *Academic Medicine: Journal of The Association of American Medical Colleges, 86*(10), 1.327.

Associação Brasileira de Rorschach e Métodos Projetivos (2019). Site. Recuperado de: http://www.asbro.org.br/

Auerbach, R. P., Mortier, P., Bruffaerts, R., Alonso, J., Benjet, C., Cuijpers, P., ... WHO WMH-ICS Collaborators (2018). WHO World Mental Health Surveys International College Student Project: Prevalence and distribution of mental disorders. *Journal of Abnormal Psychology, 127*(7), 623-638. Http://Dx.Doi.Org/10.1037/Abn0000362.

Baptista, M. N. (2018a). *Manual da Escala Baptista de Depressão Infantojuvenil* (Ebadep-IJ). São Paulo: Hogrefe.

Baptista, M. N. (2018b). Avaliando "depressões": dos critérios diagnósticos às escalas psicométricas. *Avaliação Psicológica, 17*(3), 301-310. Https://Dx.Doi.Org/10.15689/Ap.2018.1703.14265.03.

Baptista, M. N., Muniz, M., Reppold, C. T., Nunes, C. H. S. S., ... Pasquali, L. (2019). *Compêndio de avaliação psicológica*. Petrópolis: Vozes.

Borges, L., & Baptista, M. N. (2018). Avaliação Psicológica em Saúde. In: M. N. Baptista, R. R. Dias, & A. S. D. Baptista. (org.). *Psicologia Hospitalar: teoria, aplicações e casos clínicos*. 3. ed. Rio de Janeiro: Guanabara-Koogan (pp. 15-24).

Borsboon, D., Mellenbergh, G. J., & Heerden, J. V. (2004). The Concept of Validity. *Psychological Review, 111*(4), 1.061-1.071.

Conselho Federal de Psicologia (2013). *Cartilha sobre avaliação psicológica*. Recuperado de: http://www.crpsp.org.br/arquivos/conteudo_pendrive/Cartilha-Avaliacao-Psicologica.pdf

Conselho Federal de Psicologia. Resolução 09/2018. Disponível em: http://satepsi.cfp.org.br/docs/Resolu%C3%A7%C3%A3o-CFP-n%C2%BA-09-2018-com-anexo.pdf

Conselho Federal de Psicologia (2019a). Sistema de Avaliação de Testes Psicológicos. Recuperado de: http://satepsi.cfp.org.br/

Conselho Federal de Psicologia (2019b). *Cartilha avaliação psicológica*. Recuperado de: http://satepsi.cfp.org.br/docs/cartilha.pdf

Conselho Federal de Psicologia (2019c). Comissão Consultiva em Avaliação Psicológica. Recuperado de: https://site.cfp.org.br/cfp/comissao-consultiva-em-avaliacao-psicologica/

Conselho Federal de Psicologia (2019d). Nota Técnica n. 7/2019/GTEC/CG https://site.cfp.org.br/wp-content/uploads/2019/10/Nota-T%C3%A9cnica-CFP-07.2019.pdf

Diener, E., Emmons, R. A., Larsen, R. J., & Griffin, S. (1985). The Satisfaction with Life Scale. *Journal of Personality Assessment, 49*, 71-75.

Groth-Marnat, G. (2016). Introduction. In: G. Groth-Marnat. *Handbook of Psychological Assessment*. Wiley and Sons. Canadá (pp. 1-36).

Hutz, C. S., & Zanon, C. (2011). Revisão da adaptação, validação e normatização da escala de autoestima de Rosenberg: Revision of the adaptation, validation, and normatization of the Rosenberg self-esteem scale. *Avaliação Psicológica, 10*(1), 41-49.

Instituto Brasileiro de Avaliação Psicológica (2019a). Site. Recuperado de: http://www.ibapnet.org.br/

Instituto Brasileiro de Avaliação Psicológica (2019b). Cartilhas. Recuperado de: http://www.ibapnet.org.br/espaco-do-conhecimento/cartilhas-diretrizes

Instituto Brasileiro de Avaliação Psicológica (2019c). Congressos. Recuperado de: http://www.ibapnet.org.br/congressos-do-ibap

Mendes-Chiloff, C. L., Lima, M. C. P., Torres, A. R., Santos, J. L. F., Duarte, Y. O., Lebrão, M. L., & Cerqueira, A. T. A. R. (2018). Sintomas depressivos em idosos do município de São Paulo: prevalência e fatores associados (Estudo Sabe). *Revista Brasileira de Epidemiologia, 21*(suppl. 2), e180014. EpubFebruary 04, 2019. Https://Dx.Doi.Org/10.1590/1980-549720180014.Supl.2.

Noronha, A. P. P., & Baptista, M. N. (2016). Relação entre Metodologia e Avaliação Psicológica. In: M. N. Baptista, & D. C. Campos. *Metodologias de Pesquisa em Ciências: análises quantitativa e qualitativa.* 2. ed. (pp. 66-79). Rio de Janeiro: LTC.

Nunes, C. H. S. S., Hutz, C. S., & Nunes, M. F. O. (2010). *Bateria Fatorial de Personalidade (BFP): Manual técnico.* São Paulo: Casa do Psicólogo.

Pacico, J. C., & Hutz, C. S. (2015). Validade. In: C. Hutz, D. Bandeira, & C. Trentini (orgs.). *Psicometria* (pp. 46-53). Porto Alegre: Artmed.

Peixoto, E. M., & Ferreira-Rodrigues, C. F. (2019). Propriedades Psicométricas dos Testes Psicológicos. In: M. N. Baptista et al. (orgs.). *Compêndio de avaliação psicológica* (pp. 29-39). Petrópolis: Vozes.

Peixoto, E. M., Nakano, T. C., Castillo, R. A., Oliveira, L. P., & Balbinotti, M. A. A. (2019). Passion scale: Psychometric properties and invariance factor through Exploratory Structural Equation Modeling (Esem). *Paidéia, 29,* e2911. Doi: 10.1590/1982-4327e2911.

Peixoto, E. M., & Palma, B. P. (no prelo). Paixão pelo esporte e exercício físico: aplicações teóricas e empíricas do modelo dualístico da paixão. In: T. C. Nakano, & E. M. Peixoto. *Psicologia do esporte e do exercício físico na perspectiva da psicologia positiva.* São Paulo: Vetor.

Pettersson, A., Bostrom, K. B., Gustavsson, P., & Ekselius, L. (2015). Which instruments to support diagnosis of depression have sufficient accuracy? A systematic review. *Nordic Journal of Psychiatry, 69*(7), 497-508. Doi: 10.3109/08039488.2015.1008568.

Primi, R. (2012). Psicometria: fundamentos matemáticos da Teoria Clássica dos Testes. *Avaliação psicológica, 11*(2), 297-307.

Primi, R., Muniz, M., & Nunes, C. H. N. S. (2009). Definições contemporâneas de validade de testes psicológicos. In: C. S. Hutz (org.). *Avanços e polêmicas em avaliação psicológica* (pp. 243-265). São Paulo: Casa do Psicólogo.

Reppold, C. T., Zanini, D. S. & Noronha, A. P. P. (2019). O que é avaliação psicológica. In: M. N. Baptista, M. Muniz, C. T. Reppold,... L. Pasquali. *Compêndio de avaliação psicológica.* Petrópolis: Vozes (pp. 15-28).

Santor, D. A., Gregus, M., & Welch, A. (2006). Eight Decades of Measurement in Depression. *Measurement: Interdisciplinary Research and Perspectives, 4*(3), 135-155. Doi: 10.1207/s15366359mea0403_1.

Scientific Eletronic Libriryon line – Scielo (2018). Número especial da revista *Ciência e Profissão.* Recuperado de http://www.scielo.br/scielo.php?script=sci_issuetoc&pid=1414-989320180004&lng=pt&nrm=iso

Vallerand, R. J. (2015). *The psychology of passion: A dualistic model.* Nova York: Oxford University Press.

Vallerand, R. J., Blanchard, C., Mageau, G. A., Koestner, R., Ratelle, C., Léonard, M., ... Marsolais, J. (2003). Les passions de l'aîme: On obsessive and harmonious passion. *Journal of Personality and Social Psychology, 85*(4), 756-767. Doi: 10.1037/0022-3514.85.4.756.

5
O que é mais frequente avaliar em crianças e como fazê-lo?

Acácia A. Angeli dos Santos

Ana Paula Porto Noronha

Adriana Satico Ferraz

Fabián J. Marin Rueda

Neide de Brito Cunha

Relevância da dúvida

O desenvolvimento infantil se caracteriza como um processo multidimensional que envolve fatores hereditários, sociais e ambientais, acrescido das experiências vivenciadas pela criança ao longo da infância. As associações entre esses fatores favorecem a aquisição e o desenvolvimento gradativo das capacidades motoras, cognitivas, emocionais, sociais e adaptativas das crianças (Pires, 2017).

Nesse contexto, a Psicologia traz contribuições para o entendimento dos processos intrínsecos ao desenvolvimento infantil, com destaque para a identificação e tratamento de problemas específicos da infância, como é o caso das queixas escolares, das demandas desenvolvimentais, emocionais e comportamentais. Diante do grande número de variáveis a serem consideradas no atendimento psicológico de crianças, são frequentes as dúvidas por parte dos psicólogos de como proceder nesses casos, o que vale para profissionais recém-formados ou mesmo para aqueles que atuam na área há algum tempo e necessitam de atualização.

Em vista disso, o presente capítulo buscou trazer contribuições para nortear a prática dos psicólogos na avaliação de crianças. Nele são apresentados os principais motivos que levam a criança para o serviço psicológico e as pessoas e entidades responsáveis por acompanhá-la nos atendimentos. É exposto o conhecimento teórico e técnico que o psicólogo necessita possuir para atender a diversidade das demandas do público infantil; os aspectos e fenômenos psicológicos que devem ser analisados; e a utilização dos recursos para compor a avaliação psicológica. Ao final, são apresentados os procedimentos a serem adotados no encerramento do processo avaliativo.

Uma vez que a Psicologia abrange amplas possibilidades de atuação do psicólogo, tomou-se o cuidado de apresentar as possibilidades de aplicação da avaliação de crianças, de modo que foi identificada a maior incidência de demanda para esse tipo de atendimento. Assim, os contextos destacados neste capítulo remetem à aplicação da avaliação psicológica no contexto escolar, clínico, hospitalar, social e jurídico. Todavia, é importante ressaltar que, em se tratando da avaliação infantil, não se desconsidera a relevância das demais áreas que não aparecem neste capítulo.

Trajetória dos autores com a temática do capítulo

Os autores deste capítulo possuem em comum a experiência no campo da pesquisa em Avaliação Psicológica com o público infantil. Estas pesquisas centralizam-se na construção e investigação das qualidades psicométricas de instrumentos voltados à avaliação de diversos construtos da Psicologia (testes, escalas, inventários), bem como ao desenvolvimento de estudos nos quais estas medidas são aplicadas com o objetivo de investigar os fenômenos psicológicos nos mais diferentes contextos e fases do desenvolvimento infantil. A maioria dos autores atua na docência em cursos de graduação e de pós-graduação em Psicologia, especialmente em disciplinas ligadas à avaliação psicológica.

Resposta à dúvida do capítulo

Frequentemente o encaminhamento da criança para serviços de atendimento psicológico é feito a pedido da escola, dos familiares ou pessoas responsáveis pelos serviços comunitários, departamentos jurídicos e serviços da saúde, como é o caso da pediatria e psiquiatria. As queixas relatadas em relação à criança comumente se referem a problemas afetivos/emocionais e comportamentais; dificuldades identificadas na escola (ex.: dificuldade de aprendizagem); problemas de relacionamento com os familiares e com seus pares, suspeita de algum transtorno (ex.: autismo e o Transtorno de Déficit de Atenção e Hiperatividade [Tdah]); sexualidade; suspeita de algum transtorno psiquiátrico (ex.: problemas somáticos, ansiedade); ocorrência de abusos (ex.: violência sexual ou doméstica) e pedido de guarda dos filhos (Baptista, 2019; Cunha & Binetti, 2013; Lins & Borsa, 2017).

A diversidade de queixas relacionadas à infância encaminhadas para o atendimento psicológico exige do profissional o conhecimento científico e o preparo técnico para lidar com essas demandas. Também é imprescindível que haja o domínio sobre as especificidades de cada etapa do desenvolvimento infantil (Conselho Federal de Psicologia [CFP], 2013; Schelini, 2019).

O atendimento à criança requer que o profissional saiba avaliar os aspectos inerentes à queixa com o objetivo de tomada de decisão (ex.: confirmar ou refutar o diagnóstico de um transtorno de aprendizagem, elaborar e acompanhar intervenções, auxiliar o juiz nas decisões sobre a disputa dos pais pela guarda do filho). Portanto, a avaliação psicológica faz parte da rotina de atuação do psicólogo, independente da abordagem teórica adotada pelo profissional (ex.: Psicanálise, Teoria Comportamental Cognitiva) ou a área da Psicologia (ex.: Psicologia Clínica, Psicologia Escolar/Educacional; Psicologia Jurídica) (CFP, 2013; Schelini, 2019). Reppold, Zanini e Noronha (2019) afirmam que a avaliação se configura como um campo de conhecimento, para o qual há um rol de conhecimentos teóricos e metodológicos específicos. Por sua vez, para Hutz (2015) a avaliação é um amplo processo, com o intuito de aventar hipóteses e responder questões sobre o funcionamento psicológico de um indivíduo ou grupo.

O resultado da avaliação psicológica tende a repercutir na vida da criança e das demais pessoas envolvidas. Este é mais um ponto que reforça a necessidade do preparo do psicólogo para a condução de uma avaliação. Assim, o processo de avaliação psicológica deve ser estruturado a partir de um planejamento prévio. Ao tomar contato com a queixa, o psicólogo precisa estabelecer o número de sessões necessárias para investigá-la e selecionar as técnicas e os instrumentos psicológicos que serão usados para a avaliação da criança (CFP, 2013; Schelini, 2019).

O que avaliar?

Área: Psicologia Escolar e Educacional

As queixas escolares envolvem uma variedade de construtos psicológicos a serem considerados no processo de avaliação psicológica. Demandas associadas aos aspectos cognitivos, por exemplo, condizem com a avaliação da atenção da criança (ex.: atenção concentrada e atenção seletiva); da memória (ex.: memória de trabalho e memória de longo prazo); e da inteligência (ex.: inteligência fluida e cristalizada, inteligência emocional) (Baptista et al., 2019; Suehiro & Lima, 2016).

Aliada à avaliação da inteligência, medir a criatividade se traduz em uma forma de acessar a habilidade da criança de identificar situações-problema, apresentar formas criativas para resolvê-las, confirmar ou refutar hipóteses e transmitir os resultados obtidos para as pessoas. Outro ponto considerado ao avaliar a criatividade é a habilidade da criança de criar algo novo e útil para o contexto em que ela vive (Nakano, 2019).

Para as queixas ligadas aos aspectos motores, afetivos e intelectuais da criança, avaliar a psicomotricidade constitui-se como importante alternativa. Os componentes da psicomotricidade podem ser investigados por meio de diversos recursos avaliativos (técnicas de observação, tarefas específicas e testes psicométricos) voltados ao acesso dos seus componentes como, por exemplo, a lateralidade, o equilíbrio, a autoimagem, a motricidade fina e ampla, dentre outros (Sociedade Brasileira de Psicomotricidade, 2019).

As dificuldades da criança de se relacionar com as pessoas e consigo mesma também podem repercutir negativamente em sua aprendizagem. Em tais casos é adequado avaliar as habilidades sociais para se relacionar como os seus pares e professores (Del Prette & Del Prette, 2019). Igualmente, recomenda-se a investigação dos aspectos de natureza afetiva e emocional da criança. Neste tipo de avaliação cabe analisar o impacto causado pelas devolutivas realizadas pelos professores em relação ao desempenho do aluno e, também, o nível de importância que a criança dá para o reconhecimento dos seus méritos escolares por parte dos docentes, colegas de sala e familiares (Bzuneck, 2018).

Na investigação do baixo rendimento escolar cabe avaliar as habilidades do aluno de leitura, escrita e compreensão de leitura. Além destas habilidades linguísticas, também se recomenda a avaliação das habilidades metalinguísticas, como é o caso da consciência fonológica (noção da correspondência entre letra e som), consciência morfológica (reconhecimento da variação de morfemas) e da consciência meta textual (diferenciação entre os gêneros textuais). Tal avaliação proporciona maior entendimento sobre as dificuldades do aluno para aprender o que é ensinado na escola (Santos et al., 2017; Santos, Ferraz, & Rueda, 2018).

Em relação à organização e ao empenho da criança nos estudos é pertinente avaliar a sua autorregulação para aprendizagem. Investigar este construto contribui para o planejamento de intervenções relativas à elevação da motivação do aluno, ao aumento da capacidade de organização do tempo para a realização das atividades escolares, ao uso efetivo de estratégias de aprendizagem, à escolha de lugares adequados para estudar e à busca por ajuda seletiva (de pares ou de adultos) pela criança em momentos de dificuldade para entender o conteúdo ou para executar determinadas tarefas (Cash, 2016; White & DiBenedetto, 2015).

Ainda, no contexto escolar, destaca-se a demanda de avaliação da violência interpessoal. Este fenômeno se expressa por meio de comportamentos agressivos (ex.: agredir fisicamente um colega), pelo *bullying* (ex.: violência verbal e física) e o *cyberbullying* (ex.: hostilizar colegas e professores na internet, por meio das redes sociais). A investigação destes aspectos pode ser feita tanto por parte do agressor como do aluno que sofre este tipo de violência (Lourenço, Stroppa, & Senra, 2019).

Adicionalmente, uma demanda que pode surgir na escola é a identificação de crianças com possíveis altas habilidades (superdotação). A avaliação desse tipo de fenômeno não se restringe à mensuração da inteligência. O reconhecimento da existência de altas habilidades envolve a investigação de aspectos cognitivos e metacognitivos que caracterizam as particularidades na forma de pensar e resolver problemas em crianças superdotadas. O resultado desta avaliação permite que haja o encaminhamento da criança para programas adequados às suas competências, com a finalidade de satisfazer as suas necessidades educacionais e afetivas (Almeida, Costa-Lobo, Almeida, Rocha, & Piske, 2017).

Área: Psicologia Clínica

A avaliação no contexto da Psicologia Clínica exige do psicólogo amplo conhecimento sobre o desenvolvimento humano na infância, da psicopatologia infantil e dos instrumentos e técnicas utilizados na avaliação desse público. Cunha (2000) afirmou que a avaliação neste contexto pode objetivar (a) classificação, (b) descrição, (c) avaliação compreensiva, (d) entendimento dinâmico, (e) prevenção e (f) prognóstico. É possível que, em não raros casos, mais de um objetivo se faça necessário.

Diante de uma queixa associada, por exemplo, à agressividade, a avaliação da personalidade pode auxiliar o profissional a investigar se o comportamento apresentado é apenas transitório ou indicativo de uma psicopatologia (ex.: transtorno de conduta) (American Psychiatric Association, 2015; Resende, 2019). Em vista disso, reforça-se a avaliação da personalidade com caráter preventivo. A identificação precoce de desajustes que não se enquadram nos parâmetros do desenvolvimento infantil e não estão relacionados com o ambiente que a criança vive pode ser revertida por meio de intervenções (Resende, 2019).

Existem casos em que é recomendável que a avaliação para fins diagnósticos seja feita em conjunto com outros profissionais da saúde. O Transtorno do Espectro Autista (TEA) é um exemplo. Isto porque o TEA é caracterizado pela heterogeneidade de sintomas e pode se manifestar em diferentes níveis. Atualmente o *Manual Diagnóstico e Estatístico de Transtornos Mentais – DSM* (APA, 2015) estabelece dois domínios de comprometimento. O primeiro alude aos déficits de comunicação e interação social, e o segundo aos padrões repetitivos de comportamentos, interesses e atividades.

A avaliação diagnóstica deve contar com um médico especializado no atendimento de crianças (psiquiatra ou neurologista), um psicólogo e um fonoaudiólogo. No que se refere ao trabalho do psicólogo, é necessário que o profissional possua conhecimento aprofundado sobre o TEA, bem como domínio nos instrumentos e técnicas de avaliação. A avaliação do TEA é feita em duas partes. Na primeira parte é feito um rastreamento para confirmar ou descartar a existência de aspectos anormais no desenvolvimento. Caso afirmativo, a criança passa por uma avaliação diagnóstica. Nessa etapa o psicólogo faz uso de instrumentos psicométricos e de protocolos de observações clínicas (Seize & Borsa, 2017).

Em todas as etapas avaliativas os pais/responsáveis pela criança devem estar presentes para que possam se inteirar do processo de avaliação e receber as devidas orientações. Após a confirmação do TEA, a criança passa por reavaliações periódicas com o objetivo de atender as possíveis alterações das necessidades ocorridas ao longo do tempo. Destaca-se que o diagnóstico precoce tende a melhorar o quadro clínico no TEA, devido ao contato da criança com intervenções adequadas às suas necessidades. Essa melhora pode ocorrer no campo da aprendizagem e no desenvolvimento de habilidades funcionais (ex.: comunicação) (Seize & Borsa, 2017).

Área: Psicologia da Saúde e Hospitalar

Nesse contexto, o psicólogo deve ter amplo conhecimento sobre as patologias infantis, o funcionamento dos procedimentos burocráticos (ex.: rotina do hospital) e procedimentos clínicos (ex.: tipos de tratamento), e estar a par do trabalho dos demais profissionais da saúde envolvidos com o caso (ex.: médicos, enfermeiros). Em relação ao último, é importante destacar que para Ribeiro e Baptista (2019) a prática interdisciplinar é imprescindível no contexto hospitalar; além disso, é preciso avaliar o quanto os pais/responsáveis compreendem o diagnóstico e prognóstico da criança. Os pacientes que se submetem à avaliação psicológica estão vinculados a motivações médicas.

O atendimento à criança centraliza-se em avaliar como ela lida com a hospitalização. Nesse sentido, são avaliadas as repercussões emocionais geradas pela doença em decorrência do tratamento que é frequentemente invasivo (ex.: quimioterapia, transplantes); a alteração da rotina (ex.: deixar de brincar, de ir para a escola); o isolamento social (ex.: afastamento dos amigos e pessoas próximas devido às restrições do horário de visita); o desconforto pela ausência dos seus objetos pessoais (ex.: brinquedos) e animais de estimação, dentre outros. A interação com a criança, principalmente as mais novas, requer que o psicólogo utilize de recursos lúdicos para avaliá-la (ex.: brincadeiras, desenhos, contar estórias). A partir dos 7 anos de idade já é possível avaliar as noções que a criança detém acerca do seu diagnóstico e prognóstico (Azevêdo et al., 2019; Guimarães Neto & Porto, 2017).

Área: Psicologia Social e Comunitária

Nesta área da Psicologia se lida com muitas questões subjacentes à vulnerabilidade social envolvendo a criança, seus familiares e as pessoas no seu entorno (comunidade). O psicólogo que nela atua comumente avalia o funcionamento da dinâmica familiar. Esta avaliação permite verificar a ocorrência de violência contra a criança (ex.: abuso sexual, agressão física), a sua exposição ao álcool e drogas ilícitas, a qualidade do cuidado com a sua alimentação e higiene pessoal, a frequência escolar, entre outros (Belfort, Santos, Gouveia, & Barros, 2016).

Em casos, por exemplo, de crianças abrigadas, avalia-se o quanto a criança se sente acolhida pela instituição. Os resultados desta avaliação servem para promover ações com o objetivo de minimizar o impacto negativo gerado pela negligência e o respectivo abandono sofrido. Nesta avaliação também se considera o nível de adaptação da criança, uma vez que em situações de abrigamento há um funcionamento diferente daquele que ela estava acostumada (ex.: horário das refeições, compartilhamento do espaço com outras crianças) (Belfort et al., 2016).

A avaliação no contexto social e comunitário também é aplicada para verificar a eficácia das intervenções realizadas tanto em grupos de crianças como no atendimento individual. Em termos gerais, avalia-se o nível de fortalecimento dos vínculos da criança com a sua família e comunidade, as habilidades sociais voltadas às relações interpessoais, o autoconceito e a autoimagem (relações intrapessoais), a resiliência para lidar com as adversidades ligadas à vulnerabilidade social, dentre outros. A avaliação dos casos atendidos também serve para fundamentar o encaminhamento das crianças para o local mais adequado de atendimento, dependendo do grau de vulnerabilidade identificado (ex.: encaminhamento do Centro de Referência de Assistência Social [Cras], para o Centro de Referência Especializado de Assistência Social [Creas]). Dessa forma, o processo de avaliação também é essencial para encaminhar a criança às demais redes de apoio ligadas à assistência social (ex.: serviços de saúde, educativos, jurídicos, dentre outros) (Batista & Marturano, 2016; Belfort et al., 2016; Brasil, 2017).

Área – Psicologia no sistema de justiça

No âmbito jurídico, a avaliação psicológica está voltada para responder às demandas judiciais (ex.: pedido de guarda dos filhos, investigação da violência contra a criança), e, por esta razão, ela se diferencia das demais, cujo foco é essencialmente clínico. Realizar avaliação pericial forense exige que o psicólogo tenha domínio dos fenômenos psicológicos e também do sistema jurídico em que irá atuar (Rovinski, 2013).

No processo de avaliação o psicólogo deve considerar as possíveis repercussões causadas pela convocação compulsória dos envolvidos. Isto porque, na maioria dos casos, os responsáveis pela criança são submetidos a esse tipo de avaliação contra a sua vontade, o que pode comprometer a veracidade do material levantado durante o processo avaliativo, requerendo, portanto, maior acurácia por parte do profissional (Rovinski, 2019).

Em relação ao atendimento da criança, é preciso estabelecer uma boa relação para avaliá-la. Assim, é necessário elaborar um *rapport* que facilite com que a criança se sinta à vontade durante a avaliação, bem como compreenda os motivos que a levaram a passar por este processo (Rovinski, 2019). A este respeito convém esclarecer que, embora o *rapport* não tenha sido destacado detalhadamente nas áreas apresentadas anteriormente, ele é necessário nas várias situações de avaliação com crianças. Em certos casos a avaliação de crianças no contexto de justiça pode ser feita com o intuito de investigar fenômenos psicológicos ligados às próprias demandas judiciais. Um destes fenômenos é a alienação parental, caracterizada pelo prejuízo nas relações da criança com um dos seus genitores ocasionada pela influência de outro genitor, de avós ou responsáveis (Brasil, 2010; Veiga, Soares, & Cardoso, 2019).

Recursos utilizados no processo de avaliação psicológica

Traçando uma proposta de avaliação a partir da entrevista inicial

Para iniciar o processo de avaliação recomenda-se uma sessão com os pais/responsáveis da criança para estabelecer o contrato de trabalho e a realização da entrevista de anamnese. A obtenção de informações nesse tipo de entrevista auxiliará o psicólogo a traçar o plano de avaliação psicológica da criança. A anamnese é realizada frequentemente em um primeiro encontro com os pais/responsáveis com o objetivo de levantar o histórico de vida da criança. Dependendo da demanda que levou à busca pelo atendimento psicológico, a anamnese envolve o acesso às informações sociodemográficas, aos aspectos ligados ao período gestacional da criança, à averiguação do início da queixa, à realização de tratamentos médicos, psiquiátricos ou psicológicos anteriores e atuais, dentre outros. As queixas escolares podem demandar o contato do psicólogo com a escola, principalmente com o professor que possui maior proximidade com a criança. É imprescindível que a entrevista não seja desnecessariamente longa e invasiva em relação ao acesso de informações que não dizem respeito à queixa investigada (CFP, 2013; Nunes, Lourenço, & Teixeira, 2017).

Os elementos obtidos nas entrevistas iniciais levam ao contexto da avaliação, aos fenômenos psicológicos a serem investigados e às especificidades de cada criança (ex.: idade, nível escolar, dificuldades apresentadas). Após o estabelecimento dos objetivos pretendidos com a avaliação é feita a seleção dos meios para realizar a investigação da queixa e que irá compor o processo de avaliação psicológica propriamente dito. Este processo não deve ser restrito à utilização de apenas uma técnica ou instrumento (CFP, 2013; Schelini, 2019).

A observação como uma técnica de avaliação

A observação é uma técnica utilizada no processo de avaliação psicológica para o acesso do comportamento das pessoas envolvidas na queixa. Ao longo das sessões de avaliação, o psicólogo deve observar as reações da criança e dos seus pais/responsáveis. Alguns pontos em comum a serem observados em todos os envolvidos no processo de avaliação psicológica referem-se à existência ou não de uma atitude colaborativa, às oscilações de humor e aos aspectos comportamentais (Nunes et al., 2017).

Ao enfatizar a observação de crianças, é comum atentar-se para o comportamento não verbal durante a realização das atividades propostas pela avaliação (ex.: o modo como a criança se comporta ao responder um teste psicológico) e o modo como ela se expressa durante as brincadeiras (ex.: a forma como ela lida com a vitória e a derrota em um jogo). A observação auxilia o acesso aos aspectos físicos (ex.: comportamento motor), cognitivos (ex.: atenção, agilidade na resolução de problemas) e emocionais (ex.: manifestação de sentimentos por meio do choro e do riso), de características de personalidade (ex.: timidez, desinibição), oscilações de humor (ex.: irritação, apatia), dentre outros (Nunes et al., 2017; Resende, 2019).

As observações podem ser realizadas em diversos ambientes desde que estejam em consonância com a queixa apresentada. Na investigação de queixas escolares, por exemplo, o psicólogo pode realizar uma observação na escola que a criança está matriculada. No caso de crianças menores e que apresentam dificuldades de se relacionar com os seus pares, o psicólogo também pode considerar a observação nos espaços em que elas mantêm contato com outras crianças, como é o caso da creche frequentada por elas (Nunes et al., 2017; Schelini, 2019).

O registro das observações pode ser feito de forma não sistematizada (tomando notas) ou de forma sistemática, por meio de um protocolo de observação. Este último recurso é recomendável, pois tende a reduzir os efeitos da subjetividade do observador, expressa pela possível predisposição do psicólogo de realçar alguns aspectos em detrimento de outros. O conteúdo observado é posteriormente integrado às informações obtidas com as demais técnicas e instrumentos utilizados ao longo da avaliação psicológica (Hutz, 2015; Nunes et al., 2017).

O uso de testes psicológicos no processo de avaliação psicológica

A testagem é outro meio utilizado no processo de avaliação psicológica infantil. Os testes psicológicos caracterizam-se como uma medida objetiva e padronizada que reúnem amostras comportamentais sobre determinado construto avaliado (fenômeno psicológico), podendo ser de ordem cognitiva (teste de inteligência), afetivo/emocional, ligado à aprendizagem, a aspectos motivacionais, à personalidade, dentre outros (Pasquali, 2016). A aplicação e a interpretação dos escores de um teste envolvem uma sequência de procedimentos sistemáticos, que seguem normas preestabelecidas, isto é, são padronizados com base em dados empíricos (Pasquali, 2016; Serafini, Budzyn, & Fonseca, 2017).

O psicólogo deve escolher o teste, tomando por base as informações previamente levantadas sobre o caso. Esta escolha envolve a presença de um ou mais fenômenos psicológicos a serem investigados; a certificação de que a criança terá condições físicas, cognitivas e emocionais para responder o teste, e se ele é adequado à sua faixa etária, à demanda e ao contexto da avaliação (CFP, 2013; Schelini, 2019).

Concomitante a isso, o psicólogo deve selecionar testes que apresentam os pré-requisitos mínimos para serem utilizados. Estes parâmetros referem-se às qualidades psicométricas do teste, referentes às evidências de validade, às estimativas de fidedignidade e à normatização. As propriedades psicométricas de um teste asseguram a sustentação empírica e a uniformidade das interpretações dos resultados obtidos com a sua aplicação, assim como a precisão do teste (Peixoto & Ferreira-Rodrigues, 2019).

Uma forma de saber se os testes escolhidos possuem os pré-requisitos psicométricos necessários para compor o processo de avaliação psicológica é por meio da consulta ao Sistema de Avaliação de Testes Psicológicos – Satepsi (Conselho Federal de Psicologia, 2018). O Satepsi apresenta uma lista dos testes que estão autorizados para uso e, também, mostra aqueles que se encontram com parecer desfavorável para utilização. Nos últimos 15 anos, houve constantes atualizações para atender às necessidades dos psicólogos (Reppold & Noronha, 2018).

Em uma análise dos 158 testes aprovados pelo Satepsi, Reppold et al. (2017) verificaram que 18 deles eram voltados exclusivamente para crianças (faixa etária entre 4 a 13 anos); oito eram destinados para crianças e adolescentes (faixa etária de 6 a 18 anos), e 12 para crianças, adolescentes e adultos (faixa etária de 6 a 92 anos). Em sua maioria, os testes reservados ao público infantil avaliam a inteligência, a personalidade e as habilidades sociais. Os testes que avaliam mais de um tipo de público centralizam-se na avaliação da inteligência, da personalidade, do autoconceito e de aspectos neuropsicológicos.

Os dados apresentados por Reppold et al. (2017) aludem à importância de verificar se o teste aprovado pelo Satepsi é adequado à avaliação de crianças. Ademais, é preciso consultar o manual do teste para o acesso de informações adicionais sobre o construto psicológico avaliado, os seus objetivos e o contexto em que é recomendado a sua aplicação. Após a escolha do teste o psicólogo deve avaliar se a criança está apta para respondê-lo (condições físicas e psicológicas) e estar a par dos seus procedimentos de aplicação. A testagem deve ocorrer em um local adequado (ex.: boa luminosidade, temperatura agradável, sem ruídos externos, dentre outros), e o psicólogo deve ter cuidado com o seu vestuário. É recomendado que use roupas discretas e evite acessórios e perfumes que possam distrair a criança durante a testagem. Posteriormente à aplicação do teste, é igualmente importante seguir à risca as orientações do manual sobre os procedimentos de como interpretá-lo (CFP, 2013; Rabelo, Brito, & Rego, 2016).

Com base na lista dos testes favoráveis pelo Satepsi, convém destacar a escassez de instrumentos psicológicos para avaliar crianças com idades entre 0 a 5 anos de idade (Reppold et al., 2017; Schelini, 2019). Esta lacuna demanda do psicólogo amplo conhecimento sobre o desenvolvimento infantil, uma vez que em muitos momentos o profissional não tem disponível instrumentos psicológicos que o auxiliem na análise de alguns dos aspectos investigados durante a avaliação psicológica. O conhecimento prévio, apoiado em sólidos princípios teóricos, guiará o psicólogo na elaboração de questionamentos pertinentes aos pontos que devem ser investigados, bem como direcionarão o olhar do profissional em suas observações durante a avaliação da criança (Schelini, 2019).

A integração dos resultados e a entrevista de devolutiva

A última etapa da avaliação psicológica é a integração das informações coletadas durante o processo avaliativo. Esta fase deve atender aos objetivos iniciais em vias de confirmar ou refutar as hipóteses que foram levantadas durante o processo avaliativo. É necessário que o psicólogo detenha uma análise crítica do material obtido por meio da avaliação, com o intuito de ponderar a sua utilidade para a tomada de decisão. A este respeito, destaca-se o minucioso trabalho do psicólogo na integração dos resultados coletados a partir de diferentes fontes de informação. Tal como pontuado por Oliveira e Silva (2019), a essência da avaliação está no uso de diferentes métodos, entre qualitativos e quantitativos, de modo que a reunião deles em um todo organizado enriquecerá, sobremaneira, a conclusão do profissional.

Eventualmente, a avaliação não responderá todas as questões, mas estará em consonância com a queixa e com os elementos disparadores que justificaram sua realização. É possível que em determinadas situações o psicólogo deve considerar o encaminhamento da criança para profissionais de outras áreas (ex.: fonoaudiólogo, psiquiatra) (CFP, 2013; Schelini, 2019).

Os resultados da avaliação psicológica são divulgados para a criança e os seus pais/responsáveis por meio da entrevista devolutiva. Nesta entrevista, o psicólogo deve retomar com os envolvidos os motivos que levaram à realização da avaliação e divulgar os resultados de acordo com o nível de comprometimento identificado (do menor para o maior nível). A entrevista é finalizada com as recomendações necessárias para atender o caso (ex.: proposta de tratamento, encaminhamentos).

A devolutiva dos resultados da avaliação psicológica também deve ser formalizada e entregue aos interessados por meio de documentos escritos, a saber, a declaração, o atestado psicológico, o relatório psicológico e multiprofissional, o laudo psicológico e o parecer psicológico. Todos esses documentos possuem diretrizes para a sua elaboração, conforme a Resolução CFP 06/2019. Em síntese, tais documentos devem apresentar uma linguagem técnica e formal e serem fundamentados com base em pesquisas científicas.

Indicação de referências e/ou cursos para aprofundamento no tema

Baptista, M. N., Muniz, M., Reppold, C. T., Nunes, C. H. S. S., Carvalho, L. F., Primi, R., Noronha, A. P. P. [...], & L. Pasquali (orgs.). *Compêndio de avaliação psicológica*. Petrópolis: Vozes.

Boruchovitch, E., Bzuneck, J. A., & Guimarães, S. E. R. (orgs.). (2010). *Motivação para aprender: Aplicações no contexto educativo*. Petrópolis: Vozes.

Boruchovitch, E., & Gomes, M. A. M. (orgs.) (2019). *Aprendizagem autorregulada: Como promovê-la no contexto educativo?* Petrópolis: Vozes.

Campos, C. R., & Nakano, T. C. (orgs.) (2019). *Avaliação psicológica direcionada a populações específicas: Técnicas, métodos e estratégias – Volume II*. São Paulo: Vetor.

Oliveira, G. C., Fini, L. D. T., Boruchovitch, E., & Brenelli, R. P. (orgs.). (2014). *Educar crianças, grandes desafios: como enfrentar?* Petrópolis: Vozes.

Santos, A. A. A., Boruchovitch, E., & Oliveira, K. L. (eds.) (2009). *Cloze: um instrumento de diagnóstico e intervenção*. São Paulo: Casa do Psicólogo.

Referências

Almeida, L. S., Costa-Lobo, C., Almeida, A. I. S., Rocha, R. S., & Piske, F. H. R. (2017). Processos cognitivos e de aprendizagem em crianças sobredotadas: atenção dos pais e professores. In F. H. R. Piske, C. L. B., Vestena, J. M. Machado, A. A. O. M. Barby., T. Stoltz, S. Bahia, & S. P. Freitas (orgs.). *Processos afetivos e cognitivos de superdotados e talentosos* (pp. 15-39). Curitiba: Prismas.

American Psychiatric Association (2015). *Manual Diagnóstico e Estatístico de Transtornos Mentais – DSM-V.* Porto Alegre: ArtMed.

Azevêdo, A. V. S., Schimidt, B., & Crepaldi, M. A. (2019). Avaliação psicológica de crianças hospitalizadas. In: C. S. Hutz, D. R. Bandeira, C. M. Trentini, & E. Remor (orgs.). *Avaliação psicológica nos contextos de saúde e hospitalar* (pp. 31-43). Porto Alegre: Artmed.

Batista, S. V., & Marturano, E. M. (2016). Intervenção para promover habilidades sociais e reduzir problemas de comportamento de crianças em um núcleo social. *Revista Pesquisas e Práticas Psicossociais*, *10*(2), 313-326.

Belfort, P. B., Santos, F., Gouveia, L. A., & Barros, S. M. (2016). Representações sociais de família no contexto do acolhimento institucional. *Revista Psicologia – Teoria e Prática*, *17*(3), 42-51. Doi: 10.15348/1980-6906/psicologia.v17n3p42-51.

Brasil. Ministério da Cidadania (2017). *Suas – Sistema Único de Assistência Social: Modo de usar.* Recuperado de: http://www.mds.gov.br/cnas/noticias/cnas-disponibiliza-cartilha-suas-modo-de-usar

Brasil. *Diário Oficial da União* (2010). Lei n. 12.318, de 26 de agosto de 2010. Recuperado de: http://www.planalto.gov.br/ccivil_03/_ato2007-2010/2010/lei/l12318.htm

Bzuneck, J. A. (2018). Emoções acadêmicas, autorregulação e seu impacto sobre motivação e aprendizagem. *ETD – Educação Temática Digital*, *20*(4), 1.059-1.075. Doi:10.20396/etd.v20i4.8650251.

Conselho Federal de Psicologia (2013). *Cartilha avaliação psicológica – 2013.* Recuperado de: http://satepsi.cfp.org.br/docs/cartilha.pdf

Conselho Federal de Psicologia (2019). Resolução 6, de 29 de março de 2019. Recuperado de: https://site.cfp.org.br/publicada-nova-resolucao-sobre-elaboracao-de-documentos-escritos/

Cunha, J. A. (2000). *Psicodiagnóstico – V.* Porto Alegre: Artes Médicas.

Cunha, T. R. S., & Benetti, S. P. C. (2017). Abandono de atendimento psicológico por crianças em uma clínica--escola. *Psicologia Argumento*, *31*(73), 271-281.

Del Prette, Z. A. P., & Del Prette, A. (2019). Instrumento de avaliação das habilidades sociais no Brasil. In: M. K. Baptista, M. Muniz, C. T. Reppold, C. H. S. S. Nunes, L. F. Carvalho, R. Primi, A. P. P. Noronha, ... & L. Pasquali (orgs.). *Compêndio de avaliação psicológica* (pp. 376-396). Petrópolis: Vozes.

Guimarães Neto, C. A., & Porto, J. (2017). Utilização de instrumentos de avaliação psicológica no contexto hospitalar: uma análise da produção brasileira. *Revista da Sociedade Brasileira de Psicologia Hospitalar*, *20*(2), 66-88.

Hutz, C. S. (2015). O que é avaliação psicológica – métodos, técnicas e testes. In: C. S. Hutz, D. R. Bandeira, & C. M. Trentini (orgs.). *Psicometria* (pp. 11-22). Porto Alegre: Artmed.

Lins, M. R. C., & Borsa, J. C. (2017). *Avaliação psicológica: Aspectos teóricos e práticos.* Petrópolis: Vozes.

Lourenço, L. M., Stroppa, T. V. S., & Senra, L. X. (2019). Violência: instrumentos para identificação, rastreio e avaliação. In: M. K. Baptista, M. Muniz, C. T. Reppold, C. H. S. S. Nunes, L. F. Carvalho, R. Primi, A. P. P. Noronha, ... & L. Pasquali (orgs.). *Compêndio de avaliação psicológica* (pp. 322-332). Petrópolis: Vozes.

Nakano, T. C. (2019). Avaliação psicológica e criatividade. In: M. K. Baptista, M. Muniz, C. T. Reppold, C. H. S. S. Nunes, L. F. Carvalho, R. Primi, A. P. P. Noronha, ... & L. Pasquali (orgs.). *Compêndio de avaliação psicológica* (pp. 364-375). Petrópolis: Vozes.

Nunes, M. L. T., Lourenço, L. J., & Teixeira, C. P. (2017). Avaliação psicológica: o papel da observação e da entrevista. In: M. R. C. Lins, & J. C. Borsa (orgs.). *Avaliação psicológica: Aspectos teóricos e práticos* (pp. 23-37). Petrópolis: Vozes.

Oliveira, S. E. S., & Silva, M. A. (2019). Integração de resultados qualitativos e quantitativos. In: M. K. Baptista, M. Muniz, C. T. Reppold, C. H. S. S. Nunes, L. F. Carvalho, R. Primi, A. P. P. Noronha, ... & L. Pasquali (orgs.). *Compêndio de avaliação psicológica* (pp. 98-108). Petrópolis: Vozes.

Pasquali, L. (2016). *TEP – Técnicas de exame psicológico: fundamentos.* São Paulo: Vetor.

Peixoto, E. M., & Ferreira-Rodrigues, C. F. (2019). Propriedades psicométricas dos testes psicológicos. In: M. K. Baptista, M. Muniz, C. T. Reppold, C. H. S. S. Nunes, L. F. Carvalho, R. Primi, A. P. P. Noronha, ... & L. Pasquali (orgs.). *Compêndio de avaliação psicológica* (pp. 29-39). Petrópolis: Vozes.

Pires, E. U. (2017). Avaliação de crianças e adolescentes: aspectos cognitivos. In: M. R. C. Lins, & J. C. Borsa (orgs.). *Avaliação psicológica: Aspectos teóricos e práticos* (pp. 213-235). Petrópolis: Vozes.

Rabelo, I. S., Brito, L., & Rego, M. G. S. (2016). Padronização e normatização de testes psicológicos: simplificando conceitos. In: R. A. M. Ambiel, I. S. Rabelo, S. V. Pacanaro, G. A. S. Alves, & I. F. A. S. Leme (orgs.). *Avaliação psicológica: guia de consulta para estudantes e profissionais de psicologia* (pp. 129-162). São Paulo: Pearson.

Reppold, C. T., & Noronha, A. P. P. (2018). Impacto dos 15 anos do Satepsi na avaliação psicológica brasileira. *Psicologia: Ciência e Profissão, 38*(n.. esp.), 6-15. Doi: 10.1590/1982-3703000208638.

Reppold, C. T., Serafini, A. J., Ramires, D. A., & Gurgel, L. G. (2017). Análise dos manuais psicológicos aprovados pelo Satepsi para avaliação de crianças e adolescentes no Brasil. *Avaliação Psicológica, 16*(1), 19-28. Doi: 10.15689/ap.2017.1601.03.

Reppold, C. T., Zanini, D. S., & Noronha, A. P. P. (2019). O que é avaliação psicológica? In: M. K. Baptista, M. Muniz, C. T. Reppold, C. H. S. S. Nunes, L. F. Carvalho, R. Primi, A. P. P. Noronha, ... & L. Pasquali (orgs.). *Compêndio de avaliação psicológica* (pp. 15-28). Petrópolis: Vozes.

Resende, A. C. (2019). Avaliação da personalidade em crianças. In: M. K. Baptista, M. Muniz, C. T. Reppold, C. H. S. S. Nunes, L. F. Carvalho, R. Primi, A. P. P. Noronha, ... & L. Pasquali (orgs.). *Compêndio de avaliação psicológica* (pp. 521-531). Petrópolis: Vozes.

Ribeiro, R. A., & Baptista, A. S. D. (2019). Avaliação psicológica hospitalar. In: M. K. Baptista, M. Muniz, C. T. Reppold, C. H. S. S. Nunes, L. F. Carvalho, R. Primi, A. P. P. Noronha, ... & L. Pasquali (orgs.). *Compêndio de avaliação psicológica* (pp. 185-199). Petrópolis: Vozes.

Rovinsk, S. L. R. (2013). *Fundamentos da perícia psicológica forense.* São Paulo: Vetor.

Rovinsk, S. R. R. (2019). Avaliação psicológica no contexto forense. In: M. K. Baptista, M. Muniz, C. T. Reppold, C. H. S. S. Nunes, L. F. Carvalho, R. Primi, A. P. P. Noronha, ... & L. Pasquali (orgs.). *Compêndio de avaliação psicológica* (pp. 311-321). Petrópolis: Vozes.

Santos, A. A. A., Ferraz, A. S., & Rueda, F. J. M. (2018). Relações entre a compreensão de leitura e as habilidades metalinguísticas. *Psicologia Escolar e Educacional, 22*(2), 301-309. Doi: 10.1590/2175-35392018026239.

Santos, A. A. A., Ferraz, A. S., Lima, T. H., Cunha, N. B., Suehiro, A. C. B., Oliveira, K. L., ... & da Silva, I. R. (2017). Habilidades linguísticas: a relação entre a consciência fonológica e a escrita. *Estudos e Pesquisas em Psicologia, 17*(2), 575-594.

Schelini, P. W. (2019). Avaliação psicológica infantil. In: M. K. Baptista, M. Muniz, C. T. Reppold, C. H. S. S. Nunes, L. F. Carvalho, R. Primi, A. P. P. Noronha, ... & L. Pasquali (orgs.). *Compêndio de avaliação psicológica* (pp. 284-290). Petrópolis: Vozes.

Seize, M. M., & Borsa, J. C. (2019). Em M. R. C. Lins, & J. C. Borsa (orgs.). *Avaliação psicológica: Aspectos teóricos e práticos* (pp. 270-285). Petrópolis: Vozes.

Serafini, A. J., Budzyn, C. S., Fonseca, T. L. R. (2017). Tipos de testes: características e aplicabilidade. In: M. R. C. Lins, & J. C. Borsa (orgs.). *Avaliação psicológica: Aspectos teóricos e práticos* (pp. 56-75). Petrópolis: Vozes.

Sociedade Brasileira de Psicomotricidade (2019). Psicomotricidade. Recuperado de: https://psicomotricidade.com.br/

Suehiro, A. C. B., & de Lima, T. H. (2016). Instrumentos usados na avaliação cognitiva no Ensino Fundamental: análise da produção científica. *Avaliação Psicológica*, *15(n/e)*, 67-76. Doi: 10.15689/ap.2016.15ee.07.

Veiga, C. V. D., Soares, L. C. E. C., & Cardoso, F. S. (2019). Alienação parental nas varas de família: avaliação psicológica em debate. *Arquivos Brasileiros de Psicologia*, 71(1), 68-84.

White, M. C., & DiBenedetto, M. K. (2015). *Self-regulation and the Common Core: Application to Ela Standars.* Nova York: Routledge.

6
O que é mais frequente avaliar em adolescentes e como fazê-lo?

Karina da Silva Oliveira

Ana Carolina Zuanazzi

Tatiana de Cássia Nakano

Rauni Jandé Roama Alves

Relevância da dúvida

A adolescência é considerada um período de transição, localizado entre a infância e a vida adulta (Eisensten, 2005; Senna & Dessen, 2012). Esta fase é marcada por intensas transformações corporais, resultantes de processos hormonais e físicos, que acompanham mudanças psicossociais associadas à personalidade, autonomia, qualidade das interações sociais e papéis desempenhados (Pires, 2017), assim como importantes aquisições nas diferentes áreas do desenvolvimento humano: neurológica, social, cognitiva e afetiva (Cassel, Brunnet, & Arteche, 2017). Os marcadores biológicos da adolescência referem-se objetivamente ao início das alterações hormonais, ou seja, da puberdade. Entretanto, diferentes instituições, tais como a Organização Mundial de Saúde, a Organização das Nações Unidas e o Ministério da Saúde do Brasil apresentam variações na definição cronológica para o início e término dessa fase, sendo que o intervalo mais amplo compreende a faixa etária de 10 a 24 anos (Eisensten, 2005).

Tendo em vista a amplitude de mudanças envolvidas nessa fase, é comum que a adolescência seja compreendida como um período conflituoso, desafiador, marcado pelas instabilidades emocionais e comportamentos de risco (Lerner, 2004; Senna & Dessen, 2012; Sternberg & Morris, 2001). Entretanto, os avanços científicos atuais possibilitam atuações em âmbitos psicológicos para que essa etapa desenvolvimental ocorra da forma mais saudável possível, dado seu papel na formação integral dos indivíduos (Oliveira, 2006). Portanto, é fundamental que, ao atuar com adolescentes, o profissional esteja atento às peculiaridades típicas deste momento, contextualizando suas ações de modo a considerar aspectos cronológicos, biológicos, culturais, sociais, históricos e psicológicos (Smetana, Campione-Barr, & Metzger, 2006).

Dentre as diferentes atuações possíveis do psicólogo junto a essa população, Pires (2017) destaca que a avaliação psicológica é mais solicitada em contextos clínicos e educacionais. Sendo assim, o presente capítulo tem como objetivo apresentar reflexões acerca desta prática, apontando para aspectos mais frequentemente avaliados nessa fase do desenvolvimento.

Trajetória dos autores na temática

A autora Karina tem trabalhado com temas voltados à avaliação de crianças e adolescentes desde a graduação em Psicologia, curso realizado na Pontifícia Universidade Católica de Campinas (PUC-Campinas). Durante a especialização em neuropsicologia (Unicamp) investigou as bases emocionais da aprendizagem nessas faixas etárias. Por ocasião do mestrado e do doutorado, ambos realizados na PUC-Campinas, investigou com maior intensidade temas voltados à construção de instrumentos psicológicos para essas populações. Possui experiência clínica no atendimento de crianças e adolescentes, e atualmente é docente do curso de graduação em Psicologia do Centro Universitário Salesiano de São Paulo (Unisal). Também é pós-doutoranda do Programa de Pós-graduação em Psicologia da Universidade São Francisco.

A autora Ana Carolina começou seus estudos em avaliação psicológica, mais especificamente com crianças e adolescentes, quando vinculada a projetos de pesquisa e extensão na graduação. Seguiu sua formação investigando aspectos da avaliação emocional nas diferentes faixas etárias e atuando na clínica no atendimento e avaliação psicológica com o público-alvo deste capítulo. Atualmente tem desenvolvido trabalhos relacionados à avaliação socioemocional de crianças e adolescentes.

A autora Tatiana tem trabalhado com crianças e adolescentes desde o seu mestrado, continuando com esse foco ao longo do doutorado e pós-doutorado. Ao longo dessas formações, desenvolveu um instrumento para avaliar a criatividade nessa população. Nos últimos anos voltou seus interesses de pesquisa para a temática das altas habilidades/superdotação, inteligência e competências socioemocionais, ainda junto a esse público-alvo. Encontra-se em fase de finalização de mais dois instrumentos para avaliação da superdotação em estudantes de Ensino Fundamental. Tem orientado uma série de teses e dissertações voltadas a essa faixa etária.

O autor Rauni desde o final da graduação em Psicologia, que foi realizada na Universidade Estadual de Londrina, até os dias atuais, nos quais é docente na Universidade Federal de Mato Grosso, trabalha com a população de adolescentes. Especificamente ao final da graduação, realizou avaliações e intervenções neuropsicológicas em crianças e adolescentes com queixas de dificuldades de aprendizagem. Em suas pós-graduações, *lato* e *stricto sensu*, realizadas na Universidade Estadual de Campinas e na Pontifícia Universidade Católica de Campinas, seu foco maior foi em avaliação. Realizou formação e investigações sobre as temáticas da Dislexia, Criatividade e Inteligência. Hoje coordena projetos de pesquisa e extensão sobre temas correlatos a tais campos.

Resposta à dúvida do capítulo

Cabe destacar que a avaliação psicológica se refere a um processo técnico e científico que tem como objetivo a coleta de um conjunto de informações, que favorecerão a compreensão de características psicológicas de pessoas ou grupos de pessoas, a fim de embasar a tomada de decisão em diferentes contextos. Seus resultados, por sua vez, podem auxiliar a orientação de processos de intervenção e encaminhamentos que beneficiarão os indivíduos avaliados (Primi, 2010, 2018; Rueda & Zanini,

2018; Wechsler, Hutz, & Primi, 2019). Assim, o que se pode afirmar é que diferentes técnicas podem ser empregadas em um processo avaliativo, podendo-se citar as entrevistas, as observações, as atividades lúdicas, hora do jogo e, propriamente, os testes psicológicos. Será a integração de dados oriundos destas técnicas que irá compor a chamada avaliação psicológica, possibilitando uma compreensão ampliada do caso avaliado.

Tal atividade deve ser compreendida diferentemente da chamada "testagem psicológica", cujo termo refere-se especificamente à utilização de teste(s) psicológico(s) no processo mais amplo da avaliação psicológica (Hutz, 2015; Pasquali, 2011). Portanto, como prática, a avaliação psicológica deve ser compreendida como um processo amplo e complexo, e, por sua vez, a testagem deve ser considerada como parte deste processo, contribuindo com compreensões objetivas relacionadas aos fenômenos psicológicos.

Especificamente na adolescência, a avaliação psicológica deve envolver uma série de procedimentos de avaliação, fazendo uso de diversas fontes de informação, além da aplicação de testes padronizados para essa população específica. Os resultados deverão ser interpretados de forma contextualizada e complementar as demais técnicas utilizadas, tais como entrevista, hora do jogo, observação, dados provenientes de outras fontes, dentre elas os pais, professores, amigos, familiares. Esses poderão fornecer informações importantes sobre o comportamento ou cotidiano do adolescente em processo de avaliação (Borsa & Muniz, 2016).

Diante disso, é possível afirmar que a avaliação psicológica junto a adolescentes é um processo intricado, que deve buscar compreender o avaliando em seus aspectos bio-psico-sociais. Desse modo, é fundamental que sejam estabelecidas parcerias com profissionais de outras áreas do conhecimento, tais como a educacional, a médica, a fonoaudiológica, dentre outras, cujas informações poderão fornecer dados específicos de cada área de conhecimento. Assim se terá uma compreensão integrada, promovendo o fortalecimento da rede de suporte do adolescente avaliado, assim como de suas famílias e demais contextos (Pires, 2017; Semrud-Clikeman & Ellison, 2009).

Dentro desta perspectiva, caberá ao psicólogo apresentar um conhecimento aprofundado dos processos relacionados ao desenvolvimento humano, a fim de contextualizar os achados, compreendendo-os em função de questões associadas ao desenvolvimento típico e/ou atípico dos períodos críticos, assim como dos marcos desenvolvimentais (Pires, 2017). Outra competência fundamental esperada do profissional diz respeito à sua capacidade de seleção de procedimentos e técnicas adequadas, considerando não apenas os procedimentos específicos dos testes escolhidos, como também fazendo sua autoavaliação quanto à própria capacidade em realizar a aplicação adequada das ferramentas para determinado caso (Carvalho & Ambiel, 2017; Nunes et al., 2012).

De acordo com Krug e Wagner (2016), é comum que os critérios que serão utilizados durante a avaliação para elaboração do diagnóstico de adolescentes variem bastante entre os profissionais devido, principalmente, à sua abordagem teórica. Entretanto, alguns pontos comuns costumam ser destacados. Antes de iniciar o processo avaliativo, é importante que o profissional estabeleça um *rapport*, visando diminuir a ansiedade e aumentar a colaboração. Isso é especialmente importante na adolescência, se considerarmos que a demanda inicial usualmente advém dos pais, professores e médicos, não do próprio paciente (Borsa & Muniz, 2016). Nesse momento, recomenda-se que o psicólogo seja franco com o adolescente e explique os objetivos da avaliação. Esse tipo de ação pode contribuir para o engajamento na tarefa, pode favorecer a motivação do avaliando junto às atividades, assim como pode promover condutas mais responsáveis do adolescente ao longo do processo avaliativo (Pires, 2017).

É de fundamental importância que o psicólogo realize entrevistas com pais e/ou responsáveis, bem como o próprio adolescente também seja entrevistado quanto ao tema de avaliação. Do mesmo modo, é necessário realizar contatos com outros profissionais envolvidos no atendimento ao avaliando. Deve-se, também, conduzir sessões livres, em formato de entrevistas não estruturadas, e realizar observações do comportamento referente à demanda investigada, além da administração da testagem psicológica. Como forma complementar, também são recomendadas visitas à escola, em casa ou outros contextos em que se faça necessária a verificação dos comportamentos que dificilmente podem ser avaliados por meio dos testes e da observação clínica.

A escolha dos testes deve ser feita considerando-se características demográficas (idade, sexo, nível de escolaridade, dentre outros aspectos), bem como a presença de algumas condições específicas, tais como transtornos ou deficiência, cuja presença pode limitar a seleção de determinados instrumentos, de acordo com Borsa e Muniz (2016). As autoras ainda chamam a atenção para algumas dificuldades que podem se fazer presentes na avaliação de adolescentes: dificuldade de manter a atenção durante muito tempo em uma mesma atividade, desmotivação (que ocorre corriqueiramente quando o adolescente se encontra na sessão por vontade unilateral de seus pais ou responsáveis), atitude negligente, displicência e desatenção (como forma de terminar rapidamente a tarefa) ou ainda a questão da desejabilidade social (quando o avaliando não responde de forma sincera, buscando apresentar respostas que ele acredita que sejam socialmente mais adequadas, mas que não representam, necessariamente, a percepção que tem de si).

Destacam ainda que após a administração das técnicas avaliativas o profissional deve realizar a integração dos dados colhidos à luz de princípios teórico-científicos, empiricamente fundamentados, garantindo a compreensão do quadro geral do caso. Faz-se importante esclarecer que os resultados não devem ser vistos como definitivos, mas, sim, interpretados dentro do atual momento de vida do sujeito avaliado. No caso de utilização de instrumentos respondidos por outras pessoas, tais como pais e professores, deve-se atentar ao fato de que geralmente adultos tendem a avaliar os comportamentos dos adolescentes a partir de seus próprios valores e julgamentos, o que pode gerar uma avaliação parcializada. No caso dos pais, eles podem comparar seu filho com outros filhos ou ainda com filhos de amigos. Já os professores tendem a avaliar com base na comparação com os outros alunos. Por tal motivo, a utilização conjunta de diferentes métodos e procedimentos é a mais indicada, de modo a considerar diferentes informantes e recursos (Borsa & Muniz, 2016).

É fundamental que, ao final do processo, seja realizada a entrevista devolutiva, na qual o psicólogo deverá compartilhar as informações obtidas ao longo do processo de avaliação, destacando potenciais e déficits identificados. Deverá apresentar uma postura acolhedora e empática, estando à disposição para dirimir qualquer dúvida do avaliando, de sua família e demais contextos envolvidos. Por fim, é necessário que um documento seja entregue ao solicitante da avaliação, tal como o laudo psicológico, a fim de comunicar os achados e interpretações (Resende, 2019; Schelini, 2019).

Diante do exposto, é possível afirmar que a prática da avaliação psicológica realizada com adolescentes envolve a realização de ações complexas por parte do profissional, sendo necessário que este apresente conhecimento aprofundado, tanto sobre aspectos desenvolvimentais quanto conhecimentos técnicos específicos referentes aos instrumentos e estratégias a serem empregados no processo. Assim, tendo como intenção auxiliar os profissionais no processo de avaliação psicológica, realizou-se uma revisão da literatura nacional, voltada à avaliação psicológica na adolescência, a qual será apresentada a seguir.

Avaliação psicológica na adolescência: cenário nacional

Com a intenção de colaborar com a prática profissional, o presente capítulo buscou compreender, por meio de uma revisão, quais temas têm sido mais frequentemente investigados em âmbito nacional sobre avaliação psicológica na adolescência. Espera-se que tal ação ofereça uma orientação prática sobre temas e estratégias que possam integrar os processos de avaliação junto aos adolescentes. Para isso foram acessadas as bases de dados Scientific Eletronic Library Online (SciELO) e a Periódicos Eletrônicos em Psicologia (Pepsic). Os descritores utilizados foram "adolescência" e "avaliação psicológica". Importante destacar que não foram selecionados períodos específicos para a realização das buscas. Identificou-se 35 artigos ao todo, sendo que, após a leitura de todas as publicações inicialmente selecionadas, um artigo não tratava da avaliação psicológica na adolescência, sendo excluído da análise. Assim, o total de artigos analisados foi de 34 (SciELO = 27; Pepsic = 7), os critérios utilizados foram: ano de publicação, construto avaliado, instrumentos utilizados e faixa etária.

No que diz respeito ao ano de publicação, o artigo mais antigo encontrado foi publicado em 1999 e, o mais recente, em 2019, portanto um período de 20 anos foi analisado. Observando-se uma média de 1,7 artigos publicados por ano. Quanto ao construto avaliado na adolescência, não foi possível observar um padrão nos estudos analisados. Entretanto, os seguintes construtos se fizeram presentes: adaptação escolar, ansiedade, ansiedade social, atitudes frente à autoridade institucional, bem-estar subjetivo, cognição, competência social, comportamentos autolesivos, comportamentos desviantes e problemas com a justiça, conduta social, depressão, distúrbios comportamentais, dor, estado emocional, estilo parental, desenvolvimento na adolescência, experiência subjetiva escolar, forças de caráter, interesses vocacionais, percepção de abuso, percepção de suporte social, personalidade, qualidade de vida, resolução de problemas, teoria da mente, transtorno de déficit de atenção e hiperatividade, transtornos de personalidade, valência (positiva e negativa) frente à adoção, vergonha, vínculo, violência e violência sexual, e vulnerabilidade.

Considerando os dados relacionados aos instrumentos utilizados, igualmente, não foi possível identificar um padrão de técnica mais utilizada. Cabe ressaltar que vários estudos fizeram uso de mais de uma técnica, de maneira que o número total de instrumentos apresentados na Tabela 1 (n = 66) é maior do que o número de artigos analisados (n = 34).

Tabela 1 – Técnicas utilizadas para condução dos processos de avaliação psicológica nas publicações analisadas

Técnicas não referenciadas a normas		
Identificação	*f*	*%*
Entrevistas (abertas, semiestruturadas e estruturadas)	4	57,14
Observação	1	14,29
Questionário sociodemográfico	2	28,57
Total	7	100,00
Instrumentos padronizados de testagem psicológica		
Identificação	*f*	*%*
Adolescent Attachement Questionnaire	1	1,69
Avaliação da autoridade institucional	1	1,69
Bateria de Aptidões Cognitivas	1	1,69
Career Decision Difficulties Questionnaire	1	1,69
Career Exploration Survey	1	1,69
Centrality of Event Scale	1	1,69
Child Behavior Checklist	1	1,69
Children's Attributions and Perceptions Scale	1	1,69
Comportamentos de desvio	1	1,69
Desenho da Figura Humana segundo Machover	1	1,69
Escala de Afetos Positivos e Negativos para Adolescentes	1	1,69
Escala de Ansiedade Social para Crianças	1	1,69
Escala de Conduta Social para Adolescentes	1	1,69
Escala de Crenças e Pensamentos Sociais	1	1,69
Escala de Estresse Infantil	2	3,39
Escala de Forças de Caráter	1	1,69
Escala de Objetivos Sociais	1	1,69
Escala de Responsividade e Exigência	1	1,69
Escala de risco suicidário	1	1,69
Escala de Stress para Adolescentes	1	1,69
Escala de Percepção de Suporte Social – Versão Infantojuvenil	2	3,39
Escala de violência (violência física)	1	1,69
Escala de violência comunitária	1	1,69
Escala de violência entre irmãos	1	1,69
Escala de violência entre pais	1	1,69
Escala de violência na escola	1	1,69
Escala de violência psicológica	1	1,69
Escala Fatorial de Ajustamento Emocional/Neuroticismo	1	1,69

Escala de Habilidades Sociais	1	1,69
Escala Multidimensional de Satisfação de Vida para Adolescentes	1	1,69
Escala para Jovem Transgressor	1	1,69
Escala Problemas de Comportamento	1	1,69
Escala de Realização Acadêmica	1	1,69
Inventário de Ansiedade Traço-Estado para crianças	2	3,39
Inventário de Autoavaliação para Jovens	1	1,69
Inventário de Depressão Infantil	2	3,39
Inventário de Habilidades Sociais	1	1,69
Inventário de Levantamento das Dificuldades de Decisão Profissional	1	1,69
Julgamentos de justiça acerca dos professores	1	1,69
Perfil de Autopercepção para Crianças	1	1,69
Procedimento de Desenhos de Profissionais com Estórias	1	1,69
Questionário de Atitudes Acerca da Autoridade Institucional	1	1,69
Questionário de Avaliação de Qualidade de Vida em Adolescentes com Diabetes	1	1,69
Questionário de Busca Autodirigida	1	1,69
Questionário de Sentimentos Relacionados com a Adoção	1	1,69
Roberts Apperception Test for Children	1	1,69
Social Skills Rating System	1	1,69
Sympton Distress Checklist 90 – Revised	1	1,69
Teste de Apercepção Temática	2	3,39
Teste de Apercepção Temática Infantil	1	1,69
Teste de desenho da Casa-Árvore-Pessoa	2	3,39
Teste de Pfister	1	1,69
Zulliger	1	1,69
Total	59	100,00

A análise mostra que a avaliação psicológica conduzida junto a adolescentes faz uso de diferentes métodos para coleta de dados, envolvendo técnicas qualitativas como entrevistas e observações, bem como técnicas quantitativas, notadamente testes psicológicos. Dentre os métodos encontrados, chama-se a atenção o grande número de instrumentos voltados à avaliação de aspectos negativos (dificuldades de escolha profissional, comportamentos de desvio, afetos negativos, ansiedade social, estresse, risco de cometer suicídio, violência, comportamentos transgressores, problemas de comportamento, depressão). Em relação à idade dos participantes dos estudos analisados, embora o grupo etário tenha se mostrado bastante variado, notou-se que no conjunto dos trabalhos os participantes mais jovens tinham 9 anos e, os mais velhos, 22 anos.

Esta breve revisão voltada às bases mais utilizadas no contexto do ensino e da prática profissional, aponta para o fato de que o tema da avaliação psicológica na adolescência está em desenvolvimento, sendo que pesquisadores nacionais têm realizado esforços relevantes para que as lacunas relacionadas ao tema sejam diminuídas (Reppold, Serafini, Ramires, & Gurgel, 2017). A pluralidade de construtos investigados corrobora as impressões presentes na literatura no que diz respeito à adolescência ser considerada como um momento marcado por alterações emocionais, desenvolvimento da autonomia, estabilidade de aspectos relacionados à personalidade e possível presença de comportamentos de risco (Lerner, 2004; Pires, 2017; Senna & Dessen, 2012; Steinberg & Morris, 2001).

Ainda no que tange às conclusões possíveis desta revisão, pode-se destacar a variedade de estratégias empregadas no processo de avaliação psicológica. Tal dado remete à orientação de que a avaliação seja um processo complexo e amplo, que deve envolver a coleta de dados provenientes de diferentes fontes (Primi, 2010, 2018; Rueda & Zanini, 2018; Wechsler, Hutz, & Primi, 2019). Tais achados ilustram a necessidade de ampliação de estudos junto a essa população, a fim de que sejam desenvolvidos novos instrumentos que contribuam para o processo de avaliação de adolescentes e que estejam disponíveis para o uso profissional (Reppold et al., 2017). Por fim, como forma de ilustrar como o processo de avaliação psicológica com adolescentes pode ser conduzido, um caso ilustrativo será apresentado a seguir.

Avaliação psicológica na adolescência: principais demandas

Dentre as principais demandas pela avaliação na adolescência, Pires (2017) destaca a investigação de forças e fraquezas cognitivas, comportamentais e emocionais, envolvendo, por exemplo, a identificação de déficits, de altas habilidades/superdotação, diagnóstico diferencial, auxílio no tratamento de transtornos do neurodesenvolvimento, elaboração de projetos de vida e orientação profissional. Deve-se visar a compreensão do processo de desenvolvimento daquele indivíduo e envolver, também, orientação a familiares e escola (Krug & Wagner, 2016).

Tomando-se a questão cognitiva na adolescência, seu desenvolvimento passa por importantes aquisições, relacionadas ao pensamento mais complexo, metacognitivo, pensamento abstrato/raciocínio lógico e processamento da informação. Sua avaliação permite a identificação de déficits e, consequentemente, o planejamento de intervenções naqueles casos em que se mostrarem necessárias (Pires, 2017).

O aprendizado da regulação de respostas emocionais e comportamentais perante diferentes eventos também se mostra essencial nessa fase (Cassel et al., 2017) e envolve a capacidade do adolescente em reconhecer suas emoções, controlá-las de forma eficaz e rápida, manejar a intensidade das mesmas e reconhecer quais são adaptativas e aquelas que não são. Segundo as autoras, a dificuldade em compreender quais emoções são adequadas a determinada situação pode levar o indivíduo a apresentar desregulação de raiva, ações agressivas, isolamento social, depressão, ansiedade, somatização ou, em casos mais extremos, ser indicativa de certas patologias como, por exemplo, transtorno do espectro autista, transtorno do déficit de atenção e hiperatividade, transtornos de conduta e relacionados ao controle de impulsos.

Considerando-se que adolescentes emocionalmente sadios tendem a responder às contingências do ambiente de maneira mais eficaz e adaptada, a avaliação dos aspectos emocionais nessa fase desenvolvimental configura-se como uma prática importante. Ela possibilita tanto uma investigação de sintomas e características específicas relacionadas a dificuldades e problemas pontuais, relacionados a habilidades emocionais e sua capacidade de adaptação às contingências do ambiente, bem como visa a prevenção de problemas futuros ao descrever ações para sua melhora (Borsa, Teodoro, Gaião e Barbosa, & Souza, 2012).

A adolescência também é um período marcado pelo desenvolvimento e construção de perspectivas de carreira e de vida, no qual a procura pelo serviço de Orientação Profissional (OP) se mostra bastante comum (Carvalho, 2015). Esse processo tem se voltado, notadamente, ao autoconhecimento, identificação de comportamentos e de preferências e de como esses traços interagem na escolha da profissão, de acordo com Ambiel (2019). Para isso, uma série de instrumentos voltados aos interesses e personalidade vem sendo utilizada como ferramenta auxiliar na busca por resposta a três questões destacadas pelo mesmo autor: O que eu quero ser? Por que eu quero ser? Como eu tomo a decisão? É nessa fase que a construção do projeto de vida também tem sido foco do interesse dos psicólogos (Dellazzana-Zanon, Bachert, & Gobbo, 2018), dado o desafio que o adolescente encontra de associar vivências passadas ao seu ideal de futuro, a fim de definir "o que quer ser quando adulto".

Ou seja, o processo de OP demanda do psicólogo uma série de competências, dentre elas, para além da capacidade de realizar uma boa avaliação psicológica, a habilidade de contextualizar as problemáticas de escolha dos clientes, de planejar intervenções com base nas avaliações e de avaliar os resultados das intervenções propostas. Corriqueiramente deve ser realizado em várias sessões, não somente lançando mão de um teste, mas de um conjunto de instrumentos, bem como de processos interventivos (Ambiel, Barros, Pereira, Tofoli, & Bacan, 2017). Um "teste vocacional" não é o recomendado. Com esse foco, o psicólogo pode atuar também oferecendo programas e projetos de intervenção que busquem, além da realização pessoal, a reflexão sobre as consequências de suas ações no futuro.

Murta et al. (2009) ressaltam a importância do desenvolvimento de programas voltados à estimulação das competências socioemocionais nessa faixa etária, com foco na prevenção de comportamentos de risco relacionados à gravidez precoce, abuso de álcool e outras substâncias, envolvimento em acidentes de trânsito, delinquência, doenças sexualmente transmissíveis e suicídio, de alta incidência na adolescência. Tais programas incluem uma série de habilidades, tais como tomadas de decisão, comunicação eficaz, relacionamento interpessoal, pensamento crítico, empatia, manejo de emoções, dentre outras. Tais habilidades, segundo os autores, permitem, ao adolescente, enfrentar de modo saudável as situações de risco advindas dos conflitos ou pressões vivenciadas nessa fase, provenientes das relações com familiares, professores, parceiros e pares. O papel do psicólogo pode envolver ainda orientações a familiares e escola, devendo, a avaliação psicológica, considerar aspectos globais do adolescente, incluindo-se aspectos sociais, hábitos familiares, rotinas, funcionamento familiar, valores, presença de rede de apoio, relacionamentos sociais, dentre outras variáveis (Krug & Wagner, 2016).

Aspectos prático-metodológicos na avaliação de adolescentes

Como qualquer outro psicodiagnóstico, a avaliação psicológica em adolescentes deve ser considerada um processo estruturado, tendo como base práticas e instrumentos reconhecidos pela ciência psicológica. Dentre as habilidades esperadas ao psicólogo nesse processo, pode-se dividi-las da seguinte forma: investigar inicialmente com a família e com o adolescente o ponto de partida e de motivação para a busca da avaliação, definir os métodos a partir das queixas levantadas, levantar os resultados, integrar tais resultados de forma discursiva para o entendimento da queixa e concluir, averiguar as hipóteses clínicas e realizar a devolutiva.

De modo a operacionalizar cada uma dessas habilidades, a seguir são descritos alguns comportamentos e formas de organização da avaliação. Porém, tais procedimentos podem variar de acordo com cada caso, apesar do "passo a passo" apresentado ser o que geralmente é feito. Ressalta-se também que o que foi descrito, seu conteúdo, apesar de operacionalizado em habilidades esperadas ao avaliador, não foge do que é esperado que se tenha nos documentos produzidos pelo psicólogo, que pode ser conferido na mais atual resolução sobre o assunto (Resolução CFP n. 04/2019, 2019).

Investigar inicialmente com a família e com o adolescente a motivação para a busca da avaliação

Esse momento deve ser realizado na primeira e, dependendo da demanda, também na segunda sessão. Tradicionalmente é realizado com os pais/responsáveis e deverá ser, para além de um encontro de coleta de dados iniciais, mas acima de tudo, um espaço de acolhimento e de escuta das demandas, sem julgamentos. É importante diferenciar o processo de avaliação da psicoterapia, ou seja, é fundamental informar: o tempo de duração das sessões, o número provável de sessões e quais resultados poderão ser encontrados em resposta à queixa. O uso de instrumentos estruturados com a família, como a entrevista de anamnese, pode facilitar a organização da sessão. Esta técnica favorecerá a investigação das motivações da procura da avaliação (o porquê dos encaminhamentos médico, escolar, por conta própria etc.) e o levantamento sobre o histórico do avaliando de características comportamentais, de interação social, emocionais, do desempenho escolar, entre outros.

Em um momento posterior, por volta da segunda sessão, aconselha-se, também, realizar uma conversa de cunho mais informativo com o adolescente, buscando compreender o que ele espera da avaliação e, consequentemente, desmistificar alguns de seus medos e receios sobre o processo, buscando estabelecer um *rapport*. Esse último termo, de origem francesa, refere-se à criação de uma relação mais genuína possível entre o psicólogo e o cliente/paciente, que envolve trocas de confiança, empatia, de sinceridade, entre outras. Essa é uma habilidade fundamental a ser desenvolvida pelo psicólogo.

Tanto com a família como com o adolescente deverão ser especificadas e delimitadas as expectativas referentes aos resultados que a avaliação poderá oferecer. Por exemplo, é necessário esclarecer que a investigação permeará os funcionamentos comportamentais, socioemocionais e cognitivos do avaliando. Outras questões competentes às outras profissões poderão ser encaminhadas, de acordo com a percepção do avaliador e resultados da avaliação, até mesmo porque é fundamental se adotar uma perspectiva multidisciplinar na compreensão do comportamento humano. Reafirmar principalmente junto com o adolescente, mas também não menos importante com a família, que a avaliação facilitará a resolução de alguns problemas que estão sendo vivenciados, em âmbitos psicológicos.

Definir os métodos a partir das queixas levantadas

Demonstrar que os resultados possíveis de serem encontrados em resposta às queixas não são rígidos e que mudanças para melhor poderão ocorrer, desde que haja colaboração durante as sessões e com os encaminhamentos que ela gerará.

Definir os métodos a partir das queixas levantadas

Após a sessão com os pais/responsáveis e delineadas as queixas e os possíveis resultados a serem encontrados, será o momento de, por volta da terceira sessão, iniciar a aplicação dos instrumentais. Dependendo da demanda, o número de sessões para esse procedimento poderá ser bem variável, sendo em média de três a cinco com o próprio paciente, e algumas com os pais, sendo completadas até mesmo com visitas à escola. Os públicos-alvo de administração dos instrumentos selecionados muitas vezes são quem definirão com quem será realizada determinada sessão. Contudo, é fundamental escutar a família frequentemente durante esse processo, não somente na entrevista inicial, bem como também outras pessoas que convivem com o adolescente, como seus professores. Os dados poderão ser mais claros e confiáveis.

A fase da adolescência é repleta de demandas, como já apresentamos anteriormente, e provavelmente são elas que aparecerão para a avaliação. Selecionar instrumentos que comporão a bateria para avaliar essas demandas pode ser um desafio. Boa parte dos testes/instrumentos que são passíveis de utilização para essa população é apresentada no tópico "Avaliação psicológica na adolescência: cenário nacional" deste capítulo, bem como pode ser encontrada no site do Conselho Federal de Psicologia (http://satepsi.cfp.org.br).

De todo modo, uma estratégia que pode ser utilizada na construção da bateria a ser utilizada em cada caso é o de levantamento do diagnóstico que o avaliando possa vir a ter. Um quadro nosológico psicológico/psiquiátrico muitas vezes explica as queixas, ou seja, aquilo que está por trás dos comportamentos apresentados pelo avaliando. Porém, tais diagnósticos podem ser de difícil realização, razão essa que muitas vezes leva psiquiatras a solicitarem a avaliação psicológica a fim de que haja um trabalho multidisciplinar nas decisões sobre as avaliações das características psicológicas do avaliando.

Os critérios diagnósticos e nosológicos em âmbitos psicológicos/psiquiátricos são classicamente apresentados no *Manual Diagnóstico e Estatístico de Transtornos Mentais* (DSM), atualmente em sua quinta versão (American Psychiatric Association [APA], 2013). Cabe ressaltar ainda que em nosso país a realização de diagnósticos desse porte pelo psicólogo é possível e muitas vezes necessária (Resolução CFP 04/2019, 2019). Por essa razão, todo cuidado é necessário com processos estigmatizantes.

O conhecimento aprofundado do DSM, por exemplo, permitirá já no contato inicial com a família e o paciente/cliente levantar qual a hipótese diagnóstica para o caso, a partir das queixas e de seu histórico desenvolvimental. Em seguida, é possível se construir a bateria, selecionando-se os instrumentos de acordo com tal hipótese. Em um caso hipotético, quando há desconfianças sobre a presença de um caso de Transtorno de Déficit de Atenção/Hiperatividade (Tdah), verifica-se primeiramente quais os critérios diagnósticos, que de modo geral são (APA, 2013): (a) um padrão persistente de desatenção e/ou hiperatividade-impulsividade que interfere no funcionamento e no desenvolvimento; (b) vários sintomas de desatenção ou hiperatividade-impulsividade estavam presentes antes dos 12 anos de idade; (c) vários sintomas de desatenção ou hiperatividade-impulsividade estão presentes em dois ou mais ambientes; (d) há evidências claras de que os sintomas interferem no funcionamento social, acadêmico ou profissional ou de que reduzem sua qualidade; (e) os sintomas não ocorrem exclusivamente durante o curso de esquizofrenia ou outro transtorno psicótico e não são mais bem explicados por outro transtorno mental.

Assim, ao analisar tais critérios, para quadros como esse, instrumentos para avaliação dos seguintes construtos serão fundamentais: atenção, memória, funções executivas, habilidades sociais e escolares, emotividade, inteligência, personalidade, até mesmo escalas específicas para avaliação do próprio Tdah. Por isso se fala em "bateria" de instrumentos, pois são necessárias avaliações de diversos construtos, bem como se possível a aplicação de mais de um instrumento para cada um deles, a fim de que os resultados de um instrumento confirmem o do outro. Tal análise pode ser considerada dentro do princípio de "isomorfismo" adotado pela Neuropsicologia (Capovilla, 2007).

Levantamento dos resultados

Ao finalizar a coleta dos dados, as sessões serão encerradas e será avisada à família quando ocorrerá a sessão de devolutiva, sendo esse um dever do psicólogo que realiza a avaliação (Resolução CFP 04/2019, 2019). Os resultados serão analisados de acordo com as tabelas normativas presentes nos manuais dos instrumentos. Certamente, testes aprovados pelo Conselho Federal de Psicologia (CFP) as apresentarão, por isso, dentre outras razões, são denominados de "fontes fundamentais". No entanto, é possível que se tenha utilizado outros instrumentos, desde que estes possuam respaldo da literatura científica da área e que respeitem o Código de Ética e as legislações da profissão (Resolução CFP 09/2018, 2018). Esses últimos instrumentos devem ser considerados como "fontes complementares" e, se possuírem tais critérios de qualidade, também apresentarão tabelas confiáveis de correção. Sendo assim, de forma geral, as classificações de desempenho (p. ex., "inferior", "abaixo da média", "média", "acima da média", "acima ou abaixo da nota de corte" etc.) serão levantadas para todos os instrumentos utilizados.

Não menos importante é a avaliação qualitativa, que deverá ser realizada durante a administração dos instrumentos. A relação estabelecida com os familiares e o próprio paciente poderão fornecer informações preciosas que muitas vezes podem orientar os achados quantitativos. Por se tratar especificamente da população de adolescentes, aspectos emocionais muitas vezes podem estar alterados, e isso pode não ser percebido nos instrumentos de avaliação emocional. Dentre as diferentes razões para que isso ocorra, destaca-se a "aquiescência", que diz respeito à tendência de responder positivamente aos itens, a despeito do seu conteúdo descritivo (Valentini, 2017).

Por outro lado, as alterações emocionais podem levar a outra tendência, de não motivação à realização das atividades dos instrumentos, como, por exemplo, nos de avaliação cognitiva. Hipoteticamente, poderia ocorrer de, em pacientes com transtornos depressivos, serem encontradas alterações nos desempenhos dos testes de inteligência, mais do que o esperado, e gerar falsos-positivos, como rebaixamento intelectual. O limiar de confiabilidade nos instrumentos em casos como esses deve passar pelo crivo qualitativo de avaliar se o discurso do avaliando, os prejuízos sociais etc., por exemplo, são característicos ao quadro de deficiência intelectual ou se não houve motivação na realização das tarefas em razão de um quadro emocional de base. Desse modo, faz-se mister que o conhecimento aprofundado sobre cada condição descrita no DSM e quais sintomas podem gerar, e até que ponto podem interferir na avaliação quantitativa.

Integrar os resultados de forma discursiva para o entendimento da queixa

Após o levantamento dos resultados, e até mesmo da exclusão de algum instrumento que possa estar alterado de acordo com avaliação qualitativa (por razões de alterações emocionais etc.), os resultados deverão ser integrados para compreensão da queixa e das hipóteses diagnósticas elaboradas. Deve-se verificar que, para além do diagnóstico nosológico, a avaliação psicológica pode se destacar por apresentar um "diagnóstico psicológico", ou seja, descrever habilidades que estejam preservadas ou mesmo acima da média, as "forças", para além das deficitárias, as "fraquezas". Esse tipo de análise também deverá compor as habilidades do avaliador e favorecerá a descrição dos planos terapêuticos de uma forma mais completa ou também denominada de "holística", favorecendo melhores prognósticos.

Em Neuropsicologia é interessante observar que o desenvolvimento ou o prejuízo de determinados componentes cognitivos não afeta a totalidade do sistema. Os diferentes módulos cognitivos apresentam especificidade de domínio, ou seja, são responsáveis por processarem informações específicas. Dessa forma, uma lesão ou disfunção cerebral determinada podem levar a uma alteração específica do funcionamento cognitivo. Esse funcionamento pode ser observado empiricamente nas denominadas "dissociações", que é quando o paciente apresenta desempenho alterado numa tarefa X, mas desempenho preservado numa tarefa Y (Capovilla, 2007).

Desse modo, as dissociações permitem a descrição de perfis psicológicos, extrapolando os cognitivos, esperados para as condições nosológicas. Retomando o exemplo do Tdah, quando integrados os dados, os perfis das classificações, de acordo com a bateria montada os prejuízos seriam muito provavelmente os seguintes em adolescentes, de modo geral: (a) médio-inferior ou inferior: atenção, memória, funções executivas, escolares; (b) médio ou acima da média: inteligência; (c) com alterações específicas em impulsividade e ansiedade: habilidades sociais, emotividade e personalidade; (d) notas de corte apontando a presença do transtorno em escalas específicas para avaliação do próprio Tdah (Rucklidge & Tannock, 2002).

É interessante observar que corriqueiramente os perfis cognitivos, dentre outros perfis da gama possível do funcionamento psicológico, serão raramente descritos no DSM, entretanto nele temos acesso mais frequentemente aos emocionais e sociais. É na literatura científica que poderemos encontrar esses dados, ou seja, faz-se imprescindível o estudo sobre as características psicológicas funcionais dos diversos quadros diagnósticos, pois cada um terá perfis cognitivo, social, emocional, escolar, entre outros, específicos. A literatura utilizada, inclusive, poderá ser incluída no documento produzido resultante da avaliação, sendo obrigatória sua apresentação no laudo psicológico, por exemplo (Resolução CFP 04/2019, 2019).

Concluir, averiguar as hipóteses clínicas e realizar a devolutiva

Descrito o perfil psicológico, será o momento de verificar se as hipóteses diagnósticas sobre a queixa estavam corretas, ou mais próximas das esperadas. É relevante afirmar aqui que muitas vezes o perfil encontrado pode não ser exatamente compatível com os encontrados na literatura, mas de uma forma geral o será, na maioria das características psicológicas avaliadas. Os critérios diagnósticos deverão se encaixar às demandas da pessoa e serem impactantes em sua vida. Mais do que isso, na escrita do documento gerado pela avaliação deverão ser especificadas as forças e fraquezas encontradas.

Também será interessante a descrição do diagnóstico que foi encontrado, principalmente se houver essa demanda, quais as possibilidades de atuação da psicologia no caso, quais acompanhamentos serão necessários, como de outros profissionais, e o prognóstico possível de melhora. É importante observar que algumas vezes especificamente o diagnóstico nosológico poderá ser de difícil conclusão, demandando do psicólogo e do psiquiatra que realizou o encaminhamento certa cautela e paciência. A realização de um período de terapia poderá facilitar as conclusões diagnósticas, numa perspectiva de avaliação mais longitudinal.

Para a população de adolescentes é interessante notar que raramente transtornos mentais como a esquizofrenia, apesar de possível, e Transtornos de Personalidade serão encontrados. No entanto, é um período-chave em que podem ser encontrados sintomas prodrômicos, ou sinais de que podem vir a se consolidar futuramente. De acordo com estudos longitudinais (Coolidge, Segal, Stewart, & Ellett, 2000), é possível que algumas crianças e adolescentes apresentem perfis psicológicos que indiquem Tdah, transtornos disruptivos, do controle de impulsos e da conduta possam apresentar essas condições mentais futuramente. Desse modo, reconhecer a relevância da avaliação psicológica nesses períodos é fundamental, pois ela se torna protetiva para que intervenções precoces ocorram a fim de que se possa evitar ao máximo que essas condições se desenvolvam. Nas conclusões do documento gerado, sinais prodrômicos podem e devem ser apontados para que haja ações interventivas diretas sobre eles.

Estudo de caso

O estudo do presente caso foi autorizado pelos responsáveis e assentido pelo adolescente em questão para divulgação em meios científicos. Com a finalidade de preservar o anonimato, foi criado um nome fictício (Gabriel) e dados de identificação foram alterados ou omitidos. O propósito desta seção é apresentar o processo de avaliação psicológica, destacando os pontos tratados anteriormente neste capítulo, ou seja, o estabelecimento do *rapport*, interação com o contexto social e familiar do avaliando e algumas estratégias empregadas como a seleção dos instrumentos segundo uma hipótese diagnóstica e a devolutiva dos achados.

Gabriel tinha 16 anos quando foi encaminhado para avaliação psicológica pelo psiquiatra responsável. Há dois meses o menino vinha apresentando comportamentos de autolesão. Por essa razão, seus pais solicitaram atendimento psiquiátrico. Segundo esses, o adolescente estava resistente a tomar qualquer tipo de medicamento ou mesmo participar do processo de avaliação psicológica. A hipótese diagnóstica do profissional que realizou o encaminhamento era Transtorno da Personalidade Borderline.

Tendo em vista o cenário apresentado, (1) encaminhamento psiquiátrico, (2) comportamentos autolesivos preocupantes e (3) resistência de Gabriel em participar da avaliação psicológica, foi necessário, inicialmente, um importante investimento na relação com o adolescente, ou seja, o *rapport*. Para tanto, foram dedicadas algumas sessões apenas para levantar com o avaliando qual seu entendimento e expectativas sobre o processo avaliativo. Foram empregadas técnicas como a entrevista lúdica envolvendo jogos escolhidos pelo adolescente e criação de histórias. Destaca-se que esse momento foi importante, pois o adolescente pôde contar sua percepção sobre a situação e dessa forma foi possível esclarecer e engajá-lo no processo. Junto a isso, compreendeu-se sua percepção sobre seu comportamento de autolesão.

Paralelamente ao estabelecimento do *rapport*, foram realizadas sessões específicas para compreensão da demanda de avaliação a partir da visão dos pais e psiquiatra. Coletar informações com os pais permitiu compreender sobre a dinâmica familiar cotidiana e levantar marcos do desenvolvimento de Gabriel (gestação, primeiros indicadores de desenvolvimento infantil, histórico de dificuldades comportamentais, entre outros). Ao discutir a expectativa do psiquiatra quanto à avaliação psicológica, foi possível a compreensão mais integrada do caso e o estabelecimento de uma parceria para o cuidado com o adolescente. Na perspectiva do psiquiatra, os comportamentos de autolesão associados a instabilidade de humor abriam a possibilidade do diagnóstico referido; porém, ainda havia dúvidas sobre a presença de outras sintomatologias que "fechassem" o quadro hipotetizado.

Após o esclarecimento das expectativas dos envolvidos na avaliação, estabelecimento do *rapport* e levantamento do histórico de desenvolvimento cognitivo e emocional do adolescente, traçou-se um plano de testagem. Seguindo o indicado por Pires (2017), é fundamental que a avaliação inclua a investigação de forças e fraquezas tanto do campo cognitivo quanto comportamental e emocional. Dessa forma foram selecionados instrumentos cujos objetivos permitiam o mapeamento do funcionamento psicológico de Gabriel nesses três campos.

Para avaliação de aspectos cognitivos foi utilizada a Escala Wechsler de Inteligência Infantil, na época em sua terceira edição (Wisc-III). Na sequência, se focalizou os aspectos emocionais/personalidade do avaliando. Nesse âmbito foi aplicado o teste das Manchas de Tinta de Rorschach, teste das Pirâmides Coloridas de Pfister e a Bateria Fatorial de Personalidade (BFP). Essa última foi utilizada tanto para compor a bateria de avaliação quanto levantar de forma complementar a percepção de Gabriel sobre si. Para avaliação de potencial *stress*, utilizou-se a Escala de Stress para Adolescente. Por fim, foram levantadas as habilidades interpessoais por meio da Escala de Habilidades Sociais.

Essa conduta permitiu a integração de informações e melhor compreensão do caso. Ou seja, embora a demanda de avaliação esteja bastante focada nos campos comportamental e emocional (comportamentos autolesivos), excluir a avaliação cognitiva poderia restringir a visibilidade sobre o funcionamento psicológico do adolescente. Assim, foi possível observar que, além de dificuldades em lidar com frustração (emocional) e engajamento em uma sequência de comportamentos prejudiciais para si (comportamental), Gabriel também apresentou dificuldades em tarefas relacionadas às funções executivas, especificamente a planejamento e controle de impulsividade. Juntamente, levantou-se indicadores relacionados à motivação para desenvolver coisas novas e a criação de histórias como uma forma de expressão de suas dificuldades emocionais.

Terminada a testagem, foi feita síntese de resultados a fim de verificar a necessidade de investigação ou aprofundamento em alguma área do funcionamento psicológico. Dado que haviam sido coletados dados suficientes à compreensão do caso, foi feita devolutiva com o adolescente, pais e psiquiatra. Para o adolescente, a conversa de devolutiva focou na compreensão que o mesmo tinha sobre as dificuldades em lidar com emoções, a forma como "descarregava" seus sentimentos negativos e suas forças para lidar com a temática. Em conversa com os pais, foi enfatizada a psicoeducação e orientações específicas. Por fim, com o psiquiatra, a devolutiva de resultados focou em estratégias conjuntas de intervenção que envolviam também a psicoterapia. Não foi possível fechar o quadro de Transtorno da Personalidade Borderline, mas foi solicitado acompanhamento psicológico para que as dificuldades emocionais pudessem ser trabalhadas e uma nova avaliação fosse empregada quando pertinente.

Em suma, a avaliação empreendida serviu não apenas ao solicitante (psiquiatra), mas também como orientação de familiares e com o próprio avaliando, conforme sugerido por Krug e Wagner (2016). Assim, por meio desse processo, compreendeu-se o funcionamento psicológico do mesmo e permitiu o esclarecimento da demanda apresentada. O caso serve como um exemplo da importância de se estabelecer um *rapport* adequado, alinhamento com todos os envolvidos e investigação integrada do avaliando e comunicação dos resultados do processo de avaliação psicológica, atendendo, assim, os pressupostos apresentados por Borsa et al. (2012). Com isso, pretende-se ilustrar as contribuições e peculiaridades da avaliação psicológica nessa faixa etária.

Indicação de referências e/ou cursos para aprofundamento no tema

Borsa, J. C., & Muniz, M. (2016). Testagem psicológica com crianças e adolescentes. In: C. S. Hutz, D. R. Bandeira, C. M. Trentini, & J. S. Krug (orgs.). *Psicodiagnóstico* (pp. 238-246). Porto Alegre: Artmed.

Dellazzana-Zanon, L. L., Bachert, C. M. D., & Gobbo, J. P. (2018). Projetos de vida do adolescente: implicações para a escolarização positiva. In: T. C. Nakano (org.). *Psicologia Positiva aplicada à Educação* (pp. 41-62). São Paulo: Vetor.

Eisensten, E. (2005). Adolescência: definições, conceitos e critérios. *Adolescência & Saúde*, 2(2), 6-7. Retirado de: http://adolescenciaesaude.com/detalhe_artigo.asp?id=167

Freire, T., & Tavares, D. (2011). Influência da autoestima, da regulação emocional e do gênero no bem-estar subjetivo e psicológico de adolescentes. *Archives of Clinical Psychiatry*, 38(5), 184-188. Https://doi.org/10.1590/S0101-60832011000500003.

Krug, J. S. & Wagner, F. (2016). Cuidados no estabelecimento do diagnóstico psicológico na infância e na adolescência. In: C. S. Hutz, D. R. Bandeira, C. M. Trentini, & J. S. Krug (orgs.). *Psicodiagnóstico* (pp. 230-237). Porto Alegre: Artmed.

Lerner, R. M. (2004). Programs promoting positive youth development and civil society. In: R. M. Lerner (ed.). *Liberty: thriving and civic engagement among America's youth* (pp. 109-142). Thousand Oaks, CA: Sage.

Pires, E. U. (2017). Avaliação de crianças e adolescentes: aspectos cognitivos. In: M. R. C. L., & J. C. Borsa (orgs.). *Avaliação psicológica: aspectos teóricos e práticos* (pp. 213-235). Petrópolis: Vozes.

Reppold, C. T., Serafini, A. J., Ramires, D. A., & Gurgel, L. G. (2017). Análise dos manuais psicológicos aprovados pelo Satepsi para avaliação de crianças e adolescentes no Brasil. *Avaliação Psicológica*, *16*(1), 19-28. Doi: 10.15689/ap.2017.1601.03.

Schaefer, L. S., Rossetto, S., & Kristensen, C. H. (2012). Perícia psicológica no abuso sexual de crianças e adolescentes. *Psicologia: Teoria e Pesquisa*, *28*(2), 227-234. Retirado de https://www.researchgate.net/profile/Luiziana_Schaefer/publication/262651843_Forensic_psychological_examination_in_child_and_adolescent_sexual_abuse/links/0c960539f4b33a257b000000/Forensic-psychological-examination-in-child-and-adolescent-sexual-abuse.pdf

Steinberg, L., & Morris, A. S. (2001). Adolescent development. *Annual Review of Psychology*, *52*, 83-110. Doi: 10.1146/annurev.psych.52.1.83.

Referências

Ambiel, R. A. M., Barros, L. O., Pereira, E. C., Tofoli, L., & Bacan, A. (2017). Avaliação de processos de orientação profissional e de carreira: problemas e possibilidades. *Avaliação Psicológica*, *16*(2), 128-136. Https://Dx.Doi.Org/10.15689/Ap.2017.1602.02.

Ambiel, R. A. M. (2019). Avaliação psicológica aplicada aos processos de escolha e transição de carreira. In: M. N. Baptista, M. Muniz, C. T. Reppold, C. H. S. S. Nunes, L. F. Carvalho, R. Primi, A. P. P. Noronha, A. G. Seabra, S. M. Wechsler, C. S. Hutz, & L. Pasquali (orgs.). *Compêndio de avaliação psicológica* (pp. 262-272). Petrópolis: Vozes.

American Psychiatric Association (APA) (2013). *Diagnostic and statistical manual of mental disorders: DSM-V.* Washington, DC: American Psychiatric Association.

Borsa, J. C., & Muniz, M. (2016). Testagem psicológica com crianças e adolescentes. In: C. S. Hutz, D. R. Bandeira, C. M. Trentini, & J. S. Krug (orgs.). *Psicodiagnóstico* (pp. 238-246). Porto Alegre: Artmed.

Borsa, J. C., Teodoro, M., Gaião e Barbosa, A. A., & Souza, L. K. (2012). A avaliação da capacidade de adaptação na infância e adolescência. In: C. S. Hutz (org.). *Avanços em avaliação psicológica e neurológica de crianças e adolescentes II* (pp. 215-236). São Paulo: Casa do Psicólogo.

Capovilla, A. G. S. (2007). Contribuições da neuropsicologia cognitiva e da avaliação neuropsicológica à compreensão do funcionamento cognitivo humano. *Cadernos de Psicopedagogia*, *6*(11).

Carvalho, L. F., & Ambiel, R. A. M. (2017). Critérios para escolha de testes psicológicos. In: M. R. C. L., & J. C. Borsa (orgs.). *Avaliação psicológica: aspectos teóricos e práticos* (pp. 88-99). Petrópolis: Vozes.

Carvalho, R. G. (2015). Desenvolvimento de projectos na adolescência: avaliação e perspectivas sobre a intervenção psicológica. *Revista Iberoamericana de Diagnóstico y Evaluación, 1*(39), 91-101.

Cassel, P. A., Brunnet, A. E., & Arteche, A. X. (2017). Avaliação infantojuvenil: emoções, afetos e comportamentos. In: M. R. C. L., & J. C. Borsa (orgs.). *Avaliação psicológica: aspectos teóricos e práticos* (pp. 236-251). Petrópolis: Vozes.

Coolidge, F. L., Segal, D. L., Stewart, S. E., & Ellett, J. A. (2000). Neuropsychological dysfunction in children with borderline personality disorder features: A preliminary investigation. *Journal of Research in Personality, 34*(4), 554-561.

Dellazzana-Zanon, L. L., Bachert, C. M. D., & Gobbo, J. P. (2018). Projetos de vida do adolescente: implicações para a escolarização positiva. In: T. C. Nakano (org.). *Psicologia positiva aplicada à Educação* (pp. 41-62). São Paulo: Vetor.

Eisensten, E. (2005). Adolescência: definições, conceitos e critérios. *Adolescência & Saúde, 2*(2), 6-7. Retirado de: http://adolescenciaesaude.com/detalhe_artigo.asp?id=167

Hutz, C. S. (2015). O que é avaliação psicológica – Métodos, técnicas e testes. In: C. S. Hutz, D. R. Bandeira, & C. M. Trentini (orgs.). *Psicometria* (pp. 11-22). Porto Alegre: Artmed.

Krug, J. S., & Wagner, F. (2016). Cuidados no estabelecimento do diagnóstico psicológico na infância e na adolescência. In: C. S. Hutz, D. R. Bandeira, C. M. Trentini, & J. S. Krug (orgs.). *Psicodiagnóstico* (pp. 230-237). Porto Alegre: Artmed.

Lerner, R. M. (2004). Programs promoting positive youth development and civil society. In: R. M. Lerner (ed.). *Liberty: thriving and civic engagement among America's youth* (pp. 109-142). Thousand Oaks, CA: Sage.

Murta, S. G., Borges, F. A., Ribeiro, D. C., Rocha, E. P., Menezes, J. C. L., & Moraes e Prado, M. (2009). Prevenção primária em saúde na adolescência: avaliação de um programa de habilidades de vida. *Estudos de Psicologia (Natal), 14*(3), 181-189. Retirado de: http://www.scielo.br/scielo.php?script=sci_arttext&pid=S1413-294X2009000300001

Nunes, M. F. O., Muniz, M., Reppold, C. T., Faiad, C., Bueno, J. M. H, & Noronha, A. P. P. (2012). Diretrizes para o ensino de avaliação psicológica. *Avaliação Psicológica, 11*(2), 309-316. Retirado de: http://pepsic.bvsalud.org/scielo.php?script=sci_arttext&pid=S1677-04712012000200016&lng=pt

Pasquali, L. (2011). *Técnicas do exame psicológico – TEP: manual*. São Paulo: Casa do Psicólogo/Conselho Federal de Psicologia.

Pires, E. U. (2017). Avaliação de crianças e adolescentes: aspectos cognitivos. In: M. R. C. L., & J. C. Borsa (orgs.). *Avaliação psicológica: aspectos teóricos e práticos* (pp. 213-235). Petrópolis: Vozes.

Primi, R. (2010). Psicometria: fundamentos matemáticos da teoria clássica dos testes. *Avaliação Psicológica, 11*(2), 297-307. Retirado de: https://mail.google.com/mail/u/0/#search/alfa/FMfcgxwCgLvqWxhpwHbMPstr BQqsKNNt?projector=1&messagePartId=0.1

Primi, R. (2018). Avaliação psicológica no século XXI: de onde viemos e para onde vamos. *Psicologia: Ciência e Profissão, 38*(n. esp.), 87-97. Doi: 10.1590/1982-3703000209814.

Reppold, C. T., Serafini, A. J., Ramires, D. A., & Gurgel, L. G. (2017). Análise dos manuais psicológicos aprovados pelo Satepsi para avaliação de crianças e adolescentes no Brasil. *Avaliação Psicológica, 16*(1), 19-28. Doi: 10.15689/ap.2017.1601.03.

Resende, A. C. (2019). Avaliação da personalidade em crianças. In: M. N. Baptista, M. Muniz, C. T. Reppold, C. H. S. S. Nunes, L. F. Carvalho, R. Primi, A. P. P. Noronha, A. G. Seabra, S. M. Wechsler, C. S. Hutz, & L. Pasquali (orgs.). *Compêndio de avaliação psicológica* (pp. 521-531). Petrópolis: Vozes.

Resolução CFP n. 04/2019 (2019). Institui as regras para a elaboração de documentos escritos produzidos pela(o) psicóloga(o) no exercício profissional, e revoga a Resolução CFP 7/2003 e Resolução CFP 15/1996. Brasília: Conselho Federal de Psicologia. Recuperado em: http://www.lex.com.br/legis_27773332_RESOLUCAO_N_4_DE_11_DE_FEVEREIRO_DE_2019.aspx

Resolução CFP n. 09/2018 (2018). Estabelece diretrizes para a realização de Avaliação Psicológica no exercício profissional da psicóloga e do psicólogo, regulamenta o Sistema de Avaliação de Testes Psicológicos – Satepsi e revoga as Resoluções 002/2003, 006/2004 e 005/2012 e Notas Técnicas n. 01/2017 e 02/2017. Brasília: Conselho Federal de Psicologia. Recuperado em: http://satepsi.cfp.org.br/docs/Resolu%C3%A7%C3%A3o-CFP-n%C2%BA-09-2018-com-anexo.pdf

Rucklidge, J. J., & Tannock, R. (2002). Neuropsychological profiles of adolescents with ADHD: Effects of reading difficulties and gender. *Journal of child psychology and psychiatry*, *43*(8), 988-1.003.

Rueda, F. J. M. & Zanini, D. S. (2018). O que muda com a Resolução CRP n. 09/2018? *Psicologia: Ciência e Profissão*, *38*(n. esp.), 16-27. Doi: 10.1590/1982-3703000208893.

Schelini, P. W. (2019). Avaliação psicológica infantil. In: M. N. Baptista, M. Muniz, C. T. Reppold, C. H. S. S. Nunes, L. F. Carvalho, R. Primi, A. P. P. Noronha, A. G. Seabra, S. M. Wechsler, C. S. Hutz, & L. Pasquali (orgs.). *Compêndio de avaliação psicológica* (pp. 284-290). Petrópolis: Vozes.

Semrud-Clikeman, M., & Ellison, P. A. T. (2009). *Child neuropsychology: assessment and interventions for neurodevelopmental disorders*. Nova York: Springer Science/Business Media.

Senna, S. R. C. M., & Dessen, M. A. (2012). Contribuições das teorias do desenvolvimento humano para a concepção contemporânea da adolescência. *Psicologia: Teoria e Pesquisa*, *28*(1), 101-118. Doi: 10.1590/S0102-37722012000100013.

Smetana, J., Campione-Barr, N., & Metzger, A. (2006). Adolescent development in interpersonal and societal contexts. *Annual Review of Psychology*, 57, 255-284. Doi: 10.1146/annurev.psych.57.102904.190124.

Steinberg, L., & Morris, A. S. (2001). Adolescent development. *Annual Review of Psychology*, *52*, 83-110. Doi: 10.1146/annurev.psych.52.1.83.

Valentini, F. (2017). Influência e controle da aquiescência na análise fatorial. *Avaliação Psicológica*, *16*(2), 120-123.

Villemor-Amaral, A. E. (2016). Perspectivas para a Avaliação Terapêutica no Brasil. *Avaliação Psicológica*, *15*(2), 249-255.

Wechsler, S. M., Hutz, C. S., & Primi, R. (2019). O desenvolvimento da avaliação psicológica no Brasil: avanços teóricos e desafios. *Avaliação Psicológica*, *18*(2), 121-128. Doi: 10.15689/ap.2019.1802.15466.02.

7
O que é mais frequente avaliar em adultos e como fazê-lo?

Daniela Sacramento Zanini

Larissa de Oliveira e Ferreira

Karina Ferreira Leão

Relevância da dúvida

A avaliação psicológica (AP) é um processo estruturado que busca compreender os fenômenos psicológicos, podendo o psicólogo utilizar-se de métodos, técnicas e instrumentos para gerar as informações que possibilitem a tomada de decisão a partir de demandas específicas (Conselho Federal de Psicologia [CFP], 2018). Desta forma, todo processo avaliativo se origina pela identificação da demanda (psicológica) que precisa ser respondida. Cabe destacar que demanda não se equivale a solicitação. Não se trata aqui de quem solicitou que a AP acontecesse, mas sim o que é necessário avaliar para atender à necessidade terapêutica apresentada.

Realizada esta etapa deve-se observar o contexto em que esta AP ocorrerá e suas implicações, se a motivação inicial para realização do processo avaliativo foi do próprio indivíduo ou se partiu de um motivador externo, como nos casos das avaliações compulsórias. Identificar esses aspectos também é importante, pois podem influenciar no processo de AP inclusive no tempo destinado às avaliações, nos instrumentos a serem selecionados e documentos psicológicos produzidos decorrentes dessas avaliações.

As avaliações psicológicas compulsórias estão relacionadas a situações em que a avaliação é tida como condição para obter autorização, benefício ou possibilidade de emprego (Faiad & Alves, 2018). Nesses casos a busca da AP não tem como objetivo o benefício trazido pela própria avaliação, mas sim o que se pode obter a partir dela. Na vida adulta este é o tipo de avaliação psicológica mais frequente. Contudo, outros tipos de avaliações psicológicas também podem acontecer e, em geral, estão relacionados de forma mais frequente a contextos de saúde.

Este capítulo pretende apresentar as demandas mais frequentes para AP em adultos, assim como os métodos, técnicas e instrumentos mais utilizados em cada um dos tipos de avaliação. Para isso o capítulo se dividirá em dois subtópicos. No primeiro serão apresentados os contextos de avaliações psicológicas compulsórias e no segundo se discutirá outros contextos de avaliação psicológica. Em cada um desses subtópicos serão apresentados aspectos específicos dos contextos, os construtos psicológicos que devem ser avaliados, assim como algumas opções de instrumentos para esta avaliação. Espera-se que a leitura possibilite uma introdução aos processos avaliativos em adultos ao jovem terapeuta.

Trajetória na temática

As autoras deste capítulo têm experiência na área de AP há mais de 10 anos. Esta experiência compreende a atuação no contexto de ensino e pesquisa, mas também na prática profissional como psicólogas. De forma mais específica, a primeira autora (Daniela Sacramento Zanini) é professora da Pontifícia Universidade Católica de Goiás há mais de 16 anos, onde orienta alunos no estágio curricular, mestrado e doutorado em Psicologia sob as temáticas relacionadas a AP e saúde. Também atua como psicóloga clínica e da saúde em consultório particular e já trabalhou em centros de saúde e hospitais como psicóloga, realizando avaliações psicológicas pré e pós-cirúrgicas, pós-acidente vascular encefálico (AVE), em quadros de epilepsia, entre outros.

A segunda autora (Larissa de Oliveira e Ferreira) é docente da Universidade Estácio de Sá de Goiás, onde ministra disciplinas de Avaliação Psicológica e orienta alunos de estágio em AP e Neuropsicológica. Também atua como psicóloga em uma empresa de saúde no setor de Recursos Humanos, trabalhando com seleção de pessoal, treinamento, entre outros aspectos, e em consultório clínico realizando avaliações psicológicas e neuropsicológicas para diferentes quadros e contextos.

Por fim, a terceira autora (Karina Ferreira Leão) trabalhou por mais de 10 anos em um centro de reabilitação ligado ao Sistema Único de Saúde, na cidade de Goiânia, e como referência para casos de reabilitação física e intelectual/cognitiva. Atendia um público de crianças, adolescentes, adultos e idosos com quadros variados de comprometimento cognitivo relativos a traumas, doenças adquiridas ou neurológicas. Também atua em consultório particular realizando avaliações psicológicas e neuropsicológicas para diferentes quadros e contextos e na docência universitária.

Resposta à dúvida do capítulo

Contextos de avaliação psicológica compulsória

As avaliações psicológicas compulsórias são realizadas no Brasil nos mais diversos contextos. São elas que oferecem o suporte necessário para os psicólogos e as psicólogas tomarem decisões, como por exemplo para a aquisição da Carteira Nacional de Habilitação, manuseio de arma de fogo, cirurgia bariátrica, vasectomia/laqueadura, concursos públicos, dentre outros. Nesse sentido, exigem excelência técnica e cuidado ético ao realizar esse processo. Abordaremos em seguida o passo a passo e os cuidados necessários para a realização de avaliações psicológicas compulsórias nesses contextos.

Avaliação para aquisição da Carteira Nacional de Habilitação (CNH)

A AP para obtenção da Carteira Nacional de Habilitação teve seu início, no Brasil, em 1951, quando o Departamento Estadual de Trânsito do Rio de Janeiro contratou os primeiros profissionais para estudar o comportamento dos condutores, e a partir da aplicação de testes psicológicos diminuir os acidentes de trânsito (Rueda, 2019). Em 1953 uma resolução do Conselho Nacional de Trânsito tornou obrigatório o exame psicotécnico para todos os candidatos a motorista. Na década de 1960 o Departamento Estadual de Trânsito de Minas Gerais contratou a Professora Alice Mira y Lopez para prestar assessoria e treinar os psicólogos na área do trânsito e criou o Gabinete Psicotécnico de Trânsito, contribuindo efetivamente com o desenvolvimento da avaliação psicológica nesse contexto.

Entre 1981 e 1997 houve um grande desenvolvimento na área com congressos anuais de Psicologia do Trânsito e, com eles, algumas críticas e questionamentos acerca da avaliação nesse contexto. Em 1997, a então Comissão Especial do Exame Psicológico para condutores do CFP fez uma revisão das normativas vigentes à época. O trabalho fruto dessa comissão contribui para a publicação final da Resolução do Conselho Nacional de Trânsito (Contran), publicada em 19 de novembro de 1998, que dispunha sobre os exames de aptidão física e mental e de AP. Os principais critérios da Resolução Contran 80/98 foram a mudança do termo exame psicotécnico para avaliação psicológica pericial e a indicação das características psicológicas que deveriam ser mensuradas, sendo elas: área percepto-reacional, motora e nível mental (atenção, percepção, tomada de decisão, motricidade e reação, cognição e nível mental); área do equilíbrio psíquico (ansiedade e excitabilidade, ausência de quadro reconhecidamente psicopatológico, controle adequado da agressividade e impulsividade, equilíbrio emocional, ajustamento pessoal-social, demais problemas correlacionais – alcoolismo, epilepsia, drogadição, entre outros – que possam detectar contradições à segurança do trânsito); habilidades específicas (tempo de reação, atenção concentrada, rapidez de raciocínio, relações espaciais) (Rueda, 2019).

A última Resolução 267 do Contran, de 2008, que substituiu a Resolução 80/98 alterou as características psicológicas que deveriam ser avaliadas, criando seis grandes blocos, com vários aspectos contidos em cada um deles. Os seis grandes blocos eram: tomada de informação, processamento da informação, tomada de decisão, comportamento, autoavaliação do comportamento e traços de personalidade. Porém, para realizar a AP a partir dos parâmetros exigidos torna-se necessário conceituar cada um desses blocos apresentados. Por exemplo, a tomada de informação refere-se à capacidade de atenção concentrada, difusa, capacidade de perceber e interpretar estímulos, capacidade de perceber e interpretar informações (Rueda, 2019).

Em 2009, o CFP, acompanhando a última resolução do Contran, publicou a Resolução 007/2009 que instituiu normas e procedimentos para avaliação psicológica no contexto do trânsito, e dispõe sobre os seguintes itens: conceito de avaliação psicológica, habilidades mínimas do candidato à CNH e dos condutores de veículos automotores, instrumentos de avaliação psicológica, condições de aplicação dos testes psicológicos, mensuração e avaliação do resultado da avaliação psicológica (CFP, 2009).

Atualmente, a Resolução CFP 01/2019 conseguiu uma padronização do trabalho da(o) psicóloga(o) que atua no contexto do trânsito. Nesta resolução consta, em linhas gerais, que a perícia psicológica é uma avaliação psicológica direcionada a responder uma demanda legal específica, sendo um processo técnico-científico de coleta de dados, estudos e interpretação de informações a respeito de fenômenos psicológicos, utilizando estratégias técnicas e instrumentos reconhecidos pela Psicologia. No contexto do trânsito deve ser realizada por psicóloga(o) qualificada(o) no assunto. Nesse sentido os requisitos legais para que uma psicóloga possa realizar a AP para obtenção da CNH são: estar atuando profissionalmente há pelo menos dois anos como psicóloga, ser especialista em psicologia do trânsito reconhecida pelo CFP e ser credenciada pelo Detran nos termos legais estabelecidos pela resolução do Contran vigente e pelas portarias estaduais específicas (CFP, 2019).

Como em todo processo de avaliação, o contexto para a obtenção da CNH também parte de uma demanda inicial que é o perfil do motorista respeitando os aspectos que devem ser avaliados de acordo com as resoluções do Contran e do CFP. Ao considerar esses aspectos as habilidades que devem ser avaliadas são: tomada de informação, processamento da informação, tomada de decisão, comportamento, autoavaliação do comportamento e traços de personalidade. De forma resumida é necessário avaliar a atenção (concentrada, dividida e alternada), capacidade de perceber e interpretar estímulos, capacidade de reagir aos estímulos de forma adequada, traços de personalidade (equilíbrio psíquico) assim como a inteligência (Fator g) que prediz capacidade de adaptação e readequação de comportamentos e reações.

Manuseio de arma de fogo

O Decreto n. 9.847 com o objetivo de estabelecer regras e procedimentos para aquisição, cadastro, registro, porte e comercialização de armas de fogo e de munição que dispõe sobre a estruturação do Sistema Nacional de Armas (Sinarm) e do Sistema de Gerenciamento Militar de Armas (Sigma) foi assinado pelo Presidente Jair Bolsonaro em 25 de junho de 2019. Assim, após a assinatura de tal decreto é necessária a avaliação psicológica, detalhada e ética, a respeito de quem irá portar armamento. Uma das principais alterações da lei foi referente ao período para renovação do certificado de registro de cinco para dez anos (Brasil, 2019).

A AP para manuseio de arma tem por objetivo verificar se a pessoa possui características compatíveis para o trabalho armado ou posse e manuseio pelos civis. Os psicólogos da Polícia Federal e seus credenciados são os responsáveis para realizar a avaliação psicológica para concessão do porte de arma de fogo (CFP, 2008).

O processo de avaliação é baseado na Instrução Normativa 78, de 10 de fevereiro de 2014, que aponta quais indicadores psicológicos devem ser avaliados, sendo eles: atenção necessária (concentrada e difusa), memória (auditiva e visual), e indicadores psicológicos necessários (adaptação, autocrítica, autoestima, controle e estabilidade emocional, decisão empatia, equilíbrio flexibilidade, maturidade, prudência, segurança e senso crítico). De acordo com a Instrução Normativa deverão ser usados um teste projetivo, um expressivo, um de memória, um teste de atenção difusa e concentrada e uma entrevista semiestruturada. Os indicadores psicológicos restritivos são conflito, depressão, dissimulação, distúrbio, exibicionismo, explosividade, baixa tolerância à frustração, hostilidade, imaturidade, imprevisibilidade, indecisão, influencibilidade, insegurança, instabilidade, irritabilidade, negativismo, obsessividade, oposição, perturbação, pessimismo, transtorno e vulnerabilidade (Brasil, 2014).

Nessa instrução normativa da Polícia Federal, os indicadores psicológicos, assim como os restritivos, não estão acompanhados de uma definição. Nesse sentido é necessário que o profissional compreenda conceitualmente o significado de cada um dos indicadores a partir de estudos com embasamento na literatura especializada e sistematize como podem ser identificados operacionalmente cada um desses indicadores através dos instrumentos utilizados (CFP, 2019).

Portanto, ao realizar uma AP para manuseio de arma de fogo é necessário que o profissional busque na literatura o conceito de cada um dos indicadores psicológicos e restritivos, e a partir desse estudo escolha uma forma de avaliar operacionalmente tal indicador. Por exemplo, é preciso estudar o conceito de controle e estabilidade emocional, e a partir desse conceito sistematizar uma forma operacional (instrumento psicológico) de avaliar esse indicador, auxiliando na fundamentação do parecer conclusivo.

A falta de definição dos indicadores e definição de baterias que devem ser usadas traz limitações para o processo de AP nesta área (Faiad & Alves, 2018). Nesse sentido não se sabe quais são os critérios que levam um candidato a apresentar aptidão ou não (Lobosque, 2014).

Os psicólogos interessados em trabalhar com avaliação para concessão e porte de arma deverão solicitar o seu credenciamento em uma unidade da Polícia Federal, mediante preenchimento de formulário próprio, apresentação de documentos pessoais, documentos que comprovem que o ambiente que será realizada a avaliação está adequado, comprovante de que possui pelo menos dois anos de efetivo exercício na profissão de psicólogo, certificado que ateste sua aptidão para a aplicação dos instrumentos psicológicos previstos nos incisos I e II do art. 5° da Instrução Normativa; comprovação de idoneidade, com a apresentação das certidões negativas de antecedentes criminais fornecidas pela Justiça Federal, Estadual, Militar e Eleitoral e de não estar respondendo a inquérito policial ou a processo criminal, que poderão ser fornecidas por meios eletrônicos. O credenciamento tem validade de quatro anos, depois dos quais deve-se realizar recadastramento, seguindo todos os passos novamente (Resende, 2017).

Além disso, o psicólogo que tem interesse em realizar AP neste contexto precisa se preocupar com sua segurança em casos de devolutiva de inaptidão. Pode acontecer que alguns candidatos insatisfeitos com o parecer negativo contestem judicialmente o resultado ou até ameacem sua integridade física. Nesse caso é mais seguro fazer esse processo em um consultório com maior segurança e com a presença de outros profissionais (CFP, 2019).

Avaliação psicológica no contexto dos concursos públicos

A AP para concursos públicos tem como objetivo identificar se um candidato tem as características necessárias para o cargo pretendido. Portanto não tem como objetivo identificar possíveis psicopatias ou realizar psicodiagnóstico (Krug, Trentini, & Bandeira, 2019).

A avaliação, nesse contexto, requer do psicólogo o conhecimento profundo nas normativas envolvidas no processo. Desta forma, é fundamental entender a previsão legal para existência de avaliação no cargo analisado e o entendimento de decisões judiciais e acórdãos resultantes de entendimentos publicados em diferentes esferas do judiciário. Portanto, exige que o profissional tenha conhecimento em algumas áreas do Direito (Faiad & Alves, 2018).

Os requisitos psicológicos necessários a serem mensurados na fase de avaliação psicológica em concursos públicos são definidos por meio de estudo científico do cargo, chamado de perfil profissiográfico ou análise profissiográfica. Cada cargo exige um perfil e um estudo específico. Para isso o psicólogo responsável por fazer esse tipo de avaliação precisa entender detalhadamente sobre as atribuições do cargo para adequar as habilidades necessárias para desenvolver as atividades da função (Faiad et al., 2012).

Alguns psicólogos optam por acompanhar um profissional que exerce o cargo para então descrever detalhadamente as atividades e levantar as habilidades necessárias. Outra possibilidade é a análise documental das atividades desenvolvidas, aplicação de questionários, observação sistemática, entre outras (CFP, 2019).

Por exemplo, para trabalhar no corpo de bombeiros é necessário, além de aptidões físicas específicas, habilidades emocionais diferenciadas, assim como habilidades cognitivas, atenção preservada, equilíbrio emocional, empatia, dentre outros. Alguns editais trazem de forma específica os construtos psicológicos que devem ser avaliados. Contudo, deve-se destacar que cabe ao psicólogo, de acordo com o art. 1°, § 2 da Resolução CFP 09/2018, a prerrogativa de decidir quais são os métodos, técnicas e instrumentos empregados na AP, desde que devidamente fundamentados na literatura científica psicológica e nas normativas vigentes do Conselho Federal de Psicologia.

Avaliação psicológica para cirurgia bariátrica

A cirurgia bariátrica tem sido indicada com alta frequência no tratamento da obesidade, principalmente por parecer uma possibilidade atraente que possibilita a redução de peso de forma rápida e eficaz. A percepção inadequada de um procedimento rápido e indolor tem impulsionado o aumento das cirurgias (CFP, 2019).

Para determinar a aptidão de um candidato à cirurgia bariátrica diferentes aspectos da vida do paciente são avaliados pelos psicólogos. Dentre os fatores psicossociais os mais citados são: compreensão do paciente quanto à operação e as mudanças de estilo de vida necessárias; expectativas quanto aos resultados; habilidade de aderir às recomendações operatórias; comportamento alimentar; comorbidades psiquiátricas (atuais e prévias); motivos para realizar o procedimento cirúrgico; suporte social; uso de substâncias; *status* socioeconômico; satisfação conjugal; funcionamento cognitivo; autoestima; histórico de trauma/abuso; qualidade de vida e ideação suicida (Flores, 2014).

A avaliação psicológica para a realização da cirurgia bariátrica aponta a importância da contraindicação da cirurgia para pessoas com qualquer doença mental que possa interferir no tratamento. Entre as contraindicações pode-se citar: alcoolemia, dependência química, depressão grave com ideação suicida, psicoses graves, e pessoas com qualquer doença mental que, a critério da avaliação psiquiátrica, contraindique a cirurgia de forma definitiva ou até que a doença tenha sido controlada por tratamento (Flores, 2014).

Contudo, além das contraindicações, cabe ao psicólogo também avaliar os fenômenos biopsicossociais, buscando identificar os recursos internos e suporte familiar para enfrentar, além do procedimento cirúrgico, todas as restrições e conflitos pós-cirurgia. Este é um aspecto importante que influencia fortemente na adesão ao pós-operatório e sucesso do tratamento multiprofissional (Oliveira, Linardi, & Azevedo, 2004).

Avaliação psicológica para vasectomia/laqueadura

A avaliação psicológica para a realização da cirurgia de vasectomia/laqueadura é recente e quase não existe literatura e pesquisa sobre o assunto. Nesse sentido ainda não existe uma prescrição do que precisa ser avaliado. Porém, os profissionais que estão fazendo avaliações dentro desse contexto buscam identificar a motivação para fazer a cirurgia, aspectos relacionados à história do paciente, aspectos cognitivos e aspectos emocionais e traços de personalidade a partir de testes de personalidade. A princípio o objetivo é certificar que a pessoa está tomando uma decisão ciente de suas consequências e que não está sob condição de coerção ou ainda que apresente pouca estrutura emocional ao tomar tal decisão.

De acordo com o demonstrado anteriormente, dependendo da demanda que origina a AP deve-se selecionar os construtos a serem avaliados, assim como os métodos, técnicas e instrumentos. Contudo, a escolha destes deve atender as normativas do CFP e os testes psicológicos selecionados devem constar como favoráveis para o uso profissional do psicólogo na página do Sistema de Avaliação de Testes Psicológicos – Satepsi (http://satepsi.cfp.org.br/).

É importante que o psicólogo sempre consulte a página do Satepsi. Ali estão disponíveis a lista atualizada dos testes psicológicos favoráveis e desfavoráveis para uso na prática profissional do psicólogo, as principais normativas relacionadas à área de avaliação psicológica entre outras informações importantes para sua prática profissional. Contudo, com a intenção de facilitar a busca destes testes, apresenta-se abaixo a Figura 1 com os testes favoráveis e mais usados na avaliação

7 O que é mais frequente avaliar em adultos e como fazê-lo?

compulsória de adultos, considerando os construtos apresentados nos processos de AP relatados anteriormente.

Figura 1 – Possibilidades de testes psicológicos segundo construto avaliado e idade da amostra normativa

Construto	Nome do teste	Amostra normativa
Inteligência	Escala Wechsler Abreviada de Inteligência	6 a 89 anos
	Escala de Inteligência Wechsler para Adultos	16 a 89 anos
	G-36 – Teste Não Verbal de Inteligência	18 a 66 anos
	Matrizes Avançadas de Raven	18 a 63 anos
Atenção	Bateria de Funções Mentais para Motoristas	≥ 18 anos
	Bateria Geral de Funções Mentais – Teste de atenção concentrada	15 a 59 anos
	Bateria Psicológica para Avaliação da Atenção (BPA)	6 a 82 anos
	Teste de Atenção Dividida e Sustentada	18 a 72 anos
	Teste da Atenção Concentrada (Teaco)	18 a 61 anos
Memória	Teste de Memória visual para o trânsito	16 a 67 anos
	Teste Pictórico da Memória (Tepic-M)	17 a 97 anos
	Teste e Memória Visual para Rostos (MVR)	18 a 80 anos
Personalidade	As Pirâmides Coloridas de Pfister	18 a 66 anos
	Bateria Fatorial da Personalidade	10 a 75 anos
	Inventário Fatorial de Personalidade	14 a 86 anos
	Casa – Árvore – Pessoa (HTP)	≥ 8 anos
	Rorschach – Sistema Compreensivo	17 a 47 anos
	Zulliger – Escola Paris	18 a 70 anos

Fonte: Satepsi (http://satepsi.cfp.org.br/).

Outros contextos de avaliações psicológicas em adultos

Psicodiagnóstico em adultos

O Psicodiagnóstico é descrito como uma avaliação psicológica que tem como propósito clínico identificar as potencialidades e as limitações do funcionamento psicológico. Tem como enfoque a identificação de possíveis psicopatologias, e este processo busca evidenciar questões subjetivas do sujeito e a dinâmica familiar em que está inserido, o que influencia assim no surgimento dos sintomas (Cunha, 2003).

A realização do psicodiagnóstico em adultos tem como embasamento fundamental considerar os aspectos biológicos e socioculturais do sujeito, emprega métodos e técnicas psicológicas para compreender os problemas, avaliar, classificar e prever o curso do caso, culminando na comunicação dos resultados. O profissional utiliza alguns recursos terapêuticos para o levantamento prévio de hipóteses, para então conseguir uma descrição e compreensão profunda e completa da personalidade do paciente, integrando-o num contexto global para a formulação de possíveis indicações terapêuticas (Hutz, Bandeira, Trentini, & Krug, 2016).

Os passos essenciais para ter este conhecimento profundo do indivíduo inicia na entrevista inicial com o paciente e os familiares, para obter informações necessárias do sujeito e extrair informações visando formular hipóteses para planejar a bateria de testes a administrá-los. Em seguida o profissional começa a aplicação de testes, vale ressaltar a importância da organização e do planejamento desse momento, tendo em vista os efeitos ansiogênicos da situação de testagem. Posteriormente ocorre a entrevista devolutiva, cujo objetivo é comunicar ao paciente os dados e as interpretações a respeito de seu quadro clínico e orientá-lo com relação à conduta a ser seguida, os encaminhamentos necessários (Cunha, 2003).

O psicodiagnóstico é um processo peculiar que é realizado principalmente em adultos com patologias psiquiátricas (Depressão Maior, Esquizofrenia, Transtorno Bipolar do Humor, Ansiedade). Os instrumentos mais comuns utilizados na investigação destes transtornos são: Teste de Rorschach ou Teste de Zulliger, para a verificação da personalidade e Escala Wechsler Abreviada de Inteligência, conjunto de quatro subtestes para averiguação do quoeficiente intelectual. Após a aplicação destes instrumentos e a análise das entrevistas realizadas inicialmente o profissional poderá identificar a necessidade ou não de um processo interventivo.

Vale ressaltar que o profissional que realizar o psicodiagnóstico deverá se manter em constantes atualizações científicas e discussões de casos clínicos, visto que os quadros clínicos que serão desvendados nesse processo poderão ser grandes desafios na prática clínica. E, mesmo perante situações já conhecidas, é importante mantermos nosso nível alcançado de pensamento psicodiagnóstico, sendo preciso, às vezes, voltar ao exercício de aprendiz, evitando, assim, conclusões precipitadas e infundadas.

Avaliação psicológica em adultos com Tdah

O Transtorno de Déficit de Atenção e Hiperatividade (Tdah) é uma condição do neurodesenvolvimento caracterizada pela combinação de sintomas de desatenção, hiperatividade e/ou impulsividade (disfunção executiva). Esses sintomas aparecem no cotidiano do indivíduo de forma frequente e disfuncional em relação aos sujeitos com a mesma idade, causando sofrimento ao indivíduo e às pessoas que o rodeiam (APA, 2014).

De acordo com os dados da Organização Mundial de Saúde (1993) estima-se que a prevalência mundial do Tdah seja de aproximadamente 5,3%. Apesar de ser um transtorno que costuma surgir na infância, é comum que cerca de 60% dessas crianças persistem com sintomas significativos na idade adulta, ocasionando prejuízos em diferentes contextos: social, laboral e estudantil. O Tdah é mais frequente no sexo masculino; contudo, é mais frequente que mulheres apresentem sintomas e/ou queixas de desatenção.

Apesar das alterações biológicas, o diagnóstico de Tdah é essencialmente clínico e interdisciplinar. De modo geral, o método clínico se baseia em critérios estabelecidos nos sistemas classificatórios, como o *Manual Diagnóstico e Estatístico de Transtornos Mentais* (DSM-5) da Associação Psiquiátrica Americana e a Classificação de Transtornos Mentais e de Comportamento (CID-11) da Organização Mundial da Saúde. É recomendado que a avaliação inclua a utilização de escalas e entrevistas não apenas com o paciente, mas também com familiares e professores, conforme a idade (Mattos et al., 2006; Ciasca, Rodrigues, Azon, & Lima, 2015).

As principais alterações comportamentais que os indivíduos com Tdah podem apresentar é a baixa autoestima, conflitos familiares, problemas de relacionamento entre iguais e conjugais, probabilidade de envolvimento em acidentes automobilísticos, práticas sexuais de risco, uso de substâncias ilícitas, comportamentos antissociais, entre outros. Estes sintomas acometem diretamente a esfera social, interpessoal e intrapessoal e variam conforme o contexto (Jin, Du, Zhong, & David, 2013).

Na idade adulta a hiperatividade pode ser manifesta por excesso de atividades ou trabalho. Por sua vez, os traços de impulsividade podem ser observados em exemplos como a direção imprudente no trânsito ou relacionamentos amorosos de curta duração. As alterações do sono também são comuns e manifestas por dificuldades em manter um horário para dormir, não acordar nos horários previstos e sonolência diurna (Johnston, Mash, Miller, & Ninowski, 2012).

Além de identificar clinicamente esses sintomas é necessário realizar uma avaliação psicológica de forma cautelosa, tendo em vista que as características de um indivíduo com Tdah podem se manifestar de forma distinta. Como, por exemplo, um indivíduo com presença de lentidão na velocidade de processamento mental poderá influenciar diretamente na execução de tarefas que exigem agilidade em decorrência de uma alteração na sustentação atentiva, já outros indivíduos poderão se beneficiar do tempo de execução pela agilidade, porém se prejudicar no aumento do número de erros relacionados à impulsividade.

Os testes psicológicos são instrumentos úteis e contribuem para identificar de forma objetiva o grau de comprometimento dos diferentes processos que compõem as disfunções cognitivas mais comuns no Tdah (desatenção e disfunção executiva). Inicialmente é importante considerar que o examinador deverá realizar a entrevista clínica, a observação comportamental e as escalas de avaliação para um melhor norteio da extensão e do impacto que os déficits apresentam no cotidiano do indivíduo. Um exemplo de roteiro estruturado que auxilia principalmente na investigação de sintomas disexecutivos é o Inventário de Comportamento Frontal (Kertesz, Davidson, & Fox, 1997).

A escolha dos instrumentos psicológicos da avaliação psicológica neste contexto deverá considerar alguns aspectos como a experiência do examinador, o tempo de execução da avaliação, os construtos de cada instrumento, as hipóteses diagnósticas que nortearão a avaliação e o modelo teórico para embasar a interpretação dos resultados obtidos. Na Figura 2 se demonstra alguns dos instrumentos utilizados na verificação das habilidades atentivas e executivas que normalmente alteram nos indivíduos com Tdah.

A análise e interpretação dos resultados obtidos pelos instrumentos permite contribuir com questões diagnósticas e estruturação de programas de reabilitação cognitiva, emocional e auxiliar. Além disso, permite auxiliar a equipe médica para a escolha da melhor conduta medicamentosa.

Figura 2 – Lista de instrumentos psicológicos utilizados na avaliação de atenção e funções executivas

Instrumentos psicológicos	Funções cognitivas avaliadas
Bateria Psicológica da atenção	Atenção concentrada, dividida, alternada e geral
Teste D2-R	Atenção concentrada e sustentada
Teste de Atenção Concentrada	Atenção concentrada
Dígitos (Wais-III)	Atenção seletiva e memória operacional
Semelhanças (Wais-III)	Flexibilidade cognitiva e abstração
Sequência de números e letras (Wais-III)	Flexibilidade Cognitiva
Five Digit Test (FDT)	Controle inibitório, flexibilidade cognitiva
Figura Complexa de Rey	Planejamento e organização

Avaliação psicológica em indivíduos com Lesões Encefálicas Adquiridas

A Lesão Encefálica Adquirida (LEA) se refere a todo tipo de lesão cerebral apresentada ao longo da vida e descarta todas as doenças relacionadas ao neurodesenvolvimento ou malformação congênita. O impacto comportamental das LEAs depende das particularidades individuais, neuroanatômicas e fisiológicas do sujeito, bem como as diferenças relativas a idade, gênero, condição física, extensão e duração da lesão (Lezak, 1995).

O Traumatismo Cranioencefálico (TCE) e o Acidente Vascular Encefálico (AVE) são considerados as principais causas de LEAs. Em grande parte dos sobreviventes destas patologias apresentam sequelas comportamentais, cognitivas e emocionais de longo prazo, sobrepõem-se, em duração e gravidade, às sequelas físicas, sendo por isso a principal causa das dificuldades aos níveis pessoal, social e profissional.

O público-alvo mais acometido pelo TCE são os adultos jovens e os idosos, decorrente de acidentes automobilísticos, ferimentos por projéteis de arma de fogo e queda da própria altura. O TCE é descrito como lesões traumáticas que compromete anatômica e funcionalmente o indivíduo. As alterações cognitivas e comportamentais pós-TCE dependem de uma série de critérios, como, por exemplo, gravidade, local da lesão encefálica, tipo de lesão, fatores pré-mórbidos. A partir do reconhecimento desses critérios e da avaliação psicológica pode-se nortear o prognóstico (Miotto, 2012).

O AVE é descrito mundialmente como um déficit neurológico permanente ou transitório em decorrência de alterações dos vasos sanguíneos do Sistema Nervoso Central, podendo acarretar inúmeras alterações cognitivas, físicas e emocionais. Essa anormalidade do funcionamento cerebral vascular pode ser causada por uma interrupção da circulação cerebral ou hemorragia, seja parenquimatosa ou subaracnoidea (Delboni, Malengo, & Schimidt, 2010).

Embora o AVE seja mais comum entre a população idosa, estudos relatam um aumento na incidência de AVE em adultos jovens. Em todos os casos o AVE pode ocasionar algumas alterações cognitivas. Entre elas pode-se citar: afasias, apraxias ideomotoras e ideacionais, alexia por números, baixa discriminação direita/esquerda e lentidão em organização e desempenho, alteração visuoespacial, heminegligência, alteração da imagem corporal, apraxia de vestuário, apraxia de construção, ilusões de abreviamento de tempo e baixa organização e desempenho (Machado, 2013).

A avaliação cognitiva de indivíduos com LEA, principalmente as patologias já mencionadas, objetiva a descrição de alterações cognitivas após lesão encefálica. Nesse sentido, o uso de testes psicológicos com demonstrada qualidade psicométrica é fundamental. Vale ressaltar que os testes psicológicos escolhidos para avaliar este público-alvo deverão ser considerados as possibilidades de resposta de cada indivíduo, ou seja, se o mesmo apresentar um déficit motor significativo escolha instrumentos que não necessitem do comando motor e sim de respostas verbais.

Assim, o profissional que realizará a AP terá que apresentar um conhecimento sobre a patologia e suas principais alterações, a condição cognitiva pré-mórbida do indivíduo, sobre as funções cognitivas, sobre a inter-relação de funções cognitivas que não necessariamente estão sendo avaliadas em determinado instrumento, mas interferem negativamente no desempenho do paciente. Como por exemplo, pode-se citar, o paciente está sendo avaliado em sua capacidade de memória visual, porém a atenção está alterada e a baixa destreza motora também, sendo assim interferirá diretamente em sua *performance* no teste se este exigir destreza motora.

No caso de indivíduos com TCE ou AVE, como estes podem apresentar lentidão na velocidade de processamento mental, esta limitação pode influenciar no desempenho de testes como a Bateria Psicológica de Atenção, que verifica a capacidade atentiva, porém diretamente relacionado à agilidade na execução do instrumento. Da mesma forma, para pacientes afásicos deverão ser considerados instrumentos que os mesmos possam apontar ou até mesmo executar de forma que não utilizem a via da linguagem expressiva.

Diante dessas especificidades a AP poderá ser definida a partir da verificação de cada função cognitiva, lembrando que na aplicação não deverão ser aplicados instrumentos somente de atenção, memória ou funções executivas, e sim ser mesclado em cada sessão para que o paciente não tenha reflexos negativos da fatigabilidade mental. Na Figura 3 estão descritos alguns instrumentos que podem ser utilizados de acordo com a função.

Figura 3 – Instrumentos psicológicos utilizados na avaliação de indivíduos com lesão encefálica adquirida

Função neuropsicológica	Teste	Subteste/Item
Atenção	FDT	Completo
Função executiva	Wasi	Raciocínio matricial
	Wasi	Semelhanças
	BPA	Completo
Linguagem	Wasi	Vocabulário
	Wasi	Semelhanças
	Montreal	Nomeação
Percepção	Wasi	Raciocínio matricial
	Montreal	Nomeação
	FCR	Completo
Praxia	FCR	Cópia
	Wasi	Cubos
Memória	Ravlt	Completo
	Wasi	Vocabulário
	FCR	Evocação

Wasi = Escala Wechsler Abreviada de Inteligência; FDT = Five Digit Test; BPA = Bateria Psicológica para Avaliação da Atenção; FCR = Figura Complexa de Rey; Ravlt = Teste de Aprendizagem Auditivo-Verbal de Rey.

Nota-se que o paciente com LEA demonstra uma evolução cognitiva importante principalmente nos primeiros dois anos de lesão, sendo de suma importância o acompanhamento destes indivíduos em reavaliações. Estas poderão ser úteis na orientação dos familiares e equipe multidisciplinar, tanto na definição do quadro cognitivo quanto no direcionamento do programa de reabilitação e auxílio da equipe médica no tratamento medicamentoso.

Considerações finais

Este capítulo buscou apresentar as demandas mais frequentes para AP em adultos, assim como os métodos, técnicas e instrumentos mais utilizados em cada um dos tipos de avaliação psicológica compulsória. Desta forma, o capítulo apresentou as avaliações psicológicas compulsórias, que são as AP mais frequentes em adultos. Discutiu-se os construtos associados a estas AP e alguns dos desafios encontrados em sua realização, normatizações e possibilidades de testes psicológicos.

Também se apresentou outros contextos em que a AP pode ser realizada em adultos. Dada a experiência das autoras apresentou-se algumas situações em saúde, onde o psicólogo especialista em AP é chamado a participar das equipes interdisciplinares e contribuir com o diagnóstico, prognóstico, definição terapêutica e reabilitação dos pacientes. Este é um campo vasto e ainda pouco ocupado pelos profissionais da psicologia (Remor, 2019).

Embora o presente capítulo tenha trazido os contextos mais frequentes de avaliação psicológica em adultos não se buscou esgotar as possibilidades. De fato, as possibilidades de inserção do trabalho do psicólogo são inúmeras e ainda há muito o que se desbravar. A AP como área do conhecimento da psicologia tem muito a contribuir e cabe ao profissional psicólogo desenvolver as habilidades e competências para atuar de forma ética e científica nos diferentes contextos.

Indicação de referências e/ou cursos para aprofundamento no tema

Baptista, M. N., Muniz, M., Reppold, C. T., Nunes, C. H. S. S., Carvalho, L. F., Primi, R., Noronha, A. P. P., Seabra, A. G., Wechsler, S., Hutz, C. S., & Pasquali, L. (2019). *Compêndio de avaliação psicológica*. Petrópolis: Vozes.

Hutz, C. S., Bandeira, D. R., Trentini, C., & Remor, E. (2019). *Avaliação psicológica nos contextos de saúde e hospitalar*. Porto Alegre: Artmed.

Hutz, C. S., Bandeira, D. R., & Trentini, C. M. (2018). *Avaliação psicológica da inteligência e da personalidade*. Porto Alegre: Artmed.

Hutz, C. S., Trentini, C. M., Krug, J. S., & Bandeira, D. R. (2015). *Psicodiagnóstico*. Porto Alegre: Artmed.

Lins, M. & Borsa, J. C. (2017). *Avaliação psicológica: Aspectos teóricos e práticos*. Petrópolis: Vozes.

Referências

Associação Psiquiátrica Americana (APA) (2014). *Manual Estatístico e Diagnóstico dos Transtornos Mentais – DSM-5*. Porto Alegre: Artmed.

Brasil. Polícia Federal. Instrução normativa n. 78/2014-DG/DPF de 10 de fevereiro de 2014. *Estabelece procedimentos para o credenciamento e fiscalização de psicólogos responsáveis pela expedição de comprovante de aptidão psicológica para o manuseio de arma de fogo e regulamenta a atuação do psicólogo na avaliação psicológica do vigilante*. Disponível em: http://www.pf.gov.br/servicospf/armas/credenciamento-psicologos/psicologos-crediciados/IN%20 78-2014.docx/view

Ciasca, S. M., Rodrigues, S. D., Azoni, C. A. S., & Lima, R. F. (2015). *Transtornos de Aprendizagem: neurociência e interdisciplinaridade*. São Paulo: Book Toy.

Conselho Federal de Psicologia (2019). Especial: Avaliação psicológica compulsória. Brasília: Quality.

Conselho Federal de Psicologia (2000). Resolução 012/2000. Brasília: CFP.

Conselho Nacional do Trânsito (2012). Resolução 80/1998. Brasília: Contran.

Conselho Nacional do Trânsito (2012). Resolução 267/2012. Brasília: Contran.

Conselho Nacional do Trânsito (2012). Resolução 283/1998. Brasília: Contran.

D'Ávila, R. L., Batista e Silva, H. Resolução n. 1.942, de 5 de fevereiro de 2010. Brasília: Conselho Federal de Medicina, 2010.

Decreto n. 9.847, de 25 de junho de 2019 (2019). Regulamenta a Lei n. 10.826, de 22 de dezembro de 2003, para dispor sobre a aquisição, o cadastro, o registro, o porte e a comercialização de armas de fogo e de munição e sobre o Sistema Nacional de Armas e o Sistema de Gerenciamento Militar de Armas. Brasília.

Delboni, M. C. C., Malengo, P. C. M., & Schmidt, E. P. R. (2010). Relação ente os aspectos das alterações funcionais e seu impacto na qualidade de vida das pessoas com sequelas de Acidente Vascular Encefálico (AVE). *O Mundo da Saúde*, 34(2), 165-175.

Faiad, C., & Alves, I. C. B. (2018). Contribuições do Satepsi para Avaliações Psicológicas Compulsórias (Trânsito, Porte de Armas e Concurso Público). *Psicologia: Ciência e Profissão 2018 v. 38 (n. esp.)*, 50-59. Https://Doi.Org/10.1590/1982-3703000208851.

Faiad, C., Coelho Junior, F. A., Caetano, P. F., & Albuquerque, A. S. (2012). Análise profissiográfica e mapeamento de competências nas instituições de segurança pública. *Psicologia: Ciência e Profissão, 32*(2), 388-403. Http://dx.doi. org/10.1590/S1414-98932012000200009.

Jin, W., Du, Y., Zhong, X., & David, C. (2013). Prevalence and contributing factors to attention deficit hyperactivity disorder: A study of five-to fifteen-year-old children in Zhabei District, Shanghai. *Asia-Pacific Psychiatry, 1-8*. Doi: 10.1111/appy.12114.

Johnston, C., Mash, E. J., Miller N., & Ninowski, J. E. (2012). Parenting in adults with attention – deficit/ hyperactivity disorder (ADHD). *Clin. Psychol. Rev., 23*(4): 215-228.

Kertesz, A., Davidson, W., & Fox, H. (1997). Frontal behavioral inventory: Diagnostic criteria for frontal lobe dementia. *Canadian Journal of Neurological Sciences, 24*, 29-36.

Krug, J. S., Trentini, C. M., & Bandeira, D. R. (2016). Conceituação de psicodiagnóstico na atualidade. In: C. S. Hutz, D. R. Bandeira, C. M. Trentini, & J. S. Krug (orgs.). *Psicodiagnóstico* (pp. 16-20). Porto Alegre: Artmed.

Lins, M. R. C., Rodrigues, C. M. L., & Ricarte, M. D. (2019). Avaliação psicológica no adulto. In: M. N. Baptista et al. (orgs.). *Compêndio de avaliação psicológica* (pp. 222-233). Petrópolis: Vozes.

Lobosque, E. M. G. (2014). Avaliação psicológica para porte de arma de fogo: o que medir afinal? (Dissertação). *Universidade Salgado de Oliveira*, Rio de Janeiro.

Machado, A. (2013). *Neuroanatomia functional*. 3. ed. Rio de Janeiro: Atheneu.

Mattos, P., Palmini, A., Salgado, C. A., Segenreich, D., Grevet, E., Oliveira, I. R. et al. (2006). Painel brasileiro de especialistas sobre diagnóstico do transtorno de déficit de atenção/hiperatividade (Tdah) em adultos. *Revista de Psiquiatria, 28*(1): 50-60.

Miotto, E. C.; Lucia, M. C. S., & Scaff, M. (2012). *Neuropsicologia clínica*. São Paulo: Roca.

Oliveira, V. M., Linardi, R. C., & Azevedo, A. P. Cirurgia bariátrica: aspectos psicológicos e psiquiátricos. *Revista Psiquiatria Clínica 2004, 31*(4): 199-201.

Organização Mundial de Saúde (1993). *Classificação de Transtornos Mentais e de Comportamento da CID-10: Descrições Clínicas e Diretrizes Diagnósticas.*

Polanczyk, G., de Lima, M. S., Horta, B. L., Biederman, J., & Rohde, L. A. (2007). The world wide prevalence of ADHD: a systematic review and metaregression analysis. *Am. J. Psychiatry, 164*(6): 942-948.

Remor, E. (2019). A avaliação psicológica em contextos de saúde e hospitalar. In: C. S. Hutz, D. R. Bandeira, C. M. Trentini, & E. Remor (orgs.) (2019). *Avaliação psicológica nos contextos de saúde e hospitalar*. Porto Alegre: Artmed.

Resende, M. A. (2017). Avaliação psicológica para concessão do porte de arma de fogo à população e policiais da PMMG. *Revista Psicologia: Saúde Mental e Seg. Pública 2017*(6): 113-131.

Resolução CFP 009, de 25 de abril de 2018. Estabelece diretrizes para a realização de Avaliação Psicológica no exercício profissional da psicóloga e do psicólogo, regulamenta o Sistema de Avaliação de Testes Psicológicos – Satepsi e revoga as Resoluções 002/2003, 006/2004 e 005/2012 e Notas Técnicas 01/2017 e 02/2017. Brasília: Conselho Federal de Psicologia.

Rueda, F. (2019). Avaliação psicológica no contexto do trânsito. In: M. N. Baptista et al. (orgs.). *Compêndio de avaliação psicológica* (pp. 299-310). Petrópolis: Vozes.

Rueda, F. J. M. (2011). Psicologia do trânsito ou avaliação psicológica no trânsito: Faz-se a distinção no Brasil? In: *Conselho Federal de Psicologia* (org.). Ano de Avaliação Psicológica: textos geradores (pp. 103-114). Brasília: CFP.

Tozzi., C. R., Zanini, D. S., & Noronha, A. P. (2019). O que é avaliação psicológica? In: M. N. Baptista et al. (orgs.). *Compêndio de avaliação psicológica* (pp. 15-27). Petrópolis: Vozes.

Wilens, T. E., Faraone, S. V., & Biederman, J. (2004). Attention-deficit/hyperactivity disorder in adults. *Jama, 292*(5): 619-623.

8
O que é mais frequente avaliar em idosos e como fazê-lo?

Sabrina Martins Barroso
Heloísa Gonçalves Ferreira
Tatiana Quarti Irigaray
Irani I. de Lima Argimon
Camila Rosa de Oliveira

Relevância da dúvida

O aumento da expectativa de vida e diminuição das taxas de natalidade são exemplos de mudanças demográficas que vêm ocorrendo nas últimas décadas e que favorecem o aumento da população idosa no mundo inteiro. Diversos fatores biológicos, psicológicos, sociais, históricos e culturais se combinam e atuam para determinar desfechos mais favoráveis e menos favoráveis de longevidade, com maior ou menor qualidade de vida. Alterações normativas (tais como perdas cognitivas e declínio funcional) e não normativas (como o surgimento de doenças degenerativas) ao longo do envelhecimento ocorrem e exigem do idoso diversos mecanismos de adaptação para que o mesmo desfrute de um envelhecimento bem-sucedido com melhores desfechos. Nem sempre o idoso conta com recursos suficientes para lidar de forma adaptada a estas mudanças diante de todo o processo, surgindo demandas para intervenções de natureza interdisciplinar, incluindo intervenções psicológicas.

Devido ao aumento da população idosa e necessidade de lidar com os desafios que esta fase da vida proporciona, os psicólogos estão recebendo um número crescente de idosos para atendimento. Assim, torna-se mais comum que idosos procurem pelo serviço de avaliação psicológica. Essa nova realidade exige que o profissional esteja preparado para atuar com a população idosa, considerando suas características peculiares (Argimon, Irigaray, & Zibetti, 2016; Karel, Gatz, & Smyer, 2012). No contexto da avaliação psicológica, esse aprendizado inclui saber escolher os instrumentos mais adequados e adaptados às demandas, mas também passa pela linguagem a ser usada no contexto da avaliação, forma de abordar os avaliados, formato de administração dos instrumentos, forma de explicar os resultados da avaliação, entre outros. Esse é o objetivo desse texto: ajudá-los a pensar sobre as particularidades de avaliar idosos.

Trajetória na temática

Cada uma de nós trilhou um caminho até decidir focar na avaliação de idosos. Eu, Sabrina, por exemplo, nunca busquei especificamente realizar trabalhos com essa população, tendo começado minha trajetória de formação e de trabalho com neuropsicologia e avaliação psicológica em geral com pessoas com diagnóstico psiquiátrico, mas uma das primeiras oportunidades profissionais me levou a um ambulatório de neurologia que atendia a muitos idosos. Ao mesmo tempo comecei como voluntária em um centro de convivência para idosos, atuando como psicóloga clínica e fui tocada pelas histórias das pessoas que precisavam de avaliação e não a conseguiam no serviço público. Em algum ponto dessa trajetória assumi que essa era minha população favorita para trabalhar.

Eu, Heloísa, no âmbito pessoal sempre gostei muito de interagir com idosos. Profissionalmente, já na época da graduação desenvolvi diversos estágios com essa população. Comecei ajudando a conduzir um grupo psicoterapêutico para idosos com depressão e participando de intervenções com idosos com Alzheimer e seus cuidadores. Já graduada, desenvolvi meu mestrado e doutorado para adaptar um instrumento para ser utilizado no contexto da avaliação da saúde mental de idosos brasileiros, uma área até então bastante incipiente no país. Tive a oportunidade de desenvolver parte do doutorado em Portugal e no Canadá, onde também tive contato com os idosos dessas culturas. Após o doutorado me dediquei exclusivamente à docência, tendo como um dos focos de pesquisa investigar formas de intervir junto a idosos para promoção da saúde mental.

Eu, Irani, no meu trabalho de supervisora de estagiários de psicologia clínica no Hospital Universitário São Lucas da PUCRS, tive oportunidade de participar de *round* interdisciplinar, semanal, onde cada caso de idoso internado era discutido quanto a diagnóstico e conduta terapêutica; isso me aproximou do atendimento desses pacientes, que internavam por diferentes motivos. Passei a dirigir meus estudos mais para essa área e, quando desenhei meu projeto de doutorado, naturalmente meu foco foi o trabalho com idosos, primeiramente examinando aspectos cognitivos, depois acrescentando aspectos de personalidade e complementando, atualmente, com um olhar de otimizar aspectos oriundos da Psicologia Positiva.

Eu, Tatiana, comecei a trabalhar com idosos no primeiro ano da minha graduação em Psicologia, quando me envolvi em um Projeto de extensão que contava com a participação de 120 idosos da comunidade. Esse projeto tinha por objetivo proporcionar experiências de aprendizagens para idosos, permitindo sua atualização e interação social. A partir daí me apaixonei pelo trabalho com essa população e voltei todos os meus estudos para a temática do envelhecimento humano. Realizei meu mestrado e doutorado na Gerontologia Biomédica porque desejava aprofundar meus conhecimentos na área do envelhecimento humano. Meu orientador foi um médico geriatra e tive a oportunidade de pesquisar sobre aspectos de personalidade, qualidade de vida e depressão em idosos no mestrado. Já no doutorado desenvolvi e testei um treino cognitivo para idosos, verificando que a cognição de idosos pode melhorar com um treino sistemático. Após, fiz um pós-doutorado na Psicologia e aprofundei ainda mais minhas pesquisas na área de interseção entre avaliação psicológica e idosos. Hoje, sou pesquisadora e docente e minhas pesquisas buscam avaliar aspectos que contribuem para o bom funcionamento cognitivo na velhice, bem como o desenvolvimento de intervenções que visem melhorar as funções cognitivas, qualidade de vida e bem-estar de idosos.

Eu, Camila, iniciei o meu trabalho com idosos desde os primeiros semestres do curso de graduação em Psicologia por meio de uma bolsa de iniciação científica na Universidade para a Terceira Idade

(Uniti) da Universidade Federal do Rio Grande do Sul (UFRGS). Na Uniti eram oferecidas diversas palestras e oficinas aos idosos participantes, além de realização de estudos sobre a representação social do envelhecimento. Durante a graduação também me envolvi em pesquisas com avaliação e reabilitação neuropsicológica em adultos idosos. O meu estágio de clínica, no último ano da graduação, foi realizado em uma clínica de reabilitação neuropsicológica que me permitiu trabalhar de forma mais próxima com idosos com diferentes quadros neurodegenerativos. Ao ingressar no mestrado dediquei-me ao estudo do perfil neuropsicológico e comunicativo de adultos com acidente vascular encefálico, cuja grande maioria era composta por idosos. Já no doutorado desenvolvi uma tarefa em realidade virtual para avaliação cognitiva de idosos e no pós-doutorado realizei um estudo sobre reserva cognitiva e envelhecimento. Em conjunto com a carreira acadêmica também mantive um consultório em que realizava avaliação e reabilitação neuropsicológica. Atualmente atuo como docente em um programa de pós-graduação em Psicologia e continuo dando seguimento a pesquisas com a temática do envelhecimento; por exemplo, reserva cognitiva em longevos, resiliência e adaptação de programas de reabilitação neuropsicológica.

Resposta à dúvida do capítulo

De maneira geral, o idoso vem encaminhado por um profissional da área da saúde devido a queixas de seus familiares de alterações cognitivas, comportamentais e emocionais (Argimon et al., 2016). É frequente que idosos venham para avaliação a fim de verificar a existência de problemas cognitivos, como déficit cognitivo leve, demência, presença de sequelas após acidente vascular encefálico, ou queda. Além disso, é frequente que venham com queixa de tristeza, depressão, mudança súbita de comportamento, passividade excessiva, comportamento que põe em risco a própria segurança, entre outros.

Dessa diversidade de demandas surge o primeiro ponto a ser abordado: para fazer a avaliação de idosos os profissionais precisarão compreender que o envelhecimento pode assumir diferentes trajetórias, dependendo de cada pessoa e de cada contexto. Também vai precisar estar informado sobre questões relacionadas à saúde de idosos, tanto física quanto mental, que vão influenciar estas trajetórias. Inicialmente, cabe ao profissional investigar os reais motivos que originaram a busca pela avaliação psicológica. É comum que a demanda inicial venha por parte dos familiares. Por exemplo, familiares podem procurar algum serviço de avaliação psicológica visando avaliar as condições do idoso para solicitar interdição, para decidir se ele pode ou não continuar residindo sozinho, se precisaria ser internado em uma instituição de longa permanência, se demanda um cuidador, se precisa ser impedido de dirigir ou se pode continuar a administrar seus bens e finanças de forma independente. Todas estas questões devem ser esclarecidas antes do início do processo de avaliação (Argimon et al., 2016) para que haja um planejamento e execução adequados da avaliação.

O avaliador pode, ainda, precisar conversar com outros informantes, além dos idosos e também dos próprios familiares. É fundamental contar com a colaboração de outros informantes que convivam com o idoso e que possam fornecer informações fidedignas sobre o desempenho do idoso na execução de atividades de vida diária, uso de medicamentos, existência de alterações comportamentais e emocionais, entre outros (Argimon et al., 2016). Especificamente na avaliação de idosos deve-se incluir outras fontes de informação, tais como cônjuges, filhos ou cuidadores formais, principalmente quando o idoso apresenta algum déficit cognitivo que o impeça de relatar informações acuradas sobre si ou quando desejar outros pontos de vista. Nesses casos recomenda-se que sejam feitos dois momentos distintos e que não haja confronto direto de informações entre o idoso e os demais informantes.

Outro ponto relevante refere-se a compreender e diferenciar diagnósticos e nível de dependência funcional do idoso. O idoso pode fechar diagnósticos para diversos tipos de doenças, mas é necessário verificar o quanto de independência funcional para desempenhar as atividades da vida diária ele ainda preserva. Conhecer o grau de dependência funcional do idoso é muito relevante para conduzir uma avaliação de idosos. O nível de dependência para a realização de atividades de vida diária é um indicador muito importante sobre a saúde dos idosos, uma vez que um pior estado funcional está associado a diversas doenças crônicas e pode criar a necessidade de acompanhamento mais frequente por parte de familiares ou cuidadores (Araújo et al., 2019). Para avaliar de forma adequada o nível de dependência funcional dos idosos um avaliador precisa entender seus níveis pregressos de funcionalidade e atividades, seus gostos, sua dinâmica familiar e aceitar que não existe um perfil único de idosos. Por exemplo, uma pessoa idosa pode ter Mal de Parkinson, artrite, perda parcial da visão e ainda assim conseguir desempenhar todas as atividades domésticas, ir ao mercado e visitar os amigos, sendo, portanto, funcionalmente independente e desfrutar de uma boa qualidade de vida. Outra pessoa pode não ter um diagnóstico, mas ser incapaz de se vestir sozinha, demandando ajuda diária e mostrando prejuízo funcional. Assim, mesmo com um diagnóstico, o nível de dependência e funcionalidade do idoso pode ser um marcador mais importante do que algum déficit objetivo ou diagnóstico. É importante ressaltar que se trata de uma medida que deve ser avaliada com cuidado, levando em conta também aspectos culturais. Por exemplo: um homem idoso que nunca realizou atividades domésticas pode nunca tê-las feito porque a cultura de sua família entendia que tais atividades eram femininas. Logo, nesse caso o idoso não poderia ser considerado dependente funcionalmente apenas por não realizar atividades domésticas após os 60 anos.

Portanto, a condição sociocultural à qual o idoso está inserido precisa ser bastante considerada no processo de avaliação. Ao avaliar um idoso é necessário ter em conta tal contexto e história de vida, de forma a criar um espaço acolhedor em que o idoso não se sinta constrangido ou julgado para falar sobre sua condição, suas dúvidas e incômodos, sejam eles físicos, emocionais, sexuais ou familiares. Muitos profissionais ignoram aspectos da vida dos idosos, em especial questões afetivas e sexuais, o que pode fazer com que a avaliação fique incompleta e falha. Criar um ambiente acolhedor e abordar de forma direta e não preconceituosa os vários aspectos da vida são partes muito importantes para uma boa avaliação dessa população. Ainda, o avaliador precisa estar livre de certas crenças sobre a velhice. Não é possível que um avaliador trabalhe com idosos e mantenha a crença de que essas pessoas necessariamente são depressivas, introvertidas ou adoecidas. Essa visão negativa do envelhecer pode enviesar seriamente o processo de avaliação, cegando para a influência de patologias físicas sobre os comportamentos observados ou de questões familiares e sociais importantes que podem afetar a avaliação que será desenvolvida.

Uma atitude empática e acolhedora também é parte necessária ao cenário de avaliação de idosos. Muitos idosos não são familiarizados com as atividades de uma avaliação psicológica (Diniz & Amado, 2013), sobretudo aqueles que apresentam menor escolaridade (Gallagher-Thompson & Thompson, 2010), o que vai exigir do avaliador explicações mais detalhadas e frequentes sobre como será a avaliação, quais os objetivos e o que vai acontecer neste cenário. Igualmente importante a inclusão de reforçadores sobre o desempenho e de motivadores para os idosos ao longo das atividades, pois essa postura auxilia a controlar a ansiedade de desempenho e permite uma observação mais próxima a que seria percebida em contexto natural. Nesse sentido a realização de um *rapport* adequado é imprescindível e deve ser retomado sempre que se julgar relevante.

Com frequência o motivo da avaliação é a identificação de um possível diagnóstico ou problema que o idoso esteja apresentando. No entanto, o avaliador precisa estar atento para não se focar apenas nas perdas implicadas nesse diagnóstico ou problema, pois, como já dito, por vezes um diagnóstico é menos explicativo do que a funcionalidade. Além disso, dependendo do diagnóstico, nem sempre haverá chances de reabilitação, mas pode haver possibilidades de compensação funcional para manter maior qualidade de vida. Torna-se indispensável, então, estar atento para identificar e estimular os pontos fortes e habilidades presentes no indivíduo e que servirão de estratégias, potencialidades e recursos para o enfrentamento de problemas e manutenção da independência funcional do idoso avaliado (Argimon & Cerutti, 2016). Nesse ponto, além da rede de apoio social e familiar, destacam-se características de personalidade, resiliência e propósito de vida (Bryant et al., 2016; Cosco, Howse, & Brayne, 2017). A espiritualidade também pode ser compreendida como um fator protetivo ou usada como estratégia de enfrentamento, visto que permite ao idoso engajar-se socialmente e buscar objetivos que forneçam sentido e valorizem sua existência (Forlenza & Vallada, 2018).

Há, ainda, um ponto de extrema relevância ao avaliar idosos. Trata-se de uma população que faz uso com bastante frequência de diversos tipos de medicamentos, sendo relevante que o avaliador compreenda os possíveis impactos que a administração de medicamentos possa exercer sobre os comportamentos observados no contexto da avaliação. Logo, o avaliador precisa estar atento aos fármacos consumidos, sua dosagem, horários e interações, pois é frequente que pessoas acima dos 60 anos façam uso de diversas medicações de maneira acrítica quanto ao impacto que podem acarretar em seus comportamentos e qualidade de vida. A administração prolongada de determinadas classes de fármacos, como os benzodiazepínicos, por exemplo, pode ocasionar prejuízos cognitivos frequentemente confundidos com quadros neurodegenerativos. Da mesma forma, é necessário que o avaliador consiga diferenciar o que é sintoma, o que é efeito medicamentoso, o que pode ser gerado pela ausência de tecnologia assistiva (p. ex., responder a um teste sem usar os óculos) e mesmo os efeitos ansiogênicos da própria avaliação. Recomenda-se que o avaliador saiba de antemão (pelo idoso ou por algum informante indireto) sobre todos os remédios que o idoso utiliza e pesquise sobre eles. Não sendo possível colher tais informações de antemão, é necessário registrá-las no momento da avaliação e levá-las em consideração antes de chegar a qualquer conclusão sobre o caso.

Com esses pontos considerados, pode-se pensar em aspectos práticos da avaliação psicológica de idosos. O primeiro que exige um cuidado especial é a organização do espaço físico para a realização da avaliação. Esse espaço precisa levar em conta peculiaridades do envelhecimento, como a redução da acuidade visual e auditiva, bem como o maior risco para quedas e demanda de mais tempo para realizar as atividades. Cabe ao avaliador criar as condições para a realização da avaliação, seja garantindo a iluminação adequada do ambiente, escolhendo os instrumentos adaptados para essa população, ou utilizando tom de voz e velocidade da fala que favoreçam a interação com os idosos. Por exemplo, se o idoso apresentar déficits auditivos e visuais o avaliador deve garantir que compareça à avaliação com os dispositivos que normalmente usa para compensar essas perdas (óculos, aparelho auditivo etc.), ainda que para isso precise entrar em contato antecipado com o idoso ou com um cuidador e solicitar que tais itens sejam levados. Se o idoso tiver dificuldades de locomoção é importante que o ambiente esteja adaptado a esta condição, englobando, por exemplo, corredores e portas com larguras suficientes para passar cadeiras de rodas, ganchos e suportes nas paredes que possam ajudar o idoso a se locomover, ausência de tapetes e superfícies lisas que aumentem o risco para quedas, entre outros ajustes ambientais.

Importante, ainda, lembrar que o tempo dispendido para avaliar um idoso pode ser superior ao necessário na avaliação de adultos, sendo por vezes indispensável planejar um número maior de sessões ou de horas para a avaliação desse público. Apressar os idosos pode afetar seu desempenho em testes formais e, pior do que isso, criar um ambiente percebido como ameaçador, piorando a qualidade das informações recolhidas e gerando sofrimento para o idoso avaliado. Por vezes a simples situação de sair de casa para ver um "doutor" é percebida como ansiogênica, cabendo ao avaliador considerar caso a caso as vantagens e desvantagens de avaliar o idoso em um consultório ou deslocar-se e realizar a avaliação em sua residência (Barroso, no prelo). A presença de acompanhantes ou familiares no momento da avaliação deve seguir esse mesmo princípio, sendo desaconselhada *a priori*, mas podendo fazer-se necessária se o idoso ficar muito agitado ou descontrolado emocionalmente quando essa presença não é permitida.

Uma vez que o ambiente para a realização das avaliações e a atitude do avaliador estejam em consonância, o passo seguinte é fazer a escolha adequada do instrumento para a avaliação. Diniz e Amado (2013) chamam a atenção para o fato de que alguns testes devem ser construídos e adaptados especificamente para idosos, com vistas a preservar o significado psicológico e cultural dos itens para essa população. No entanto, não há tantos instrumentos específicos ou com normas adequadas para avaliação de idosos no contexto brasileiro, sendo esse o primeiro problema a ser considerado para definir a melhor bateria de avaliação para essa população. Entre os existentes, uma parcela está no Sistema de Avaliação de Testes Psicológicos – Satepsi, porém a maioria dos instrumentos disponíveis é de natureza neuropsicológica e muitos não estão registrados nesse sistema. Esses instrumentos podem ser utilizados como fonte secundária ou complementar na avaliação, mas demandam uma busca ativa por parte do avaliador sobre sua existência, utilidade, forma de aplicação, correção, normas e limitações.

Ao conduzir a avaliação e escolher os instrumentos utilizados é necessário considerar também a adequação das tarefas e testes psicológicos ao perfil do idoso. A qualidade, tipo e tamanho dos estímulos que um teste contém precisam ser levados em conta. Gallagher-Thompson e Thompson (2010) apontam que muitas vezes estimulações multimodais (falar, desenhar, escrever, mostrar figuras) podem ajudar no diálogo com o idoso durante a avaliação, favorecendo a compreensão do que está sendo dito pelo avaliador, e tais recursos podem ser pensados para favorecer a avaliação. Ainda, os testes para idosos não devem ser muito extensos, e de preferência deve haver normas específicas para serem utilizadas na correção. Também é importante verificar se os resultados dos testes serão influenciados pela escolaridade, pelo momento em que a escolarização foi realizada.

A literatura indica que a escolaridade interfere no desempenho dos avaliados e, no caso dos idosos, essa influência assume um papel central (Coelho, Vital, Novais, Costa, Stella, & Santos-Galduroz, 2012). Portanto, o momento da escolarização e como ela se deu devem estar entre as preocupações do avaliador. No Brasil ainda é frequente que os idosos indiquem ter um nível de escolarização, mas não informem como tal grau foi alcançado se não houver perguntas específicas sobre como essa alfabetização foi obtida: se feita em programas de aceleração educacional (antigo supletivo) ou tardiamente (Educação de Jovens e Adultos – EJA). Essa informação é importante porque a forma como a escolarização se deu e o nível de cobrança relacionado a ela podem não ser compatíveis com o esperado para pessoas que chegaram a mesma seriação ao longo de um processo habitual de escolarização, iniciado na infância. Uma pessoa com menor escolaridade tenderá a ter pontos de corte mais baixos quando se adota instrumentos formais, o que serve para identificar ou compensar essa menor escolarização na avaliação. Contudo, quando a pessoa tem uma maior escolaridade, adquirida fora do contexto esperado, por exemplo tem até o segundo grau, mas o fez em escolas de aceleração em que os três anos do curso habitual são concluídos em seis meses, a utilização dos resultados da correção por escolaridade pode não representar a realidade.

O tipo de resposta solicitada nos instrumentos deve ser considerado também. Há evidências de que alguns idosos no Brasil apresentam certa dificuldade de abstração para responder escalas do tipo *Likert* muito extensas (Ferreira & Barham, 2013). Escalas de resposta dicotômicas (p. ex.: sim e não) ou com menores variações (com até quatro pontos) são mais fáceis de serem compreendidas por essa população e devem ser privilegiadas na escolha dos instrumentos. As escalas que utilizam informações como "pouco" até "muito" ou "menos" até "mais" são mais facilmente compreendidas pelos idosos. Pode-se, ainda, apresentar figuras que expressem o conceito quantitativo da escala do tipo *Likert* no momento da avaliação, sendo úteis para que o idoso compreenda a forma correta de responder a estes instrumentos. Por exemplo: podem ser fornecidas figuras de círculos de tamanhos crescentes, figura de degraus de escada e outros estímulos que ajudem a ilustrar o conceito quantitativo de escalas *Likert*.

Diniz e Amado (2013) apresentam ainda outras dicas importantes para utilização de instrumentos psicológicos em idosos. A forma de aplicação dos instrumentos recomendada por esses autores é por meio de entrevistas, para garantir que o idoso compreenda adequadamente o instrumento e que possíveis déficits visuais que o idoso tenha não comprometam a aplicação do teste. A adoção dessa forma de aplicação auxilia em outro problema ainda frequente no Brasil, que é a quantidade de idosos analfabetos no país.

Com relação à avaliação de aspectos emocionais, triar ou diagnosticar quadros depressivos merece destaque. Ao pensar nos transtornos emocionais, a depressão é a desordem psicológica mais frequente em idosos (Mendes-Chiloff et al., 2018), embora também seja bastante comum encontrar idosos com transtornos de ansiedade (Santos, Cendoroglo, & Santos, 2017) e com queixas de solidão (Faísca, Afonso, Pereira, & Patto, 2019). Um ponto que destacamos referente a manifestações psicopatológicas em idosos é a variabilidade de sintomas e a diferença das manifestações clínicas observadas em outras épocas da vida. Os sinais e sintomas destacados ao avaliar a depressão em adultos focam no abandono ou perda de prazer em atividades sociais ou profissionais desempenhadas (American Psychiatric Association, 2013), mas ao avaliar idosos muitas atividades podem ter sido deixadas de lado por outros motivadores e serem a causa do surgimento da tristeza e não um sintoma da depressão. Ao avaliar depressão em idosos o foco do olhar clínico deve se direcionar mais intensamente para padrões de pensamento depressivos e de desesperança do que nas tarefas deixadas de lado. Essa diferença de sintomatologia tem impacto direto nas perguntas que devem ser feitas aos idosos ao longo de entrevistas focadas na identificação de transtornos emocionais em idosos e na escolha de instrumentos para colaborar com a avaliação. Um dos instrumentos que melhor rastreia a depressão em idosos, a Escala Geriátrica de Depressão, foca exatamente nesse tipo de sintoma (Almeida & Almeida, 2008).

Aspectos emocionais podem afetar, entre outros, os resultados da avaliação cognitiva, e por esta razão sempre é importante verificar o estado emocional, nível de solidão e existência de suporte social independente do motivo que originou a avaliação do idoso. Assim, torna-se frequentemente importante avaliar o repertório de habilidades sociais do idoso, uma vez que a maneira como as relações interpessoais são estabelecidas pode influenciar a qualidade e quantidade de suporte social disponível (Ferreira & Barham, 2016) e o estado emocional do idoso (Carneiro, Falcone, Clark, Del Prette, & Del Prette, 2005). A rede de apoio social e familiar é peça-chave tanto para a compreensão do quadro emocional quanto para as recomendações ou intervenções a serem sugeridas após o processo de avaliação psicológica.

Ao avaliar o estado cognitivo deve-se considerar as possibilidades diagnósticas, mas também a necessidade cotidiana dos idosos. A necessidade de inclusão de pausas e de abrir espaço para ouvir histórias paralelas ao longo das sessões também deve ser considerada ao pensar nos instrumentos e no tempo de duração dos encontros para avaliação psicológica de idosos. Instrumentos que façam rastreio de várias funções podem ser uma boa opção para iniciar um processo de avaliação, deixando a escolha por instrumentos mais sensíveis ou demorados apenas para os casos em que houver necessidade. Por vezes um idoso pode ter um desempenho ruim com relação a pensamento abstrato, mas essa é uma habilidade que não é tão demandada em seu cotidiano, porque as tarefas que mantém são concretas, realizadas com instruções claras, e isso minimiza seu impacto negativo e necessidade de treinamento. Outras vezes as habilidades estão em níveis limítrofes, mas geram um impacto maior no cotidiano dos idosos, devendo ocupar um lugar mais importante na consideração do caso.

Considerando que muitas patologias de idosos incluem sintomas cognitivos, avaliar a memória é frequentemente útil. Avaliar as capacidades de localização no tempo e espaço, planejamento de ações, atenção, reconhecimento de faces, comportamento volitivo, linguagem e propriocepção também precisam ser consideradas com cuidado, pois geram grande impacto no cotidiano. Habilidades mais específicas como aritmética, identificação de semelhanças, entre outras, podem ser priorizadas apenas se houver suspeita quanto a algum diagnóstico que as envolva.

O processo de avaliação não se encerra com a realização da coleta das informações. Após esta etapa, é o momento de ponderar os achados e pensar em planos de ação caso alguma situação que demande intervenção ou encaminhamento tenha sido identificada. Além disso, é muito importante fazer um planejamento cuidadoso da sessão de devolutiva dos resultados.

A entrevista de devolução dos achados é tanto a finalização da avaliação psicológica como é um momento de intervenção muito rico, se feito da maneira adequada. Quanto mais holística a avaliação e mais clara a devolutiva maior o impacto na vida do idoso avaliado. As regras para quem avalia idosos são as mesmas para os demais psicólogos quanto aos procedimentos e devolutiva de resultados e seguem a Resolução 006/2019 (Conselho Federal de Psicologia, 2019), mas deve-se levar em conta que os idosos podem não entender ou ser os responsáveis pelos possíveis encaminhamentos e desdobramentos da avaliação. Ao fazer a devolução dos resultados é importante considerar se os idosos têm condições de entender o que será dito ou se há a necessidade de pedir que um familiar ou cuidador os acompanhem para receber tal devolução. Pode-se, ainda, marcar momentos distintos, um com os idosos e outro com familiares ou cuidadores, se houver necessidade.

Ao redigir os laudos sobre a avaliação deve-se tomar especial cuidado com a linguagem usada, de forma que seja precisa e o mais simples possível, esclarecendo qualquer ponto ou termo que possa gerar dúvidas para os idosos e seus familiares. Diagnósticos ou hipóteses diagnósticas só devem ser incluídos se pertinente para a avaliação realizada e os aspectos éticos e de respeito aos direitos humanos devem pautar todo o documento. Ao final do processo de avaliação é provável que os idosos recebam encaminhamentos, tais como acompanhamento psicoterápico, neurológico ou psiquiátrico, devendo as condutas sugeridas ser embasadas nos resultados obtidos na avaliação e ser explicadas tanto no documento escrito (laudo) quanto na entrevista de devolução.

Em suma, para que um processo de avaliação psicológica com idosos seja conduzido de forma satisfatória é importante que o psicólogo adquira conhecimentos referentes às características peculiares dessa população, passando por aspectos que incluem posturas e crenças do avaliador, organização do espaço físico, características específicas dos testes psicológicos, domínio de conceitos centrais da área de Gerontologia, conhecimento dos construtos a serem avaliados e a forma de organizar a devolutiva dos resultados. Ou seja, a preparação e o conhecimento do profissional não se limitam à área da Avaliação Psicológica apenas, sendo responsabilidade do avaliador buscar tais conhecimentos e habilidades interdisciplinares para que sua conduta profissional seja efetiva e cumpra os preceitos éticos.

Indicação de referências e/ou cursos para aprofundamento no tema

Baptista, M. N., Muniz, M., Reppold, C. T., Nunes, C. H. S. S., Carvalho, L. F., Primi, R., ... Pasquali, L. (2019). *Compêndio de avaliação psicológica*. Petrópolis: Vozes.

Barroso, S. M. (2019). Idosa institucionalizada de 78 anos com crises de choro e gritos à noite. In: D. Yates, M. A. Silva, & D. R. Bandeira. *Avaliação psicológica e desenvolvimento humano: casos clínicos*. São Paulo: Hogreff.

Ferreira, H. G., Campos, C. R. F., Ximenes, V. S., & Queluz, F. N. F. R. (2019). Saúde mental de idosos: uma avaliação com base em medidas de depressão, solidão, atividades prazerosas e bem-estar. In: C. R. Campos, &

T. C. Nakano. *Avaliação psicológica direcionada a populações específicas: técnicas, métodos e estratégias*. São Paulo: Vetor.

Freitas, E. V., & Py, L. (2018). *Tratado de geriatria e gerontologia*. 4. ed. Rio de Janeiro: Guanabara Koogan.

Gil, G., & Busse, A. L. (2019). *Como lidar com problemas de memória e doenças neurodegenerativas?* São Paulo: Hogrefe.

Malloy-Diniz, L. F., Fuentes, D., & Cosenza, R. M. (2013). *Neuropsicologia do envelhecimento: Uma abordagem multidimensional*. Porto Alegre: Artmed.

Referências

Almeida, O. P., & Almeida, S. A. (2008). Confiabilidade da versão brasileira da escala de depressão em geriatria (GDS) – versão reduzida. *Arquivos de Neuro-Psiquiatria 1999, 57*(2B): 421-426.

American Psychiatric Association (2013). *Diagnostic and statistical manual of mental disorders*. 5. ed. Washington, DC.

Argimon, I. L. (2016). As Escalas de Desesperança e Ideação Suicida e os Inventários de Ansiedade e Depressão de Beck. In: E. R. Freitas, A. J. G. Barbosa, C. B. Neufeld (orgs.). Terapias Cognitivo-comportamentais com Idosos. Novo Hamburgo: Sinopsys, pp. 106-118.

Argimon, I. L., & Cerutti, F. (2016). Aplicação da TCC Beckiana para idosos. In: E. R. Freitas, A. J. G. Barbosa, C. B. Neufeld (orgs.). Terapias Cognitivo-comportamentais com Idosos. Novo Hamburgo: Sinopsys, pp. 155-169.

Argimon, I. L., Irigaray, T. Q., & Zibetti, M. R. (2016). Psicodiagnóstico de Idosos. In: C. S. Hutz, D. R. Bandeira, & M. R. Zibetti. *Psicodiagnóstico* (Coleção Avaliação Psicológica). Porto Alegre: Artmed.

Araújo, G. K. N., Souto, R. Q., Alves, F. A. P., Sousa, R. C. R., Ceballos, A. G. C., Santos, R. C., Lyra, E. V. V., & Nogueira, R. T. A. (2019). Capacidade funcional e fatores associados em idosos residentes em comunidade. *Acta Paulista de Enfermagem, 32*(3), 312-318.

Barroso, S. M. (no prelo). Treinamento cognitivo para idosos com comprometimento cognitivo leve. In: M. M. Alves, & J. B. L. Silva. *Treinamento cognitivo: da teoria à prática*. Belo Horizonte: Mendes.

Bryant, C., Bei, B., Gilson, K. M., Komiti, A., Jackson, H., & Judd, F. (2016). Antecedents of attitudes to aging: A study of the roles of personality and well-being. *Gerontologist, 56*, 256-265. Doi: 10.1093/geront/gnu041.

Carneiro, R. S., Falcone, E., Clark, C., Del Prette, Z. A., & Del Prette, A. (2005). Qualidade de vida, apoio social e depressão em idosos: Relação com habilidades sociais. *Psicologia: Reflexão e Crítica, 20*(2), 229-237.

Coelho, F. G. M., Vital, T. M., Novais, I. P., Costa, G. A., Stella, F., & Santos-Galduroz, R. F. (2012). Desempenho cognitivo em diferentes níveis de escolaridade de adultos e idosos ativos. *Revista Brasileira de Geriatria e Gerontologia, 15*(1), 7-15.

Conselho Federal de Psicologia. Resolução 006/2019, de 29 de março de 2019.

Cosco, T. D., Howse, K., & Brayne, C. (2017). Healthy ageing, resilience and wellbeing. *Epidemiology and Psychiatric Science, 26*(6), 579-583. Doi: 10.1017/S2045796017000324.

Diniz, A. M., & Amado, N. (2013). Procedures for Successful Data Collection through Psychological Tests in the Elderly. *Psicologia: Reflexão e Crítica, 27*(3), 491-497. Doi: 10.1590/1678-7153.201427309.

Faísca, L. R., Afonso, R. M., Pereira, H., & Patto, M. A. V. (2019). Solidão e sintomatologia depressiva na velhice. *Análise Psicológica, 37*(2), 209-222. Doi: 10.14417/ap.1549.

Ferreira, H. G. & Barham, E. J. (2013). Adaptação transcultural de um instrumento para avaliar o envolvimento de idosos em atividades prazerosas. *Cadernos de Saúde Pública, 29*(12), 2.554-2.560. Doi: http://dx.doi.org/10.1590/0102-311X00130212.

Ferreira, H. G. & Barham, E. J. (2016). Relações sociais, saúde e bem-estar na velhice. In: E. V. de Freitas, & L. Py. (orgs.). *Tratado de Geriatria e Gerontologia*. Rio de Janeiro: Guanabara Koogan, p. 1.490-1.497.

Forlenza, O. V., & Vallada, H. (2018). Spirituality, health and well-being in the elderly. *International Psychogeriatrics, 30*(12), 1.741-1.742. Doi: 10.1017/S1041610218001874.

Gallagher-Thompson, D., & Thompson, L. W. (2010). *Treating late-life depression: a cognitive-behavioral therapy approach – Therapist guide* (Treatments that work). Nova York: Oxford University Press.

Karel, M. J., Gatz, M., & Smyer, M. A. (2012). Aging and mental health in the decade ahead: What psychologists need to know. *American Psychologist, 67*(3), 184-198.

Mendes-Chiloff, C. L., Lima, M. C. P., Torres, A. R., Santos, J. L. F., Duarte, Y. O., Maria Lebrão, M. L., & Cerqueira, A. T. A. R. (2018). Sintomas depressivos em idosos do município de São Paulo, Brasil: prevalência e fatores associados (Estudo Sabe). *Revista Brasileira de Epidemiologia, 21*(2), 1-16. Doi: 10.1590/1980-549720180014.supl.2.

Santos, K. A. S., Cendoroglo, M. S., & Santos, F. C. (2017). Transtorno de ansiedade em idosos com dor crônica: frequência e associações. *Revista Brasileira de Geriatria e Gerontologia, 20*(1), 95-102. Doi: http://dx.doi.org/10.1590/1981-22562017020.160033.

9
Quais são os cuidados éticos ao realizar uma avaliação psicológica?

Thatiana Helena de Lima

Ana Deyvis Santos Araújo Jesuíno

Evely Boruchovitch

Adriana Cristina Boulhoça Suehiro

Lisandra Borges

Relevância da dúvida

Há algum tempo o Conselho Federal de Psicologia tem se preocupado com as questões éticas envolvidas no processo de avaliação psicológica. A exemplo disso está a criação da Comissão Consultiva em Avaliação Psicológica (CCAP) que tem por intuito "cuidar" da área propondo melhorias para avaliação. Um dos trabalhos da Comissão está representado na Resolução 09/2018 em que não só as questões éticas, mas também as relacionadas aos Direitos Humanos são contempladas no processo de avaliação psicológica.

Assim, com este capítulo, temos o intuito de apontar algumas considerações éticas que estão envolvidas no processo de avaliação psicológica e que devem ser ponderadas durante todo o processo. Diariamente, com os nossos alunos tentamos ensiná-los o fazer em avaliação psicológica, de modo que haja um cuidado com o indivíduo, fazendo com que o mesmo não seja prejudicado com o resultado da avaliação. Assim, tratamos de aspectos éticos envolvidos na análise da demanda, na escolha de instrumentos de avaliação e na devolutiva do processo, com o objetivo de esclarecer quais cuidados devem ser tomados.

Trajetória na temática

Somos um grupo de professoras que atuam no ensino, pesquisa e extensão em avaliação psicológica nos mais diversos contextos. Estamos no ensino de graduação e pós-graduação, tanto *lato sensu* quanto *strictu sensu*. Pesquisamos nas áreas da Psicologia escolar, do trânsito, da personalidade, da saúde mental e do desenvolvimento humano. Além dos projetos de pesquisa, coordenamos projetos de extensão que oferecem à comunidade externa às universidades serviço de qualidade em avaliação psicológica. Fazemos parte do Grupo de Trabalho intitulado "Pesquisa em Avaliação Psicológica" da Associação Nacional de Pesquisa e Pós-graduação em Psicologia – Anpepp, em que temos o compromisso de não só pesquisar, mas também dialogar com os demais profissionais da área sobre o que tem sido realizado.

Resposta à dúvida do capítulo

Avaliação psicológica: definição e importância

No Brasil, a avaliação psicológica (AP) se confunde com a história da própria Psicologia enquanto ciência e profissão, consolidando-se como prática privativa da(o) psicóloga(o) somente em 1962 a partir da Lei Federal n. 4119, que regulamentou a profissão no país (Nakano & Roama-Alves, 2019; Souza Filho, Belo, & Gouveia, 2006). A partir de então, a utilização de métodos e técnicas psicológicas para fins de diagnóstico psicológico, orientação e seleção profissional, orientação psicopedagógica, avaliação psicoeducacional e solução de problemas de ajustamento passou a figurar no leque de atribuições da nova profissão. Nesse sentido, desde o seu surgimento e, ao longo dos seus 57 anos de existência enquanto prática privativa da profissão, a AP tem sido alvo de diversas confusões conceituais importantes que impactam diretamente na sua práxis.

Talvez a confusão de mais difícil dissolução nesses 57 anos, visto que, infelizmente, ainda perdura entre os profissionais da área, seja a de que AP e testagem psicológica são sinônimos. Tal confusão teve respaldo na história da própria AP enquanto ciência e na ênfase atribuída aos testes psicológicos e aos avanços teóricos e práticos conquistados a partir deles no campo da inteligência no final do século XIX e início do século XX (Bueno & Peixoto, 2018; Nakano & Roama-Alves, 2019). Isso garantiu aos testes psicológicos um papel de destaque não somente nas pesquisas científicas desenvolvidas, mas também nas resoluções divulgadas pelo Conselho Federal de Psicologia (CFP) para regulamentar a elaboração, comercialização e o uso de testes psicológicos no Brasil (Resoluções CFP 025/2001 e 002/2003). Felizmente, ao menos no que se refere ao CFP, esse destaque dos testes em detrimento de outras técnicas parece ter sido solucionado recentemente nos documentos normativos da profissão a partir da Resolução 009/2018.

Diferentemente da ênfase gerada pela necessidade de aprimoramento dos instrumentos e procedimentos técnicos das(os) psicólogas(os) e da garantia de uma prestação de serviços com qualidade técnica e ética aos seus usuários nas Resoluções 025/2001 e 002/2003, a Resolução 009/2018 torna mais clara a distinção entre testes e AP ao se referir, já em seu prólogo, ao estabelecimento de diretrizes para a realização de AP no exercício profissional da(o) psicóloga(o) e a regulamentação do Sistema de Avaliação de Testes Psicológicos (Satepsi). Em consonância, a nova normativa não apenas estabelece as diretrizes básicas para a realização de AP, incluindo os procedimentos de submissão e de avaliação dos testes e/ou suas atualizações no Satepsi, mas acrescenta questões relacionadas com a justiça e a proteção dos direitos humanos na AP.

A incorporação de questões relacionadas à justiça e a proteção dos direitos humanos em AP parece, por si só, ter sido um passo fundamental para o preenchimento de uma lacuna que existiu por anos e que tem um papel relevante, por gerar um resgate de preceitos básicos para a categoria, norteando sua compreensão e possibilitando práticas mais adequadas e éticas. Ao compreender que a AP é um processo estruturado de investigação de fenômenos psicológicos, composto de métodos, técnicas e instrumentos, com o objetivo de prover informações à tomada de decisão, no âmbito individual, grupal ou institucional, com base em demandas, condições e finalidades específicas (Resolução CFP 009/2018), o profissional poderá lançar mão das técnicas que considerar mais adequadas para atingir seus objetivos, estando assim respaldado teoricamente e por seu compromisso ético.

Cabe, portanto, ao profissional tomar suas decisões baseada(o), obrigatoriamente, em fontes fundamentais de informação reconhecidas cientificamente para uso em sua prática, podendo, dependendo do contexto, recorrer a fontes complementares de informação que o auxiliem nesse processo. Essas fontes de informação são, de acordo com a Resolução, I – Fontes fundamentais: Testes psicológicos aprovados pelo CFP para uso profissional da psicóloga e do psicólogo e/ou; Entrevistas psicológicas, anamnese e/ou; Protocolos ou registros de observação de comportamentos obtidos individualmente ou por meio de processo grupal e/ou técnicas de grupo. II – Fontes complementares: Técnicas e instrumentos não psicológicos que possuam respaldo da literatura científica da área e que respeitem o Código de Ética e as garantias da legislação da profissão; Documentos técnicos, tais como protocolos ou relatórios de equipes multiprofissionais.

Diante do exposto, fica claro que os testes psicológicos são apenas uma entre tantas outras possibilidades de acesso a informações e que a AP é uma prática inerente do profissional da Psicologia, independentemente de seu uso, uma vez que ela se sustenta na integração de dados obtidos a partir de diversas fontes (Andrade & Valentini, 2018; Reppold, Zanini, & Noronha, 2019). Dito de outra maneira, a AP é um processo dinâmico de compreensão do outro, circunscrito num tempo e contexto, que não visa enquadrar os indivíduos em padrões de conduta dominantes ou rotulá-los a partir de critérios nosográficos. Tem como finalidade, entretanto, compreender suas características, valorizar suas potencialidades e ajudá-los, a partir do conjunto de informações obtidas com base em diferentes métodos de investigação. A AP se constitui, pois, como uma estratégia importante para a promoção da saúde, do bem-estar e do desenvolvimento pleno das necessidades individuais, possibilitando uma avaliação e um tratamento ético, justo e atento aos direitos humanos (Muniz, 2018; Reppold, 2011).

Considerando esses princípios, caso o profissional opte pela utilização do teste psicológico como mais uma fonte de informação no seu processo de avaliação, deverá igualmente zelar pela justiça e a equidade na comparação entre grupos e populações, escolhendo instrumentos que apresentem respaldos científicos para a sua interpretação e, portanto, evidências de validade e confiabilidade frente ao grupo de interesse e ao contexto no qual o instrumento será utilizado. Nesse sentido, os profissionais da Psicologia devem estar sempre atentos a temas como direitos humanos, equidade e justiça, e serem formados adequadamente no que diz respeito tanto à AP quanto à testagem psicológica, uma vez que a falta de qualificação profissional e de treinamentos adequados pode levar a(o) psicóloga(o) a utilizar os diferentes métodos e teorias psicológicas de maneira equivocada, causando malefícios aos indivíduos submetidos a avaliação e cometendo importantes faltas éticas (Hutz, 2015; Zaia, Oliveira, & Nakano, 2018). Faltas estas que, lamentavelmente, não têm se constituído como exceções no cotidiano da profissão e que, certamente, justificam a preocupação em torno da temática deste capítulo. Somente para se ter uma ideia da proporção do problema, de acordo com Zaia et al. (2018), 60% dos processos éticos publicados no Jornal do Conselho Federal de Psicologia no período de 2004 a 2016 estavam relacionados à AP, com queixas relacionadas à má elaboração de laudos psicológicos, má utilização de testes psicológicos e irregularidade na AP, entre outros problemas.

Ética na análise da demanda

Quando se faz uma avaliação psicológica, uma das primeiras etapas nesse processo é analisar se se trata de uma demanda de avaliação psicológica, já que algumas demandas em Psicologia se referem a outras questões e encaminhamentos como, por exemplo, orientação e aconselhamento, ou mesmo a psicoterapia.

Segundo Tavares (2012), alguns aspectos devem ser considerados durante a análise da demanda, a saber, a perspectiva do profissional que solicita a avaliação, a contextualização da demanda (a perspectiva do indivíduo e a qualidade da relação entre o avaliador e o avaliando) e as características pessoais do avaliador. O primeiro aspecto é pertinente, já que a maioria das avaliações são solicitadas por outra pessoa/instituição que não o próprio avaliando. Alguns exemplos dessas situações são: no contexto do trânsito, no concurso público, nas escolas, entre outros. Assim, é importante analisar qual é a solicitação daquele que demanda, bem como quais são as suas expectativas com relação ao processo de avaliação. Não se pode, em hipótese alguma, desconsiderar o indivíduo a ser avaliado como o principal ator no processo, devendo-se sempre atuar de maneira ética para com ele.

Com relação à contextualização da demanda, aqui contemplada pela perspectiva do indivíduo e pela qualidade da relação, é essencial investigar se o indivíduo sabe o que faz no momento da avaliação, se conhece os riscos e benefícios que a avaliação poderá lhe trazer, como ele se sente com relação à avaliação; enfim, quais são as expectativas que ele tem com o processo como um todo. O estabelecimento do vínculo com o sujeito é fundamental, principalmente quando se trata de crianças, já que muitas delas não entendem o motivo do encaminhamento nem o que é uma avaliação.

Por fim, os aspectos profissionais do avaliador devem ser levados em consideração. É fundamental que ele tenha formação para a realização da avaliação, com conhecimento das técnicas que serão utilizadas no processo. Igualmente importante é que ele saiba reconhecer se tem as habilidades necessárias para a análise da demanda e consequente continuação da avaliação até a sua finalização.

Diante dos aspectos apresentados e que devem ser considerados no processo de avaliação psicológica, a análise da demanda é o que proporciona ao avaliador as informações a respeito do que será avaliado. Após essa análise é possível que seja elaborado o plano para a realização do processo de avaliação psicológica, com os instrumentos de medidas e técnicas que serão utilizados.

A ética está envolvida em todo o processo de avaliação e, consequentemente, na análise de demanda não é diferente. Entender os motivos dessa avaliação e quais as consequências, positivas ou negativas, que ela traz ao indivíduo a ser avaliado pode fazer com o que o avaliador se recuse a realizar o processo. As solicitações não devem trazer aos indivíduos prejuízos em quaisquer campos de sua atuação, por isso todo pedido deve ser analisado com muita cautela.

Ética na escolha de instrumentos de avaliação

Como já mencionado em momentos anteriores ao longo deste livro, a Avaliação Psicológica é um processo em que algumas etapas são obrigatórias para a sua realização. Quando falamos em Avaliação Psicológica, imediatamente e de modo equivocado pensamos em testes e na sua utilização nesse processo. Todavia, o teste é considerado uma das fontes fundamentais de informação da(o) psicóloga(o) (CFP, 2018).

Mas afinal, o que é um teste psicológico? Pasquali e Alchieri (2001) definem testes psicológicos como métodos sistemáticos de observação e descrição de comportamentos. A nova Resolução do CFP n. 09/2018 denomina de testes psicológicos as escalas, inventários, questionários e métodos projetivos/expressivos. Considerando tais possibilidades, sabe-se que existem diversos testes; e diante de uma especificidade, o profissional possui, muitas vezes, mais de uma opção de instrumento a ser utilizado. Por exemplo, na avaliação da atenção o profissional tem a sua disposição testes que mensuram atenção concentrada, atenção sustentada, atenção dividida e alternada, entre outros tipos. Desse modo, cabe ao profissional a decisão de qual teste é mais adequado. Atrelado a essa resolução é importante mencionar a Nota Técnica n. 7/2019/GTEC/CG que orienta os profissionais da área sobre a utilização de testes psicológicos por meio de tecnologias de informação e da comunicação. Tal nota esclarece que alguns testes administrados em formato de lápis e papel também podem ser administrados utilizando o computador. Contudo, destaca ainda que a aplicação informatizada não se equivale à aplicação online (acesso remoto ou a distância). Desse modo cabe ao psicólogo analisar e estudar o manual do teste para verificar as formas de aplicação recomendadas (CFP, 2019). Parte-se, pois, do pressuposto que a(o) psicóloga(o) tenha qualificação e formação necessárias para a escolha e uso dos instrumentos.

Mas afinal, o que determina a escolha de um teste psicológico? Essa escolha é realizada de acordo com a avaliação da demanda, com base nos recursos disponíveis, na situação avaliativa e na competência/formação do avaliador (Trentini, Krug, & Bandeira, 2016). Às vezes é necessário que a(o) psicóloga(o) realize uma busca na literatura científica para ver que construtos psicológicos estão relacionados ao que se pretende avaliar. É importante também que procure artigos científicos para embasar a ponte entre a literatura, a demanda, o conceito psicológico que se quer avaliar e o teste psicológico a ser empregado. Tal determinação é baseada nos *Standards for Educacional and Psychological Testing* (Aera/APA/NCME, 2014) e da Comissão Internacional de Testes (International Test Comission – ITC). Além desses aspectos, para que uma(um) psicóloga(o) possa fazer uso de um teste psicológico é necessário que ele conste na lista de testes aprovados pelo Sistema de Avaliação de Testes Psicológicos (Satepsi). O uso de testes psicológicos com parecer desfavorável é considerado uma falta ética e a(o) psicóloga(o) pode responder administrativamente pelo uso indevido, conforme os critérios estabelecidos na Resolução 009/2018 do CFP.

Apesar de considerar tais aspectos para a escolha de um teste psicológico, por que existe um sistema que avalia os testes que podem ser utilizados por psicólogas(os)? O Satepsi avalia os critérios considerados mínimos para que um teste possa ser utilizado, como por exemplo: fundamentação teórica adequada, clareza na definição dos objetivos do teste, contexto de aplicação e população-alvo, pertinência teórica e qualidade técnica dos estímulos utilizados nos testes, apresentação de evidências empíricas sobre as características técnicas do teste, validade e precisão, sistema de aplicação, correção e interpretação dos escores, entre outros aspectos (CFP, 2018). Partindo desse fato é necessário então que a(o) profissional da psicologia compreenda e verifique os estudos de evidências de validade apresentados no manual do teste, bem como seus indicadores de precisão.

Alguns contextos possuem resoluções específicas para dar suporte à prática profissional, como é o caso do trânsito. De acordo com a Resolução 01/2019 do CFP, que versa sobre a avaliação psicológica pericial de candidatos à Carteira Nacional de Habilitação (CNH), as habilidades mínimas devem ser avaliadas quanto aos aspectos cognitivos (atenção concentrada, atenção dividida e alternada, memória visual e inteligência), quanto ao juízo crítico/comportamento (p. ex.: o tempo de reação) e, por fim, quanto aos traços de personalidade (impulsividade, agressividade e ansiedade).

É importante mencionar que, para além dessas questões, a(o) psicóloga(o) deve verificar se existe no manual do teste um grupo de referência com o qual se possa comparar os resultados do examinando, por exemplo em relação à escolaridade, à idade, ao sexo. Existem construtos que sofrem influências desses aspectos, como por exemplo o fato de a atenção ser um fator que varia conforme a idade do participante, atingindo seu pico mais ou menos até os 25 anos, sofrendo posteriormente um leve declínio que se acentua na terceira idade (Rueda, 2013).

Ao realizar uma avaliação psicológica e consequentemente o uso de testes a(o) psicóloga(o) pode considerar três princípios éticos básicos que são utilizados na realização de pesquisas, a saber: O Respeito pelas pessoas – o indivíduo precisa estar a par do que será feito e aceitar participar, bem como interromper sua participação/avaliação a qualquer momento; a Beneficência – os procedimentos não devem produzir danos ou gerar qualquer malefício ao sujeito em questão; e a Justiça – deve-se utilizar testes com base na população/demanda para a qual foram construídos e que possuam evidências de validade, conforme apontado por Hutz (2015). Em consonância, constata-se que esses três princípios encontram pleno respaldo no 1º Princípio Fundamental do Código de Ética Profissional das(os) Psicólogas(os), e afirma que "O psicólogo baseará seu trabalho no respeito e na promoção da liberdade, da dignidade, da igualdade e da integridade do ser humano, apoiado nos valores que embasam a Declaração Universal dos Direitos Humanos" (CFP, 2005, p. 7).

Ética na devolutiva da avaliação

A entrevista devolutiva é uma técnica utilizada no processo de avaliação psicológica, quer seja no contexto clínico, organizacional, hospitalar, trânsito, dentre outras. Trata-se da última etapa da avaliação e tem como objetivo devolver as informações às pessoas envolvidas no processo. Informações essas baseadas nos dados coletados durante as sessões, além das inferências levantadas de acordo com os objetivos e as hipóteses iniciais (Cunha, 2000; Urbina, 2007). Na maioria das situações, a entrevista devolutiva é realizada em uma única sessão (Tavares, 2002).

Na devolutiva clínica, a entrevista tem por finalidade comunicar ao indivíduo o resultado da sua avaliação e qual foi o seu diagnóstico. Nesse momento, a(o) psicóloga(o) deverá retomar a demanda (queixa ou motivo) que lhe foi apresentada na entrevista inicial, recuperando os resultados encontrados nos recursos utilizados durante o processo de avaliação, como entrevistas, testes, observação e técnicas, de modo que consiga estabelecer uma relação entre os resultados e a demanda e sintomas existentes. Já nas situações da devolutiva no contexto organizacional, é importante que os candidatos saibam quais resultados obtiveram, especialmente nos casos de não estarem aptos para o preenchimento da vaga. De forma geral, o conteúdo a ser relatado deverá se limitar às informações que sejam necessárias para aquele momento (Cunha, 2000; Tavares, 2012).

O Código de Ética da(o) Psicóloga(o) vigente, em seu art. 1º, alíneas "g" e "h", diz que é responsabilidade da(o) psicóloga(o) "informar, a quem de direito, os resultados decorrentes da prestação de serviços psicológicos, transmitindo somente o que for necessário para a tomada de decisão que afeta o usuário ou beneficiário" e "orientar a quem de direito sobre os encaminhamentos apropriados, a partir da prestação de serviços psicológicos, e fornecer, sempre que solicitado, os documentos pertinentes ao bom termo do trabalho" (CFP, 2005). Nesse sentido, é relevante destacar que a devolutiva é um direito da pessoa que está passando pelo processo de avaliação. Para Cunha (2000), esse direito deverá ser garantido logo no contrato de trabalho inicial.

Uma questão que geralmente tem sido alvo de dúvidas entre estudantes e profissionais é "quem tem o direito à devolutiva?" Essa questão realmente envolve alguns aspectos complexos, como a distinção de quem é o avaliado e quem solicitou a avaliação. Compreende-se que, no caso de crianças e adolescentes, o responsável deverá receber as informações relacionadas aos resultados do processo, bem como o avaliando, sempre que possível. De acordo com Ocampo (1981), a entrevista deve circular a todos os interessados e principalmente ao cliente; deve-se devolver a informação aos pais e ao filho separadamente, favorecendo a discriminação de identidades dentro do grupo familiar, pois no caso da criança, se não houver devolução, ela poderá se sentir excluída de uma comunicação à qual tem direito por ser a principal interessada.

Ao relatar os achados, a(o) psicóloga(o) deverá iniciar a sessão com os aspectos positivos e saudáveis do avaliando, para depois abordar os negativos e menos saudáveis e, por fim, os mais psicopatológicos, quando percebidos (Ocampo, 1981; Arzeno, 1995; Cunha, 2000). Nesse sentido, Finn (2007) acrescenta que a devolutiva poderá começar com a abordagem das características que o avaliando inicialmente reconheceu em si, durante o processo de avaliação, caminhando assim para as características que apresentou dificuldade em perceber ou até mesmo desconhecia. Esses cuidados certamente contribuirão, segundo o autor, para a criação de uma condição ideal para que novas informações sobre si e sobre o mundo, possam ser melhor incorporadas pelo avaliando, facilitando essa fase do processo.

Alguns autores (Arzeno, 1995; Cunha, 2000; Tavares, 2000) destacam que mesmo se tratando da última etapa do processo, ainda se mantém o caráter avaliativo, pois a(o) psicóloga(o) deverá observar a recepção das informações por parte do avaliando, como ele se porta diante dos resultados e das recomendações, bem como se há indicativo de aceitação ou recusa desse *feedback*. Estas também são informações que a(o) psicóloga(o) deverá levar em consideração, pois fazem parte de toda dinâmica do processo avaliativo. É importante que a(o) profissional possibilite um espaço para os sentimentos e pensamentos sobre a conclusão do processo e sobre as propostas de encaminhamentos que possam emergir.

Recomendações e/ou encaminhamentos pertinentes à demanda devem ser feitos no momento da devolutiva (Cunha, 2000). A habilidade e a experiência da(o) psicóloga(o) em conduzir a entrevista são essenciais, pois não há um formato padrão, tratando-se de uma entrevista não estruturada, que deve ser baseada em aspectos técnicos da Psicologia enquanto ciência (Cardoso & Muniz, 2018).

O psicólogo deverá sempre se atentar às normativas em relação ao produto final de uma avaliação psicológica, o documento escrito, que segundo a Resolução CFP 06/2019 constitui diferentes modalidades, como Declaração, Atestado psicológico; Relatório (psicológico e multiprofissional); Laudo psicológico e Parecer psicológico. Para maiores esclarecimentos, consulte a Resolução CFP 06/2019. O documento produzido pelo psicólogo deverá ser entregue diretamente ao beneficiário ou ao seu responsável no momento da entrevista devolutiva.

Em resumo, não só na devolutiva, mas durante todo o processo avaliativo, a(o) psicóloga(o) deve evitar ser influenciado por valores pessoais. Deve elaborar o relatório de maneira clara, abrangendo o indivíduo em todos os seus aspectos, enfatizando a natureza dinâmica e circunstancial dos dados apresentados; utilizar de linguagem adequada aos destinatários, incluindo sempre recomendações específicas para os solicitantes; evitar fornecer resultados em forma de respostas certas e esperadas aos instrumentos psicológicos utilizados; respeitar o direito de cada indivíduo conhecer os resultados da avaliação psicológica; guardar sigilo acerca das informações obtidas e das conclusões elaboradas, disponibilizando-as apenas a quem é de direito, preservando assim a identidade do examinando.

Considerações finais

O presente capítulo teve como objetivo principal ajudar os jovens profissionais em Psicologia a compreender as etapas fundamentais da Avaliação Psicológica de forma a melhor orientá-los a realizá-la de forma ética e pautada no respeito aos direitos humanos. Constata-se hoje avanços na conceituação da Avaliação Psicológica enquanto processo complexo no qual não se pode mais equipará-la a mera utilização de testes, sendo, sem dúvida, a testagem cuidadosa um dos seus possíveis componentes. Como outros aspectos positivos da AP, nos dias de hoje, podem ser destacados: a existência de resoluções mais claras e específicas elaboradas pelo CFP; a preocupação com a validade e confiabilidade dos instrumentos de medida a serem empregados; a criação de um órgão consultivo como o Satepsi que avalia a qualidade dos instrumentos; o aumento de instrumentos disponíveis válidos e confiáveis para medir uma mesma variável; a legítima preocupação com a ética e a preservação e proteção dos direitos humanos, durante todas as etapas que a compreendem (desde a análise da demanda, seleção dos instrumentos até aos momentos finais de devolução dos resultados), entre outros. Por conseguinte, ênfase deve ser sempre dada ao respeito ao indivíduo que será avaliado, pois é sabido que nem sempre a demanda emergiu dele. Ele deve ser protegido pelos princípios do Respeito, da Beneficência e da Justiça, ora tratados no presente capítulo. Igualmente importante é a capacidade de a(o) psicóloga(o) estabelecer um vínculo de confiança entre si e a pessoa a ser avaliada.

Por fim, considerando-se a importância que a AP tem para a Psicologia enquanto ciência e profissão, conclui-se pela necessidade de que os cursos de formação de psicólogas(os) assegurem uma formação sólida, ética e compromissada em AP para os futuros profissionais, pois somente assim eles poderão realizar avaliações psicológicas pautadas no conhecimento científico de todas as possibilidades de avaliação, aliadas ao exercício ético e centrado nos direitos humanos tão fortemente defendidos pela profissão, na atualidade.

Indicação de referências e/ou cursos para aprofundamento no tema

Cohen, R. J., Swerdlik, M. E., & Sturman, E. D. (2014). *Testagem e avaliação psicológica: introdução a testes e medidas*. Porto Alegre: AMGH.

Pellini, M. C. B. M., & Leme, I. F. A. S. (2011). A ética no uso de testes no processo de Avaliação Psicológica. In: R. A. M. Ambiel, I. S. Rabelo, S. V. Pacanaro, G. A. S. Alves, & I. F. A. S. Leme (orgs.). *Avaliação Psicológica: Guia de Consulta para Estudantes e Profissionais de Psicologia* (pp. 163-180). São Paulo: Casa do Psicólogo.

Referências

American Educational Research Association, American Psychological Association, & National Council on Measurement in Education (2014). *Standards for educational and psychological testing*. Washington, DC: American Educational Research Association.

Andrade, J. M., & Valentini, F. (2018). Diretrizes para a construção de testes psicológicos: a Resolução CFP 009/2018 em destaque. *Psicologia: Ciência e Profissão, 38*(n. esp.), 28-39. Https://dx.doi.org/10.1590/1982-3703000208890.

Arzeno, M. E. G. (1995). *Psicodiagnóstico clínico: novas contribuições*. Porto Alegre: Artmed.

Bueno, J. M. H., & Peixoto, E. M. (2018). Avaliação Psicológica no Brasil e no mundo. *Psicologia: Ciência e Profissão, 38*(n. esp.), 108-121. Https://dx.doi.org/10.1590/1982-3703000208878.

Cardoso, L. M., & Muniz, M. (2018). Encerramento do processo avaliativo infantil: a entrevista devolutiva. In: M. C. Lins, & L. M. Cardoso (orgs.). *Avaliação psicológica infantil* (pp. 265-280). São Paulo: Hogrefe.

Conselho Federal de Psicologia (2005). Resolução CFP 10/2005 – Código de Ética do profissional psicólogo. Brasília.

Conselho Federal de Psicologia (2019). Resolução CFP 06/2019 – Elaboração de documentos escritos e produzidos pelo psicólogo. Brasília.

Cunha, J. (2000). Passos do processo psicodiagnóstico. In: J. A. Cunha (org.). *Psicodiagnóstico – V* (pp. 105-138). Porto Alegre: Artmed.

Finn, S. F. (2007). *In ourclients' shoes: Theory and techniques of therapeutic assessment*. Nova York: Taylor & Francis Group.

Hutz, C. S. (2015). Questões éticas na avaliação psicológica. In: C. S. Hutz, D. R. Bandeira, & C. M. Trentini (orgs.). *Psicometria* (pp. 165-174). Porto Alegre: Artmed.

Muniz, M. (2018). Ética na avaliação psicológica: velhas questões, novas reflexões. *Psicologia: Ciência e Profissão, 38*(n. esp.), 133-146. Https://dx.doi.org/10.1590/1982-37030002088789682.

Nakano, T. C., & Roama-Alves, R. J. (2019). Avaliação Psicológica no Brasil. In: M. N. Baptista et. al. (orgs.). *Compêndio de avaliação psicológica* (pp. 122-132). Petrópolis: Vozes.

Pasquali, L., & Alchieri, J. C. (2001). Os testes psicológicos no Brasil. In: L. Pasquali (ed.). *Técnicas de Exame Psicológico – TEP Manual* (pp. 195-221). São Paulo: Casa do Psicólogo.

Reppold, C. T. (2011). Qualificação da avaliação psicológica: critérios de reconhecimento e validação a partir dos direitos humanos. In: A. P. P. Noronha et al. (orgs.). *Ano da avaliação psicológica: textos geradores* (pp. 21-28). Brasília: Conselho Federal de Psicologia.

Reppold, C. T., Zanini, D. S., & Noronha, A. P. P. (2019). O que é avaliação psicológica? In: M. N. Baptista et. al. (orgs.). *Compêndio de avaliação psicológica* (pp. 15-27). Petrópolis: Vozes.

Resolução 25, de 30 de novembro de 2001. Define teste psicológico como método de avaliação privativo do psicólogo e regulamenta sua elaboração, comercialização e uso. Brasília: Conselho Federal de Psicologia.

Resolução 002, de 24 de março de 2003. Define e regulamenta o uso, a elaboração e a comercialização de testes psicológicos e revoga a Resolução CFP 025/2001. Brasília: Conselho Federal de Psicologia.

Resolução 010, de 21 de julho de 2005. Aprova o Código de Ética Profissional do Psicólogo. Brasília: Conselho Federal de Psicologia. Recuperado de: http://site.cfp.org.br/wp-content/uploads/2012/07/codigo_etica.pdf

Resolução 009, de 25 de abril de 2018. Estabelece diretrizes para a realização de Avaliação Psicológica no exercício profissional da psicóloga e do psicólogo, regulamenta o Sistema de Avaliação de Testes Psicológicos – Satepsi e revoga as Resoluções 002/2003, 006/2004 e 005/2012 e Notas Técnicas 01/2017 e 02/2017. Brasília: Conselho Federal de Psicologia.

Resolução 001, de 07 de fevereiro de 2019. Institui normas e procedimentos para a perícia psicológica no contexto do trânsito e revoga as Resoluções CFP 007/2009 e 009/2011. Brasília: Conselho Federal de Psicologia.

Rueda, F. J. M. (2013). *Bateria Psicológica para Avaliação da Atenção (BPA)*. São Paulo: Vetor.

Souza Filho, M. L., Belo, R., & Gouveia, V. V. (2006). Testes psicológicos: análise da produção científica brasileira no período de 2000-2004. *Psicologia: Ciência e Profissão, 26*(3), 478-489. Https://dx.doi.org/10.1590/s1414-98932006000300011.

Tavares, M. (2000). A entrevista clínica. In: J. A. Cunha. *Psicodiagnóstico – V* (pp. 45-56). Porto Alegre: Artmed.

Tavares, M. (2012). Considerações preliminares à condução de uma avaliação psicológica. *Avaliação Psicológica, 11*(3), 321-334.

Trentini, C. M., Krug, J. S., & Bandeira, D. R. (2016). Escolha dos instrumentos e das técnicas no psicodiagnóstico. In: C. Hutz, D. Bandeira, C. Trentini & J. Krug (orgs.). *Psicodiagnóstico* (pp. 68-72. Porto Alegre: Artmed.

Urbina, S. (2007). *Fundamentos da testagem psicológica*. Porto Alegre: Artmed.

Zaia, P., Oliveira, K. S., & Nakano, T. C. (2018). Análise dos processos éticos publicados no Jornal do Conselho Federal de Psicologia. *Psicologia: Ciência e Profissão, 38*(1), 8-21. Https://doi.org/10.1590/1982-3703003532016.

10
Como oferecer o meu trabalho como avaliador(a)?

Marcelo Henrique Oliveira Henklain

Monalisa Muniz

Relevância da dúvida

A estudante de psicologia[1] é exposta ao longo da graduação a diversas condições de ensino planejadas para o desenvolvimento de competências profissionais, tais como conduzir pesquisas científicas e realizar avaliação psicológica. Contudo, são raras as disciplinas cujo objetivo é ensinar a essas alunas competências essenciais para a inserção no mundo do trabalho, como projetar a vida profissional, preparar currículo, identificar necessidades sociais e oferecer propostas de trabalho (Luiz, 2008). A fragilidade das psicólogas recém-formadas nesse aspecto preocupa, especialmente em um contexto econômico no qual o Brasil apresentou a elevada taxa de desocupação de 11,8% no trimestre de maio a junho de 2019 (IBGE, 2019).

Ao considerar esse cenário, este texto visa auxiliar psicólogas a identificar o que considerar para oferecer a prestação de serviços na área de avaliação psicológica, bem como apresentar possibilidades relacionadas ao trabalho de avaliadora. Esperamos, então, contribuir para a inserção profissional da psicóloga no mundo do trabalho, de modo compatível com os preceitos éticos característicos da Psicologia.

Trajetória na temática

Antes de iniciarmos, apresentaremos a trajetória profissional dos autores, assim o leitor poderá compreender melhor seu envolvimento com a temática proposta no capítulo. O Prof.-Dr. Marcelo Henklain graduou-se em Psicologia pela Universidade Estadual de Londrina, na qual começou a trabalhar com avaliação educacional em sua iniciação científica. No mestrado a sua pesquisa envolveu a avaliação e intervenção em relação a habilidades matemáticas de crianças e, no doutorado, a avaliação de desempenho de professores universitários – esses estudos pós-graduados foram realizados na Universidade Federal de São Carlos. Atuou fora da universidade na área de Gestão de Pessoas, oportunidade em que realizou avaliações psicológicas em contexto de processos seletivos e de avaliação de desempenho. Atualmente é professor de Avaliação Psicológica na Universidade Federal de Roraima.

---

1. Segundo dados de Diogo e Coutinho (2013), as mulheres representam 88% do total de profissionais de psicologia. Por esse motivo adotaremos o termo "psicóloga". Por questão de espaço e fluidez da leitura, não adotamos as alternativas "a(o) psicóloga(o)" ou "a psicóloga e o psicólogo".

A Profa.-Dra. Monalisa Muniz graduou-se em Psicologia na Universidade São Francisco, instituição na qual também realizou os seus estudos pós-graduados de mestrado e doutorado. A área da Avaliação Psicológica é seu campo de atuação em pesquisa – desde a iniciação científica – e prática, sendo docente e supervisora de estágio nessa temática. Desde 2009 faz parte do Instituto Brasileiro de Avaliação Psicológica (Ibap), tendo sido presidenta na gestão 2017-2019. Também foi conselheira do Conselho Regional de Psicologia do Estado de São Paulo na gestão 2016-2019, sempre contribuindo com a área da Avaliação.

Como pode ser observado, os dois autores atuam na área da Avaliação Psicológica. Então, o que e como o capítulo será abordado, junto com reflexões e dicas, está embasado nas experiências dos autores para além da teoria.

Resposta à dúvida do capítulo

O tema deste capítulo é importante porque nos leva a pensar não apenas sobre o que podemos fazer para oferecer o trabalho como avaliadora (ou que tipos de serviços são possíveis) para, então, aumentar a probabilidade de inserção no mundo do trabalho. Ele nos conduz também ao que devemos considerar ao oferecer esse serviço. Nesse aspecto, destacam-se dois elementos, ambos previstos nos princípios fundamentais do Código de Ética Profissional da Psicóloga (CFP, 2005): (a) o conhecimento científico associado à ética profissional, e (b) a habilidade para prestar o serviço derivada de uma prática profissional consistente.

A questão da postura ética e da orientação científica assumem especial importância em um contexto no qual pesquisas têm demonstrado graves deficiências da formação em avaliação psicológica (Mendes, Nakano, Silva, & Sampaio, 2013; Borsa, 2016). Isso produz um impacto negativo para quem busca os serviços da Psicologia e tem se tornado palpável sob a forma de processos éticos contra psicólogas. Segundo Zaia, Oliveira e Nakano (2018), ao examinar 286 infrações éticas documentadas no Jornal do Conselho Federal de Psicologia, de 2004 a 2016, verificou-se que 60% dos processos relacionavam-se a erros na condução de avaliações e na elaboração de documentos escritos decorrentes de avaliações.

Para evitar tais processos, a profissional de psicologia deve estudar o código de ética profissional e as resoluções do seu conselho de classe, tanto quanto examinar os efeitos das suas ações profissionais sobre os seus clientes e a sociedade, pensando tanto em curto quanto em longo prazo (Muniz, 2018). Segundo Dittrich (2010), a ética tem mudado a sua ênfase da prescrição de virtudes ou comportamentos – por considerar que ambos podem variar em diferentes contextos culturais – para a prescrição de procedimentos que possam auxiliar na identificação de decisões éticas. Trata-se, então, da ética como um guia para o comportamento e não como uma descrição definitiva ou incondicional de comportamentos a serem adotados.

Não obstante, vale lembrar que, ao sermos parte de uma categoria profissional no Brasil, devemos adotar e seguir as condutas éticas mencionadas no código de ética da profissão. Esse código também incentiva a análise dos contextos culturais, históricos e sociais para as tomadas de decisão.

Nesse novo contexto, o exame dos prováveis efeitos de nossas ações sobre os outros é um recurso promissor porque pode evitar que decidamos agir sem preocupação com as consequências dos nossos atos sobre os direitos, valores e bem-estar das demais pessoas, sejam ou não os nossos clientes diretos. Hutz (2015) propõe, com base em um documento desenvolvido para orientar decisões sobre pesquisas científicas, o Belmont Report, que três aspectos devem ser avaliados para se realizar uma avaliação psicológica eticamente orientada:

a) Em que medida as minhas ações profissionais enquanto psicóloga salvaguardam a autonomia das pessoas? É necessário que toda pessoa ao ser avaliada esteja ciente dos objetivos, procedimento e usos das informações obtidas a partir da avaliação à qual será submetida. Essa é a dimensão ética na qual examinamos o *respeito* pelas pessoas.

b) Em que medida a forma de avaliar e de interpretar os resultados é equitativa? As pessoas serão avaliadas com o mesmo padrão de qualidade e compromisso social, considerando suas convicções políticas, filosóficas, morais, ideológicas, religiosas, raciais, de orientação sexual e identidade de gênero? Ao se interpretar os resultados de um teste, por exemplo, é preciso garantir que a pessoa avaliada seja comparada, quando for o caso, com um grupo normativo com características semelhantes à sua (ex.: escolaridade, sexo, região do país etc.). Os resultados precisam, ainda, ser interpretados observando o contexto social, histórico e cultural. Essa é a dimensão ética da *justiça*.

c) Em que medida a avaliação ou intervenção realizada tem potencial para produzir benefícios e evitar malefícios para a pessoa submetida a esse processo? Essa é a dimensão da *beneficência*. Lembrando que malefício não se refere à pessoa ficar triste com o resultado da avaliação, mas sim a uma avaliação realizada sem qualidade ou preceitos éticos, e a partir disso gerar resultados equivocados, ou a consequência de a avaliação desencadear algo que não foi informado para a pessoa avaliada. Por exemplo, a pessoa faz uma avaliação e posteriormente fica sabendo que seus dados foram repassados para terceiros que não estavam envolvidos no processo e que ela não tinha ciência que isso iria acontecer. Ou ainda, a pessoa é submetida a uma situação de estresse ou de perguntas íntimas que não esperava.

Esse tipo de exame nos leva também às perguntas sobre "a quem nós, psicólogas, servimos de fato? Grupos que concentram certas formas de poder econômico e político ou as pessoas que são avaliadas e parcelas da população com maiores necessidades?" As questões apresentadas até aqui são apenas alguns exemplos de como a psicóloga pode julgar criticamente a sua própria prática e os serviços que pretende oferecer. Para uma leitura específica sobre como analisar consequências de uma prática profissional, sugerimos a leitura de Dietrich (2010).

Como parte dessas questões, não podemos nos esquecer de perguntar "em que medida possuo capacitação científica e habilidade prática para oferecer determinada avaliação psicológica?" Sabe-se que a psicóloga pode trabalhar em múltiplos campos de atuação como na clínica, nas organizações, nas escolas, em contextos comunitários, no sistema judiciário, além de campos emergentes como sustentabilidade, ciência de dados e *design* (cf. "*2019 Trends Report*", APA, 2018). Da existência dessas possibilidades, porém, não se segue que a graduação em Psicologia garanta formação suficiente para atuar em todos esses campos. A psicóloga deverá especializar-se para oferecer serviços seguros para a sociedade e baseados em evidências de eficácia. Aliás, segundo o CFP (2005), seria antiético oferecer um serviço que a profissional não sabe se, e em que medida, poderá ou não trazer benefícios. Considerando a área da Avaliação Psicológica, nem mesmo a especialidade na área possibilitará que a psicóloga atue em todos os contextos, pois cada um exigirá competências específicas além das gerais esperadas de qualquer avaliadora (Nunes et al., 2012; Muniz, 2017).

E então, como oferecer meus serviços na avaliação psicológica?

Com base no que foi exposto na seção anterior, recomendamos que antes de qualquer atuação, no caso, oferecimento do serviço de Avaliação Psicológica, a psicóloga estude o Código de Ética Profissional, prestando especial atenção ao art. 20, que prescreve:

> Art. 20 – O psicólogo, ao promover publicamente seus serviços, por quaisquer meios, individual ou coletivamente: a) Informará o seu nome completo, o CRP e seu número de registro; b) Fará referência apenas a títulos ou qualificações profissionais que possua; c) Divulgará somente qualificações, atividades e recursos relativos a técnicas e práticas que estejam reconhecidas ou regulamentadas pela profissão; d) Não utilizará o preço do serviço como forma de propaganda; e) Não fará previsão taxativa de resultados; f) Não fará autopromoção em detrimento de outros profissionais; g) Não proporá atividades que sejam atribuições privativas de outras categorias profissionais; h) Não fará divulgação sensacionalista das atividades profissionais (CFP, 2005, p. 15).

Embora as alíneas sejam claras, parece útil examiná-las para garantir que todas as leitoras saibam como proceder a partir deste artigo. A alínea "a" esclarece que a psicóloga formada só pode começar a divulgar os seus serviços a partir do momento que possuir o seu número de registro em um Conselho Regional de Psicologia. Isso significa que, antes de oferecer serviços, a psicóloga recém-formada deve comparecer ao Conselho Regional de Psicologia para solicitar a sua carteira profissional.

A alínea "b" lembra que a psicóloga deve restringir-se à divulgação de qualificações que de fato possui, que já estão concluídas, de modo a evitar que os clientes tomem decisões equivocadas sobre quais profissionais devem contratar. Importa destacar que atualmente o acesso à informação tornou-se mais simples e diversos cursos presenciais e a distância têm sido ofertados para capacitar pessoas nas mais diversas habilidades. Por vezes, esses cursos possuem qualidade, mas infelizmente isso nem sempre é o caso. Faz parte do exame ético da psicóloga, ao propor um serviço, a reflexão sobre em que medida os cursos que possui de fato a habilitam a prestar os serviços a que se propõe. Mais do que um certificado, a psicóloga deve refletir se de fato poderá contribuir com os seus clientes, pois, tipicamente, o trabalho da psicóloga envolve uma atuação com aspectos delicados da vida de uma pessoa.

Ainda, como pontuado anteriormente, na área da Avaliação Psicológica essa reflexão da competência é imperativa, pois uma profissional que faz avaliação para o contexto jurídico, por exemplo, precisa apresentar conhecimentos de teoria, técnicas, procedimentos, variáveis do contexto, da população e demanda que são específicos desse ambiente e que podem não se aplicar a outros contextos. Então, cada contexto, população e demanda irão exigir competências específicas para além das gerais que toda avaliadora deveria demonstrar (Nunes et al., 2012; Muniz, 2017).

A alínea "c" refere-se a um aspecto polêmico acerca da atuação da psicóloga, pois trata da definição de critérios de cientificidade que são aceitos ou não como orientadores da prática profissional.

Muitos poderão discordar disso, questionando-se como seria possível abarcar toda a diversidade de perspectivas epistemológicas que marcam a Psicologia. Ao mesmo tempo, a existência do Conselho se justifica, entre outros aspectos, pela regulação e fiscalização da atividade profissional. Se critérios não fossem estabelecidos, ficaria impossível reconhecer o que seria uma prática cientificamente orientada ou não. Isso é importante para proteger pessoas de práticas ineficazes ou que possam gerar malefícios, bem como para tornar mais claro quais são os limites de atuação profissional em Psicologia, distinguindo-a de outras profissões com interfaces em relação ao objeto de estudo da psicóloga.

Atualmente, a Psicologia se apresenta como uma ciência, cujas teorias e práticas devem estar fundamentadas em evidências empíricas (Ferguson, 2015). Portanto, as profissionais de psicologia devem ficar atentas às resoluções e recomendações do conselho de classe para que não adotem práticas sem reconhecimento pela comunidade de psicólogas brasileiras. Alguns exemplos nesse sentido são a Astrologia, Grafologia, Cromoterapia, Constelação Familiar, Florais de Bach, Aromaterapia, entre outros.

Sobre a alínea "d", algumas psicólogas podem se questionar sobre a razão de sua existência, pois podem considerar que o preço que praticam seria um diferencial competitivo importante. Contudo, a divulgação de baixos valores poderia incentivar a precarização na prestação de serviços psicológicos. Poderia ocorrer uma tendência de definição de preços cada vez menores e incompatíveis com os custos que uma psicóloga tem para alugar um espaço de trabalho, para manter-se estudando e atualizada (e.g., participar de cursos e congressos), adquirir materiais de estudo (e.g., livros) e de trabalho (e.g., testes), e, finalmente, para sustentar-se. Uma queda excessiva nos preços poderia também favorecer a desvalorização social da Psicologia e dos seus profissionais. Além disso, embora o trabalho da psicóloga envolva questões financeiras, essa ênfase na dimensão econômica na relação psicóloga e cliente poderia afetar negativamente o engajamento do cliente no processo e o estabelecimento de vínculos, tais como respeito e confiança. O engajamento poderia ser afetado no sentido de que, ao pagar um valor abaixo do justo, simbolicamente a pessoa poderia comunicar que não se importa consigo mesma ou com o serviço que será prestado. Adicionalmente, poderia sentir-se mais facilmente inclinada a atrasar-se, faltar e até desistir do serviço contratado. O respeito está relacionado à precarização da profissão e a confiança tem a ver com a impressão que se poderia causar de que mais importante que a qualidade é o dinheiro recebido, estando todas as ações da psicóloga orientadas para conseguir o máximo possível de clientes.

A alínea "e" refere-se ao fato de que a psicóloga, assim como médicos e advogados, não pode garantir um resultado como produto do seu trabalho. O que ela pode fazer é direcionar todas as suas capacidades e recursos ao processo para aumentar as chances de sucesso. Porém, dada a complexidade dos fenômenos e processos psicológicos, é impossível prever deterministicamente se a intervenção produzirá os efeitos almejados. Um exemplo da prática inadequada de prometer resultados seria propor o serviço de "Identificação da vocação profissional com 12 sessões".

A alínea "f" refere-se a uma questão de postura ética diante das colegas de profissão. Denúncias por condutas equivocadas devem ser comunicadas ao conselho, e não às pessoas em geral. Propagandear os supostos erros, limitações ou críticas às colegas de profissão pode prejudicá-las seriamente (e.g., perda de clientes). Um exemplo disso seria afirmar que "Behavioristas não são capazes de identificar as reais causas de um problema, oferecendo um tratamento meramente cosmético. Portanto, contrate um psicanalista".

Pelos motivos já abordados neste texto, não é aceitável incorrer no comportamento descrito na alínea "g". Isso significa que a psicóloga deve restringir a sua atuação ao campo da Psicologia, e não pode atuar em outras áreas do conhecimento, ainda que tenha estudado muito sobre esses assuntos. Como regra geral, é preciso considerar que uma atuação profissional requer habilitação específica para tal.

Finalmente, a alínea "h" trata de um cuidado com a atividade profissional da psicóloga que deve ser apresentada como séria, cientificamente embasada, capaz de produzir contribuições e não como uma piada. O uso de brincadeiras, frases de efeito, imagens vulgares, palavras de baixo calão, recursos para gerar medo, entre outras, pode criar uma impressão negativa da Psicologia ou produzir nas pessoas a ideia de que precisam dos serviços de uma psicóloga quando isso não é o caso. Um exemplo de sensacionalismo seria afirmar que "o Brasil é o país com mais casos de depressão na América Latina, sendo que essa doença começa de forma silenciosa sem que a pessoa note. Portanto, procure uma psicóloga". Esse é o tipo de propaganda que não informa, mas apenas produz medo e a sensação de que é preciso contratar uma terapeuta.

Após a leitura do Código de Ética, com destaque para o art. 20, é necessário consultar as Resoluções CFP 009/2018 e 006/2019. A primeira apresenta informações para a realização de avaliações psicológicas, tais como o conceito de avaliação psicológica (que foi objeto do capítulo 1 deste livro) e a noção de fontes de informação, fundamentais e complementares, responsável por esclarecer o que a psicóloga pode considerar ao tomar decisões profissionais. A segunda resolução supracitada diz respeito à elaboração de documentos psicológicos, o que será necessário como passo final do comportamento de oferecer o serviço como avaliador.

Uma vez que a proposta de serviço que a psicóloga pretende oferecer seja compatível com as normas apresentadas (Código de Ética da Profissional Psicóloga e Resoluções 009/2018 e 006/2019), é possível, então, colocar a ideia em prática. O que a psicóloga pode oferecer como serviço enquanto avaliadora não está limitado a um conjunto já conhecido de opções. Na realidade, é possível afirmar que as psicólogas têm variado pouco em termos de inserção no mundo do trabalho, existindo, por exemplo, uma frequência elevada de profissionais que buscam campos de atuação tradicionais, desconsiderando outras opções. O campo de atuação que ainda hoje é preferido envolve o atendimento individual em contexto clínico (Diogo & Coutinho, 2013).

Botomé e Stedile (2014) elucidam que existe uma distinção entre mercado de trabalho e possibilidades de atuação profissional. O mercado de trabalho representa as ofertas de emprego existentes e divulgadas, por exemplo, em jornais e sites de emprego. Já as possibilidades de atuação profissional representam um espectro mais amplo de opções, que não são divulgadas porque, por vezes, a sociedade ainda as desconhece. São serviços possíveis em relação ao escopo profissional da psicóloga (ou de outra profissão), mas que ainda precisam ser desenvolvidos com base em uma caracterização de necessidades sociais. Esses serviços podem atender a múltiplos âmbitos de atuação profissional, a saber:

a) *Atenuar sofrimento* significa que diante de um problema instalado a psicóloga vai intervir no sentido de amenizar ou reduzir graus de sofrimento. Isso ocorre, por exemplo, quando uma pessoa procura a psicóloga em função da perda de um ente querido. A avaliação pode ser feita no sentido de caracterizar mudanças em graus de sofrimento antes e após a intervenção.

b) *Compensar perdas* significa que diante de um problema instalado que levou, por exemplo, a um prejuízo em determinada função psicológica, a psicóloga irá intervir no sentido de que a função psicológica prejudicada seja compensada pela aquisição de uma nova habilidade. Esse é o caso do aprendizado de uma nova estratégia de comunicação em um paciente que sofreu um derrame. A avaliação pode envolver a caracterização do grau de importância da função psicológica prejudicada e do grau de satisfação e funcionalidade da pessoa com a compensação alcançada.

c) *Reabilitar* significa que, diante da situação anterior, item "b", a psicóloga consegue intervir de modo a reduzir significativamente o prejuízo sem, no entanto, igualar a função psicológica perdida. Esse é o caso de uma pessoa que perdeu um ente querido em uma situação de assalto no carro e que parou de dirigir depois do ocorrido. É possível que a intervenção psicológica consiga levar a pessoa a retomar a direção sem que isso signifique ausência total de medo ou de uma sensação de incômodo em determinadas circunstâncias similares àquelas do assalto. A avaliação poderia contemplar a caracterização do grau de prejuízo ou dificuldade que a pessoa ainda possui, de modo a orientar intervenções futuras para aperfeiçoar ainda mais a melhora.

d) *Recuperar* significa que diante da situação anterior, item "b", a psicóloga consegue intervir de modo a recuperar o prejuízo. Um exemplo é quando a criança que já não urinava mais na cama volta a fazer isso quando perde a atenção dos pais para um irmão recém-nascido. A psicóloga pode intervir no sentido de ensinar a criança e aos pais novas formas de interação e de lidar com a presença do novo irmão, bem como estratégias para evitar que a criança urine na cama. A avaliação pode envolver a identificação dos determinantes para a mudança de comportamento.

e) *Prevenir problemas* significa que, diante da possibilidade de um problema, a psicóloga age para que ele não ocorra. Psicólogas podem intervir, por exemplo, na promoção do comportamento de remover água parada no ambiente doméstico e profissional, o que pode auxiliar na saúde pública. A avaliação nesse caso poderia envolver a identificação de problemas de saúde pública que podem ocorrer dependendo de como as pessoas se comportam para, então, caracterizar se a população age de modo a evitar a ocorrência do problema ou se o padrão comportamental é favorável à produção do mesmo.

f) *Manter processos significativos* diz respeito à identificação de comportamentos humanos cujos resultados são positivos e a identificação de formas para sustentar esses processos. A avaliação envolve tanto a identificação quanto o estudo do que interfere nesses comportamentos, de modo a favorecê-los ou enfraquecê-los. Isso pode orientar a criação de estratégias para a manutenção do padrão comportamental que está sendo bem-sucedido.

g) *Promover processos significativos* é o nível de intervenção com maior alcance social e que requer mais conhecimento científico. Aliás, essas duas dimensões crescem a partir do primeiro nível descrito até este último. Nesse âmbito de atuação a psicóloga está preocupada com intervenções que ensinem para as pessoas comportamentos importantes, apesar de não existir qualquer problema associado com a ausência dos mesmos. Não é exatamente um problema de saúde pública o fato de que as pessoas possam ser pouco gentis umas com as outras ou pouco gratas por suas vidas. Não obstante, algumas pesquisas sugerem (e.g., Lyubomirsky & Layous, 2013; Alden &

Trew, 2013) que atitudes simples de gentileza e gratidão podem melhorar o bem-estar das pessoas. Consequentemente, uma intervenção para promover essas práticas, independentemente da existência de um problema, pode ser promissora e a avaliação da qualidade de vida e do bem-estar são exemplos de serviços para uma avaliadora.

Vamos examinar mais alguns exemplos concretos do que estamos abordando sobre possibilidades de atuação profissional considerando os diferentes âmbitos de atuação profissional. Muitas intervenções profissionais preocupam-se em avaliar e agir em relação a pessoas com ideação suicida, mas é menos comum que psicólogas se lembrem, mesmo em atividades do movimento Setembro Amarelo[2], de avaliar e intervir junto a famílias de pessoas que perderam parentes e amigos em função do suicídio.

Trabalhar com essa população tem relevância social e possui compatibilidade com os serviços que psicólogas podem oferecer. Geralmente, não existem vagas de emprego nesse sentido ou disciplinas específicas a esse respeito. Não obstante, trata-se de uma possibilidade de atuação. Desde a identificação das necessidades sociais, até a caracterização do repertório dos clientes participantes da intervenção e a verificação de sucesso da mesma, aplicam-se os recursos da avaliação psicológica e, portanto, poderiam ser elaboradas propostas de avaliação.

Outro exemplo concreto de possibilidade de atuação profissional que começa a tornar-se parte das ofertas de emprego existentes é o trabalho como pesquisadora em psicologia, envolvendo diretamente atividades de avaliação psicológica. Recentemente a empresa Natura® publicou no LinkedIn uma vaga com o seguinte perfil:

> Alguém para atuar em projetos com foco em desenvolver e avaliar a eficácia de experiências e serviços de bem-estar que potencializem o uso dos produtos [...] baseado nas ciências comportamentais e da mente. Alguém para atuar na prospecção e avaliação de metodologias de *performance* emocional e sensorial [...]. O que precisa ter? Conhecimento sobre [...] pesquisas em humanos; Conhecimento sobre mensuração das emoções humanas; Habilidade para construção de protocolos de pesquisa; Habilidade em gestão de projetos; Análise estatística; Modelagem estatística (desejável); Conexão com as redes sociais e meios digitais; Desejável experiência em neurociência.

Para quem estudou avaliação psicológica, desenvolveu um repertório básico em psicometria, aproveitou as experiências nas disciplinas de Metodologia de Pesquisa e aprendeu conceitos básicos de neuropsicologia, os requisitos desse cargo não parecem nada fora da realidade e são compatíveis com o escopo de atuação profissional da psicóloga. A Natura® parece estar preocupada com a manutenção de bons processos psicológicos e, especialmente, com a identificação de novas possibilidades de negócio a partir da identificação de que processos psicológicos podem ser promovidos para ampliar o bem-estar das pessoas, conforme está proposto em sua missão organizacional.

Esse cargo surge em um momento na história da humanidade no qual dados sobre o comportamento humano e a elaboração de modelos preditivos sobre o mesmo assumem importância estratégica para se pensar do mercado financeiro às estratégias de venda, da evasão no ensino superior às políticas

---

2. Campanha sobre a prevenção do suicídio. No Brasil, foi criada em 2015 pelo CVV (Centro de Valorização da Vida), CFM (Conselho Federal de Medicina) e ABP (Associação Brasileira de Psiquiatria), com a proposta de associar a cor ao mês que marca o Dia Mundial de Prevenção do Suicídio, 10 de setembro (para saber mais visite: www.setembroamarelo.org.br).

públicas, entre tantos outros temas. Com efeito, a realização de pesquisas em grandes bases de dados tem se tornado tão importante, a ponto de ser reconhecida pela Associação Psicológica Americana como uma das tendências para o futuro da pesquisa e da atuação em Psicologia (cf. APA, 2019). Os dados sobre comportamento humano em meios digitais são abundantes, mas ainda faltam profissionais habilitados para lidar com eles. Apesar do sucesso de estatísticos e cientistas da computação nessa área, faltam modelos psicológicos que permitam explicar relações encontradas nos dados e pensar em novas possibilidades de associações, outras informações que devem ser coletadas, e assim por diante.

Existe, ainda, o desafio de como medir certos processos e fenômenos psicológicos de modo a demonstrar, por exemplo, o sucesso de uma política pública ou identificar prováveis determinantes de uma conduta que coloca em risco a saúde das pessoas. Nesses contextos a psicóloga também possui possibilidades de oferta de trabalho enquanto avaliadora.

Com todos os fundamentos apresentados, podemos aprofundar um pouco mais nas possibilidades de ofertas de serviços enquanto avaliadora, examinando, agora, não só o que deve orientar uma oferta de serviço, ou os âmbitos de um serviço, mas para campos específicos de atuação da psicóloga. Para isso, recorremos às especialidades da Psicologia conforme a Resolução CFP 13/2007. Para todas elas há a necessidade da realização da Avaliação Psicológica, pois esse conhecimento perpassa todas as áreas e abordagens da Psicologia, pois antes de qualquer proposta de intervenção é preciso avaliar, e ao final de uma intervenção novamente a avaliação é necessária para que se decida pela finalização do trabalho ou por uma nova intervenção. Na descrição de cada especialidade há um trecho sobre a realização de avaliação psicológica. Na Figura 1 compilamos a definição de cada especialidade e um entre os vários trechos que mencionam exemplos de avaliação. Recomendamos fortemente a leitura da resolução para que você fique inteirada de todas as possibilidades em cada especialidade. Ressaltamos que a Avaliação Psicológica se tornou uma das especialidades em dezembro de 2018, mas que ela é transversal às demais existentes.

Figura 1 – Onde ofertar a realização da avaliação psicológica

Especialidade	Exemplo de avaliação psicológica
Psicologia Escolar/Educacional Pesquisa, avaliação e intervenção, individual ou coletiva, em contextos de educação formal.	Em conjunto com a equipe, colabora com o corpo docente e técnico na avaliação de currículos, de projetos pedagógicos e de políticas educacionais.
Psicologia Organizacional e do Trabalho Pesquisa, avaliação e intervenção, individual ou coletiva, em contextos organizacionais.	Avaliação para seleção de pessoal, para compreender problemas de desempenho e de casos na área da saúde do trabalhador.
Psicologia de Trânsito Pesquisa, avaliação e intervenção, individual ou coletiva, em relação aos problemas do comportamento das pessoas no trânsito.	Avaliação das aptidões, habilidades e capacidades psicológicas dos condutores e candidatos à habilitação, atuando em equipes multiprofissionais, para aplicar os métodos psicotécnicos de diagnóstico.
Psicologia Jurídica Pesquisa, avaliação e intervenção, individual ou coletiva, em contextos do sistema judiciário.	Avaliação das condições intelectuais e emocionais de crianças, adolescentes e adultos como subsídio aos processos jurídicos, bem como avaliação de políticas de cidadania, direitos humanos e prevenção da violência.

Psicologia do Esporte	Avaliação de perfil individual e coletivo, de capacidade motora e cognitiva voltada para a prática esportiva.
Pesquisa, avaliação e intervenção, individual ou coletiva, em contextos do esporte de alto rendimento, na promoção da prática de atividades físicas como condição para melhorar a saúde das pessoas.	
Psicologia Clínica	Avaliação de situações de crise, de problemas do desenvolvimento ou de quadros psicopatológicos.
Pesquisa, avaliação e intervenção, individual ou coletiva, em contextos da saúde visando reduzir o sofrimento humano, levando em conta a sua complexidade e subjetividade.	
Psicologia Hospitalar	Avaliação de intercorrências psíquicas dos pacientes que estão ou serão submetidos a procedimentos médicos, visando basicamente a promoção e/ou a recuperação da saúde física e mental.
Pesquisa, avaliação e intervenção, individual ou coletiva, em contextos da saúde, participando da prestação de serviços de nível secundário ou terciário da atenção à saúde.	
Psicopedagogia	Avaliação da aprendizagem para identificar seus determinantes e, assim, subsidiar a decisão sobre a intervenção mais adequada.
Pesquisa, avaliação e intervenção, individual ou coletiva, relacionadas aos processos de aprendizagem de habilidades e conteúdos acadêmicos.	
Psicomotricidade	Avaliação de atividades clínicas e parecer psicomotor em clínicas de reabilitação, nos serviços de assistência escolar, escolas especiais, hospitais associações e cooperativas.
Pesquisa, avaliação e intervenção, individual ou coletiva, em contextos de Educação, Reeducação e Terapia Psicomotora, utilizando-se de recursos para o desenvolvimento, prevenção e reabilitação do ser humano.	
Psicologia Social	Avaliação de políticas públicas e de ações relacionadas à comunidade em geral e aos movimentos sociais de grupos e ações relacionadas à comunidade em geral e aos movimentos sociais de grupos étnico-raciais, religiosos, de gênero, geracionais, de orientação sexual, de classes sociais e de outros segmentos socioculturais.
Atua fundamentada na compreensão da dimensão subjetiva dos fenômenos sociais e coletivos, sob diferentes enfoques teóricos e metodológicos, com o objetivo de pesquisar, avaliar e intervir no âmbito social.	
Neuropsicologia	Avaliação das funções neuropsicológicas envolvendo principalmente habilidades de atenção, percepção, linguagem, raciocínio, abstração, memória, aprendizagem, habilidades acadêmicas, processamento da informação, visuoconstrução, afeto, funções motoras e executivas.
Pesquisa, avaliação e intervenção, individual ou coletiva, em relação a cognição, emoções, personalidade e ações sob o enfoque da relação entre estes aspectos e o funcionamento cerebral.	
Psicologia da Saúde	Avaliação de populações e grupos específicos, contribuindo para a melhoria das condições de vida dos indivíduos, famílias e coletividades.
Pesquisa, avaliação e intervenção, individual ou coletiva, em relação a processos de saúde e doença, em diferentes estabelecimentos e contextos da rede de atenção à saúde, participando de equipes multiprofissionais e interdisciplinares.	

A Figura 1 apresenta possibilidades de realizar Avaliação Psicológica nas áreas de especialidades reconhecidas pelo CFP, mas há outras inúmeras opções de serviços como avaliadora, como as Avaliações Compulsórias, nas quais há obrigatoriedade de sua realização (Faiad & Alves, 2018). Dentro desta modalidade temos as avaliações para concursos públicos, habilitação ou renovação para a Carteira Nacional de Habilitação, registro e/ou porte de armas de fogo, dentre outras. Mesmo assim, apesar de termos elencado esses contextos, essa lista não se trata de um rol taxativo do que compõe o campo da avaliação psicológica. Trata-se, isso sim, de um rol exemplificativo. Muitas possibilidades poderiam ser acrescentadas.

Para facilitar a sua compreensão sobre as diversas possibilidades de serviços em avaliação psicológica, vamos propor uma separação didática: existem as avaliações que decorrem do (a) cargo, de (b) demanda e de (c) busca e oferta. Aquelas decorrentes do cargo são avaliações realizadas pela psicóloga que já tem uma colocação em um determinado campo de trabalho e realiza as atividades ordinárias para as quais foi contratada (ex.: psicólogas que são funcionárias de organizações). Nas avaliações por demanda é solicitado, em caráter emergencial ou eventual, que a psicóloga, contratada ou não, efetive avaliação para a qual tem competência (ex.: psicóloga perita em trânsito). Por fim, é nas avaliações por busca e oferta que a psicóloga entre em contato e oferte seu trabalho para pessoas ou instituições, demonstrando a importância desse serviço (ex.: consultora organizacional), conforme está sendo proposto neste capítulo.

Nesse último tipo de avaliação, "busca e oferta", note que a psicóloga se antecipa ao pedido do cliente, por exemplo, na identificação da necessidade de caracterizar uma demanda ou de compreendê-la. Trata-se de um processo ativo e não mais reativo, que envolve comportamentos empreendedores.

A Figura 2 apresenta uma análise do comportamento profissional de "oferecer proposta de trabalho de avaliadora" como uma interação entre contexto a ser considerado, ações profissionais e resultados esperados dessas ações. Os elementos da figura resumem o que abordamos até agora e nos ajudam a esclarecer os processos envolvidos neste comportamento. A primeira coluna, "Contexto", indica as situações com as quais a psicóloga deve lidar, o que precisa conhecer e o que deve considerar. A segunda coluna, "Ações profissionais", especifica atividades que a psicóloga realiza como parte desse processo mais amplo chamado de "ofertar serviços". A última coluna, "Resultados esperados", delimita que consequências devem decorrer das atividades profissionais. Por fim, o símbolo "[...]" indica que o exame poderia ser continuado, isto é, não estamos analisando tudo sobre o comportamento de "ofertar serviços".

Vamos analisar um exemplo prático sobre o exposto na tabela. A psicóloga quer oferecer seu serviço de avaliadora para uma instituição de ensino, então ela precisa se questionar: "Tenho competência para realizar um trabalho de avaliação em contexto escolar?" "Para essa instituição quais os benefícios desse tipo de serviço?" Vale lembrar que a psicóloga sempre terá que estar embasada no Código de Ética do Profissional e demais documentos normativos que forem necessários. Estando ciente de sua competência, dos benefícios e das normas e condutas éticas, a psicóloga entra em contato com a instituição, oferece o serviço explicando o motivo e ganhos que a instituição pode ter com esse tipo de serviço e, então, caso a proposta seja aceita, a psicóloga colocará em prática as suas competências como avaliadora.

Figura 2– Análise do comportamento profissional de oferecer proposta de trabalho em avaliação psicológica

Contexto	Ações profissionais	Resultados esperados
Considerar respostas às questões a seguir • Tenho capacitação para realizar determinado tipo de avaliação ou usar determinada técnica? (conhecimento científico e prático necessário); • Os efeitos desta avaliação podem ajudar a promover os princípios fundamentais do código de ética, garantem o respeito, a justiça e beneficência? • Recursos disponíveis. *Diante de:* • Demandas identificadas do cliente, necessidade de caracterizá-la ou de identificar os seus determinantes (é a psicóloga que identifica uma oportunidade de oferecer seus serviços mediante informações que ela coleta ou anúncio de uma organização sobre oportunidade de trabalho); • Valores do cliente; • Normas brasileiras e do CFP sobre prestação de serviços (e.g., art. 20 do Código de Ética Profissional). [...]	*Oferecer trabalho como avaliador* • Divulgar o próprio nome ou da empresa por meio de cartão de visitas, currículo ou redes sociais; • Identificar existência de demanda do cliente (pessoa, grupo ou organização); • Examinar viabilidade técnica, ética e econômica de realizar determinada avaliação; • Formular proposta de modo a ser compreendido pelo cliente; • Apresentar proposta, deixando claro que uma avaliação psicológica consiste em: a) Caracterizar demanda do cliente; b) Investigar fontes de determinação da demanda por meio de coleta de dados; c) Formular explicação para a demanda; d) Decidir ação profissional; e) Comunicar resultados para o cliente. [...]	*Antes do trabalho ser ou não contratado* • Proposta de avaliação psicológica apresentada; • Aumento da probabilidade de contratação da proposta; • Princípios constitucionais e do código de ética da psicóloga promovidos/Princípios do Belmont Report atendidos; *Quando a avaliação psicológica é realizada, espera-se:* • Aumento da probabilidade de que a demanda seja resolvida ou atenuada em função do subsídio dado pela avaliação às decisões profissionais da psicóloga ou do contratante do serviço; • Aumento da probabilidade de que o cliente amplie o conhecimento de si e que estabeleça uma relação positiva com a Psicologia; • Aumento da probabilidade de nova contratação para outras avaliações. [...]

Ao iniciar o trabalho ela identifica a necessidade de trabalhar a relação entre os professores e alunos da instituição e analisa (agora *in loco*) se de fato o que é necessário para uma avaliação de qualidade (e que traga benefícios) poderá ser viabilizado e como. Estando tudo certo, a psicóloga formulará uma proposta final e a apresentará à instituição. A proposta sendo bem-formulada e embasada nas questões éticas aumentará as chances de contratação do serviço. Contratado o serviço, a avaliação será realizada e espera-se que traga respostas para a demanda, para maior conhecimento da instituição sobre sua dinâmica e que, assim, novos serviços de avaliação sejam contratados a partir do trabalho bem realizado e que gerou resultados positivos.

Aqui foi exemplificado um serviço no qual a psicóloga oferece a avaliação sem que antes a instituição a tivesse procurado ou anunciado que estava à procura desse tipo de trabalho. No entanto, também há casos quando a psicóloga é procurada ou se depara com algum anúncio que recruta profissional para esse trabalho. O conteúdo da Figura 2 também se aplicará nesses casos, pois é imprescindível que todos os passos ocorram, o que irá mudar é somente o início da demanda, no qual a psicóloga irá oferecer seu trabalho a partir de um pedido direto (se procurada) ou indireto (anúncio).

Ressalta-se que parte dos comportamentos da Figura 2 também podem ser aplicados por psicólogas que atuam nas ofertas por demanda, pois uma psicóloga de uma instituição pode identificar questões a serem resolvidas e, antes de propor uma intervenção, elaborar um plano de avaliação para ser analisado pela equipe. Uma vez aceito o plano, a avaliação é realizada. Isso contribuirá para delinear de forma mais adequada a intervenção.

Por fim, reconhecendo que as psicólogas podem ter dificuldades para ofertar seus serviços e divulgar o seu trabalho, decidimos sugerir alguns recursos simples e de baixo custo (sendo alguns até mesmo gratuitos) para viabilizar essa divulgação.

a) *Elaboração de cartão de visitas* que pode, por exemplo, no caso de psicólogas clínicas, ser deixado em hospitais, clínicas psiquiátricas, serviços-escola de psicologia, entre outros. Nesse cartão deve constar, pelo menos, o nome da psicóloga, o seu número de registro no CRP e a sua área de especialização a partir de seus estudos pós-graduados, bem como endereço e formas de contato. Caso não possua títulos de pós-graduação, o mais adequado seria indicar uma área de atuação, mas sem apresentar-se como especialista, mestre ou doutora na área.

b) *Elaboração de currículo* para entregar em organizações, seja na área de RH ou em instituições de ensino. Prefira currículos com apenas uma página. Sugerimos imprimir o currículo em uma folha A4 de maior gramatura do que o comum. Isso pode aumentar as suas chances de causar uma boa impressão e também evitar que o currículo chegue ao selecionador amassado. Outra estratégia é colocar o currículo em um envelope e/ou dobrá-lo como se fosse uma carta para evitar o problema visual do papel amassado, que pode sugerir desleixo. O currículo pode ter uma foto, desde que seja profissional. Deve constar nesse documento o seu nome completo e registro no CRP, além da idade, informações de contato profissional e endereço. É importante apresentar o objetivo profissional, iniciando essa frase com um verbo no infinitivo. Em seguida, informe a sua formação universitária e pós-graduada e/ou área de atuação para a qual está minimamente capacitada com base nas experiências de estágio, de pesquisa e de sala de aula na universidade. Conquistas acadêmicas como prêmios de honra ao mérito e artigos publicados podem ser úteis, principalmente se estiverem associados ao objetivo profissional declarado. É importante indicar o domínio de outras línguas além do português e de outros cursos, como aqueles na área de informática. Especifique onde fez a capacitação, em que ano e qual a duração em horas. Em empresas privadas, indicar resultados alcançados e que puderam ser mensurados pode ser uma estratégia importante. Um exemplo de resultado seria a redução de custos na capacitação de novos membros da empresa júnior na qual trabalhou durante a faculdade ou a implementação de um serviço de registro de volume dos atendimentos no serviço-escola, o qual facilitou a obtenção de recursos junto à reitoria da universidade ou, ainda, o desenvolvimento de um procedimento de ensino bem-sucedido em uma pesquisa de iniciação científica.

Ainda sobre currículos, consideramos que pode ser uma estratégia útil cadastrá-lo no *LinkedIn* (https://br.linkedin.com/), pois muitos recrutadores brasileiros e de outros países usam essa ferramenta. No caso de psicólogas que almejam uma carreira científica, além do currículo Lattes, é importante manter conta atualizada no *Research Gate* (www.researchgate.net/), que é uma rede social para divulgar projetos e trabalhos científicos, e no Orcid (https://orcid.org), responsável por gerar um número identificador do pesquisador que tem sido solicitado por periódicos científicos.

Por fim, muitas empresas estão adotando o videocurrículo, no qual, com seu próprio *smartphone*, você grava um vídeo curto, de aproximadamente 2 minutos, apresentando todas as informações que estariam em um currículo impresso. Esse arquivo pode ser enviado por e-mail, colocado em mídias como o *YouTube* e até mesmo publicado em redes sociais profissionais, como o *LinkedIn*. Para isso você precisa cuidar da gravação: local com boa iluminação; som bem audível e sem ruídos; boa entonação da voz; expressar a fala de forma coerente e com linguagem adequada; vestimenta compatível com o que a empresa espera; e ter capacidade de síntese das informações, mas conseguindo transmitir o conteúdo necessário.

A Figura 3 exibe um modelo de cartão de visitas que pode ser útil caso você não possa contratar um *designer*, bem como um modelo de currículo. Ambos podem ser criados em *softwares* de edição de texto.

Figura 3 Modelo de cartão de visita e de currículo para psicólogas

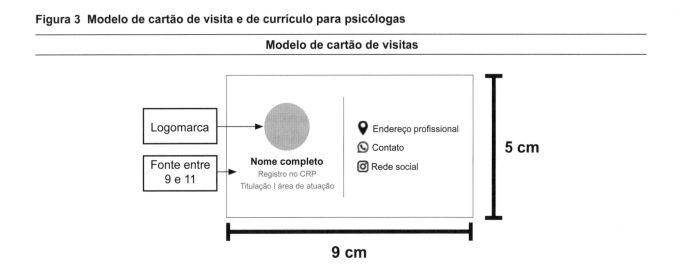

Nome completo
Estado civil, brasileiro(a), Idade anos, CPF XXX.XXX.XXX-XX
Endereço, n. XXXX - Bairro, Cidade/Estado
E-mail Número do telefone com DDD

Objetivo: Descreva de modo claro e direto o seu objetivo de trabalho

---

Formação acadêmica

Básica
✓ Nome do curso de graduação e da universidade (2015 - Atual)
  • Finalizarei o curso, no tempo regular, em (especificar data).
  • Índice acadêmico: XX, X.
  • Disciplinas cursadas diretamente relacionadas ao objetivo de trabalho (listar as disciplinas).
  • Projetos realizados e/ou resultados alcançados diretamente relacionados ao objetivo de trabalho.

Complementar
✓ Curso de Inglês (X horas) OU descrição da habilidade em inglês/espanhol
✓ Curso de Informática - Especificar o nome (Quantidade de horas - ano)

Experiências relacionadas ao objetivo

✓ Organização do "Nome de evento" (X horas - 2016).
✓ Realização de Estágio Específico do curso no qual analisei *descrever atividade* (XX horas - ano).
✓ Desenvolvimento de TCC sobre o tema *descrever* (x horas - ano).

---

c) *Desenvolvimento de um site ou conta em rede social* para a criação e compartilhamento de conteúdo sobre a área de atuação. Existem muitas ferramentas gratuitas de fácil uso que permitem desenvolver sites (e.g., Google Sites – www.sites.google.com) e diversas redes sociais nas quais a psicóloga pode divulgar artigos, notícias e textos autorais relacionados à sua área de atuação (e.g., *Instagram, Facebook, Twitter*). A psicóloga deve divulgar apenas informações cientificamente embasadas e aceitas pelo CFP. Também deve restringir-se à sua área de atuação no sentido de facilitar a vinculação do seu nome enquanto profissional aos conteúdos que divulga. Por exemplo, tratamento de crianças com autismo, educação especial, avaliação de desempenho, saúde mental etc.

Considerações finais

Em resumo, oferecer um serviço como avaliadora requer examinar questões éticas e do grau de capacitação para conduzir a avaliação que se pretende propor, bem como questões normativas relacionadas tanto ao ordenamento jurídico brasileiro quanto às resoluções e recomendações do CFP. Além disso, antes mesmo de oferecer o serviço, a psicóloga deve considerar não apenas as ofertas de emprego no mercado de trabalho, como também as suas possibilidades de atuação profissional nos diferentes âmbitos apresentados. Essa análise mais ampla permitirá a psicóloga identificar opções profissionais mais compatíveis com as suas habilidades, interesses e propósito de vida. Somente após percorrer essa trajetória e ter claro os objetivos de atuação é que a psicóloga deve começar a divulgar o seu trabalho. Propusemos duas estratégias tradicionais com modelos de como implementá-las: distribuição de cartões de visita e de currículos. Adicionalmente, indicamos duas estratégias mais recentes de divulgação do trabalho: divulgação de currículo em plataformas específicas para essa finalidade e divulgação de conteúdo (autoral ou não) em redes sociais, de modo a associar o seu nome com determinada prestação de serviço.

Independente do contexto no qual a Avaliação Psicológica será oferecida, mesmo que seja espontânea, por demanda ou por busca, a psicóloga precisa aprender a divulgar para todas as pessoas qual é o papel da ciência e prática psicológica na sociedade, bem como demonstrar todos os benefícios advindos desse conhecimento, em especial da Avaliação Psicológica. Para uma grande maioria da sociedade, a Psicologia é reconhecida por conta da prática da Avaliação Psicológica, pois durante o percurso da vida de uma pessoa será difícil ela não se deparar com algum tipo de avaliação, seja em processos seletivos, no momento de requerer a Carteira Nacional de Habilitação, entre outros. Por isso é necessário cuidar da prática em Avaliação Psicológica. Logo, saber oferecer esse serviço com qualidade é saber demonstrar seus benefícios, e para que a oferta continue sendo prestigiada é imperativo que se saiba realizar uma Avaliação Psicológica de modo adequado.

Esperamos que este texto sirva como auxílio para psicólogas recém-formadas planejarem estratégias de atuação profissional e de como ofertar os seus serviços como avaliadoras.

Indicação de referências e/ou cursos para aprofundamento no tema

Marcondes, R. C., & Zanelli, J. C. (2016). *Empreender em Psicologia (e outros campos profissionais)*. Curitiba: Juruá.

Esta obra é o produto de uma dissertação de mestrado e descreve os estágios do processo de empreender com base em experiências de psicólogas e fundamentação teórica. Os autores apresentam a elaboração de empreendimentos como uma forma de construir uma carreira envolvendo a inovação de produtos e serviços com base nas possibilidades de atuação profissional da psicóloga.

Com relação a cursos e orientações sobre demandas do mercado, sugerimos o contato da psicóloga recém-formada com o Sebrae (Serviço Brasileiro de Apoio às Micro e Pequenas Empresas). Esta organização tem o intuito de fomentar o empreendedorismo no Brasil e dispõe de muito material gratuito (http://www.sebrae.com.br/sites/PortalSebrae) que pode ser útil para que psicólogas identifiquem demandas da sociedade e como ofertar os seus serviços enquanto avaliadoras. O site do Conselho Federal de Psicologia (CFP) também apresenta informações sobre cursos e eventos na área de Psicologia, publicações gratuitas, informações sobre o código de ética e novas resoluções, bem como uma extensa e atualizada tabela de honorários baseada em serviços que a psicóloga pode realizar, muitos deles envolvendo direta e explicitamente a avaliação psicológica (consulte aqui: http://bit.ly/2JhQRAt).

Referências

Alden, L. E., & Trew, J. L. (2013). If it makes you happy: Engaging in kind acts increases positive affect in socially anxious individuals. *Emotion*, *13*(1), 64-75. Doi: 10.1037/a0027761.

American Psychological Association – APA (2018). 2019 Trends Report – Our annual guide to changes ahead for psychologists in patient care, research, technology, social justice and more. *Monitor on Psychology*, *1*, 1-31. Recuperado de: http://bit.ly/2knN4rW

Borsa, J. C. (2016). Considerações sobre a formação e a prática em avaliação psicológica no Brasil. *Temas em Psicologia*, *24*(1), 131-143. Doi: 10.9788/TP2016.1-09.

Botomé, S. P., & Stedile, N. L. R. (2014). *Múltiplos âmbitos da atuação profissional*. São Paulo: Paradigma.

Diogo, M. F., & Coutinho, M. C. (2013). Ser psicóloga no Brasil: Entre o exercício profissional e a realização de atividades domésticas e de cuidado não remuneradas. In: L. A. Lhullier (org.). *Quem é a psicóloga brasileira? – Mulher, psicologia e trabalho* (p. 93-112). Brasília: CFP. Recuperado de: http://bit.ly/2BYy7Sz

Dittrich, A. (2010). Análise de consequências como procedimento para decisões éticas. *Perspectivas em Análise do Comportamento*, *1*(1), 44-54. Recuperado de http://bit.ly/2SDzU9j

Faiad, C., & Alves, I. C. B. Contribuições do Satepsi para avaliações psicológicas compulsórias (trânsito, porte de arma e concursos públicos). *Psicologia: Ciência e Profissão, 38*(n. esp.), 50-59. Doi: 10.1590/1982-3703000208851.

Hutz, C. S. (2015). Questões éticas na avaliação psicológica. In: C. S. Hutz, D. R. Bandeira, & C. M. Trentini. *Psicometria* (pp. 165-188). Porto Alegre: Artmed.

Instituto Brasileiro de Geografia e Estatística (2019). *Pesquisa nacional por amostra de domicílios contínua – Mercado de trabalho conjuntural*. Brasília: IBGE. Recuperado de http://bit.ly/2mh3rHt

Luiz, E. C. (2008). Classes de comportamentos componentes da classe "projetar a vida profissional" organizadas em um sistema comportamental. Dissertação (mestrado) – Universidade Federal de Santa Catarina, Centro de Filosofia e Ciências Humanas. Programa de Pós-graduação em Psicologia. Recuperado de: http://bit.ly/2o3jvxb

Lyubomirsky, S., & Layous, K. (2013). How Do Simple Positive Activities Increase Well-Being? *Current Directions in Psychological Science*, *22*(1), 57-62. Doi: 10.1177/0963721412469809.

Mendes, L. S., Nakano, T. de C., Silva, I. B., & Sampaio, M. H. de L. (2013). Conceitos de avaliação psicológica: Conhecimento de estudantes e profissionais. *Psicologia: Ciência e Profissão*, *33*(2), 428-445. Doi: 10.1590/S1414-98932013000200013.

Muniz, M. (2017). Competências e cuidados para a administração da avaliação psicológica e dos testes psicológicos. In: M. R. C. Lins, & J. C. Borsa (orgs.). *Avaliação psicológica: Aspectos teóricos e práticos* (pp. 100-114). Petrópolis: Vozes.

Muniz, M. (2018). Ética na Avaliação Psicológica: Velhas questões, novas reflexões. *Psicologia: Ciência e Profissão, 38*(n. esp.), 133-146. Doi: 10.1590/1982-3703000209682.

Nunes, M. F. O., Muniz, M., Reppold, C. T., Faiad, C., Bueno, J. M. H., & Noronha, A. P. (2012). Diretrizes para o ensino de avaliação psicológica. *Avaliação Psicológica, 11*(2), 309-316.

Resolução 006, de 29 de março de 2019. *Institui regras para a elaboração de documentos escritos produzidos pela(o) psicóloga(o) no exercício profissional e revoga a Resolução CFP 15/1996, a Resolução CFP 07/2003 e a Resolução CFP 04/2019.* Brasília: Conselho Federal de Psicologia.

Resolução 09, de 25 de abril de 2018 (2018). *Estabelece diretrizes para a realização de Avaliação Psicológica no exercício profissional da psicóloga e do psicólogo, regulamenta o Sistema de Avaliação de Testes Psicológicos – Satepsi e revoga as Resoluções 002/2003, 06/2004 e 005/2012 e Notas Técnicas 01/2017 e 02/2017.* Brasília: Conselho Federal de Psicologia.

Resolução 010, de 21 de julho de 2005. *Aprova o Código de Ética Profissional do Psicólogo.* Brasília: Conselho Federal de Psicologia. Recuperado de: http://bit.ly/2CT0G3C

Resolução 013, de 14 de setembro de 2007. *Institui a consolidação das resoluções relativas ao título profissional de Especialista em Psicologia e dispõe sobre normas e procedimentos para seu registro.* Brasília: Conselho Federal de Psicologia. Recuperado de: http://bit.ly/2oK0yjF

Zaia, P., Oliveira, K. S., & Nakano, T. C. (2018). Análise dos processos éticos publicados no Jornal do Federal. *Psicologia: Ciência e Profissão, 38*(1), 8-21. Doi: 10.1590/1982-3703003532016.

Sobre os autores

Acácia A. Angeli dos Santos

Psicóloga, mestre em Psicologia Clínica pela Pontifícia Universidade Católica de Campinas e doutora em Psicologia pela Universidade de São Paulo. Docente do Programa de Pós-graduação *Stricto Sensu* em Psicologia da Universidade São Francisco. Investiga temáticas relativas à avaliação de habilidades linguísticas e metalinguísticas e de outros construtos relacionados à aprendizagem em diferentes etapas de escolarização (EF, EM, ES). Bolsista Produtividade em Pesquisa do CNPq – 1A.

Adriana Cristina Boulhoça Suehiro

Psicóloga, possui mestrado e doutorado em Psicologia, na área de concentração Avaliação Psicológica, pela Universidade São Francisco/Itatiba e pós-doutorado em Educação pela Universidade Estadual de Campinas. É professora-associada, nível II da Universidade Federal do Recôncavo da Bahia (UFRB), chefe do Núcleo de Gestão de Atividades de Pesquisa do Centro de Ciências da Saúde.

Adriana Satico Ferraz

Psicóloga, mestre em Psicologia pela Universidade São Francisco. Atualmente é doutoranda em Psicologia pela mesma universidade. Participa do desenvolvimento de estudos centralizados na avaliação de habilidades linguísticas e metalinguísticas, motivação e autorregulação para aprendizagem na educação básica e Ensino Superior.

Amanda Lays Monteiro

Psicóloga, mestre em Educação pelo Programa de Mestrado e Doutorado em Educação da Universidade Estadual de Londrina/UEL e doutoranda em Psicologia pelo Programa de Pós-graduação *Stricto Sensu* da Universidade São Francisco/USF, na linha de Avaliação em Psicologia Educacional. Professora-assistente do Departamento de Psicologia e Psicanálise da Universidade Estadual de Londrina/UEL e membro do Laboratório de Avaliação e Pesquisa Psicológica da mesma universidade.

Ana Carolina Zuanazzi

Psicóloga pela Universidade Estadual de Londrina, especialista em Neuropsicologia pelo Centro de Diagnóstico Neuropsicológico, mestre em Psicologia Clínica pela Universidade de São Paulo e doutora em Psicologia com ênfase em Avaliação Psicológica pela Universidade São Francisco. É gerente de projetos na área de Geração de Evidência no Instituto Ayrton Senna.

Ana Cristina Resende

Possui graduação em Psicologia (1997) e mestrado em Psicologia (2001) pela Pontifícia Universidade Católica de Goiás (PUC-Goiás), doutorado em Psicologia (2009) pela Pontifícia Universidade Católica do Rio Grande do Sul (PUC-RS) e pós-doutorado (2015) pela Universidade Federal de São Paulo (Departamento de Psiquiatria). Atualmente é professora-adjunta do Curso de Psicologia e do Programa de Pós-graduação *Stricto Sensu* em Psicologia da PUC-Goiás e pesquisadora do Laboratório de Avaliação Psicológica em Saúde Mental (LAPSaM I)/USF.

Presidente da Associação Brasileira de Rorschach e Métodos Projetivos (ASBRo, gestão 2018-2020), membro da Comissão Consultiva em Avaliação Psicológica (CCAP do CFP, gestão 2017-2019).

Ana Deyvis Santos Araújo Jesuíno

Psicóloga pela Faculdade Integral Diferencial, mestre e doutora em Psicologia, com ênfase em Avaliação Psicológica, pela Universidade São Francisco. Perita e especialista em Psicologia do Trânsito pela Universidade de Caratinga.

Ana Paula Porto Noronha

Psicóloga, mestre em Psicologia Escolar e doutora em Psicologia, Ciência e Profissão pela Pontifícia Universidade Católica de Campinas. Docente do Programa de Pós-graduação *Stricto Sensu* em Psicologia da Universidade São Francisco. Investiga temáticas relativas à avaliação psicológica no Ensino Superior e em Psicologia Positiva. Bolsista Produtividade em Pesquisa do CNPq-1A.

Camila Rosa de Oliveira

Psicóloga pela Universidade Federal do Rio Grande do Sul, mestre em Psicologia e doutora em Gerontologia Biomédica pela Pontifícia Universidade Católica do Rio Grande do Sul (PUCRS), pós-doutora em Psicologia pela PUCRS. Professora da Imed.

Cristiane Faiad

Psicóloga, mestre e doutora pelo Programa de Pós-graduação em Psicologia Social do Trabalho e das Organizações (PSTO) da Universidade de Brasília (UnB). Professora da UnB, vinculada ao Departamento de Psicologia Clínica e do Programa de Pós-graduação PSTO. Atual coordenadora do Curso de Psicologia da UnB. Coordena o Laboratório de Avaliação e Medidas (LabPAM/UnB) e do Grupo de Pesquisa em Avaliação Psicológica nos contextos de Segurança Pública, Privada e Forças Armadas. Membro da diretoria do Ibap (gestão 2019-2021).

Daniela Sacramento Zanini

Possui graduação em Psicologia pela Pontifícia Universidade Católica de Goiás (1998) e doutorado em Psicologia Clínica e da Saúde no Departamento de Personalidade, Avaliação e Tratamento Psicológico da Universidade de Barcelona (Espanha). Atualmente é professora da PUC-Goiás na graduação e pós-graduação em Psicologia e atua como psicóloga clínica e da saúde. É coordenadora da CCAP (gestão 2017-2019) e presidente eleita do Ibap (gestão 2019-2021). Participa do GT da Anpepp Avaliação Psicológica em Psicologia Positiva e Criatividade.

Evandro Morais Peixoto

Docente do Programa de Pós-graduação *Stricto Sensu* em Psicologia da Universidade São Francisco – USF. Pós-doutor em Psicologia pela USF. Doutor em Psicologia como Profissão e Ciência pela Pontifícia Universidade Católica de Campinas, com estágio doutoral PDSE desenvolvido na Université du Québec à Trois-Rivières – QC Canadá. Mestre em Psicologia como Profissão e Ciência pela PUC Campinas. Graduado em Psicologia pela Universidade Presbiteriana Mackenzie. Membro do GT Avaliação Psicológica em Psicologia Positiva e Criatividade na Anpepp.

Evely Boruchovitch

Ph.D. em Educação pela University of Southern California. Possui bacharelado, licenciatura e graduação em Psicologia pela Universidade do Estado do Rio de Janeiro. É professora titular do Departamento de Psicologia Educacional da Faculdade de Educação da Universidade Estadual de Campinas (Unicamp). É editora-associada da revista *Psicologia: Reflexão e Crítica* e editora de Seção da Educação Temática Digital. É membro do corpo editorial do *European Journal of Education and Psychology* e da revista *Estudos Interdisciplinares em Psicologia*. É coordenadora da Linha Psicologia e Educação do Programa de Pós-graduação em Educação da FE – Unicamp. É membro do Gepesp-Unicamp. É membro fundador da Rede Nacional de Ciência para a Educação – CpE. Foi coordenadora do GT Pesquisa em Avaliação Psicológica da Anpepp (2010-2012) e sua vice-coordenadora (2008-2010). Foi assessora *ad hoc* da Comissão Consultiva em Avaliação Psicológica do Conselho Federal de Psicologia. É bolsista de produtividade do CNPq-1B.

Fabián J. Marin Rueda

Psicólogo, mestre e doutor em Psicologia pela Universidade São Francisco. Docente do Programa de Pós-graduação *Stricto Sensu* em Psicologia da Universidade São Francisco. Investiga temáticas relativas à avaliação psicológica, construção de instrumentos de medida e psicologia do trânsito. Bolsista Produtividade em Pesquisa do CNPq-1D.

Heloísa Gonçalves Ferreira

Psicóloga, mestre e doutora em Psicologia pela Universidade Federal de São Carlos, professora-adjunta da Universidade Estadual do Rio de Janeiro.

Hugo Ferrari Cardoso

Possui mestrado/2010, doutorado/2013 e pós-doutorado/2015 pela Universidade São Francisco. Professor-assistente doutor da Universidade Estadual Paulista Júlio de Mesquita Filho (Unesp) dos cursos de Psicologia (Graduação e Pós-graduação); membro da diretoria da Associação Brasileira de Orientação Profissional (Abop – gestão 2016-2017 e gestão 2018-2019) e participante do grupo de trabalho da Anpepp (GT Pesquisa em Avaliação Psicológica).

Irani I. de Lima Argimon

Psicóloga, doutora em Psicologia, docente no Curso de Psicologia, coordenadora de Pós-graduação em Psicologia, Escola de Ciências da Saúde e da Vida PUCRS.

Júlia Beatriz Lopes-Silva

Psicóloga. mestre e doutora em Saúde da Criança e do Adolescente – Faculdade de Medicina UFMG. Professora-adjunta do Departamento de Psicologia da Universidade Federal de Minas Gerais. Orientadora de mestrado do Programa de Pós-graduação em Psicologia: Cognição e Comportamento da UFMG. Coordenadora do Laboratório de Neuropsicologia do Desenvolvimento da UFMG.

Karina da Silva Oliveira

Psicóloga, mestre e doutora pela Pontifícia Universidade Católica de Campinas, especialista em Neuropsicologia pela Universidade Estadual de Campinas (Unicamp), pós-doutoranda do Programa de Pós-graduação em Psicologia pela Universidade São Francisco. Docente do curso de graduação em Psicologia do Centro Universitário Salesiano de São Paulo (Unisal).

Karina Ferreira Leão

Possui graduação em Psicologia pela Pontifícia Universidade Católica de Goiás, Goiânia. Especialização em Neuropsicologia Clínica pelo Instituto Brasileiro em Neurociência e Ciências Cognitivas, Brasília. Mestrado em Psicologia pela Pontifícia Universidade Católica de Goiás, Goiânia. Doutorado (em realização) em Psicologia pela Pontifícia Universidade Católica de Goiás, Goiânia. Docente e supervisora do estágio de aperfeiçoamento em Neuropsicologia e da Especialização de Neuropsicologia.

Katya Luciane de Oliveira

Psicóloga, mestre em Avaliação Psicológica pelo Programa de Pós-graduação *Stricto Sensu* da Universidade São Francisco. Doutora em Psicologia, Desenvolvimento Humano e Educação pela Unicamp. Professora-associada do Programa de Pós-graduação *Stricto Sensu* em Psicologia e docente do Programa de Mestrado e Doutorado em Educação da Universidade Estadual de Londrina/UEL. Bolsista Produtividade Nível 2/CNPq. Coordena o Laboratório de Avaliação e Pesquisa Psicológica da UEL. Membro da diretoria do Ibap (gestão 2019-2021).

Larissa de Oliveira e Ferreira

Doutoranda, especialista (Neuropsicologia), mestre e graduada em Psicologia pela Pontifícia Universidade Católica de Goiás. Atualmente é docente do Curso de Psicologia na Faculdade Estácio de Sá Goiás (Fesgo), nas disciplinas de Psicodiagnóstico, Neuropsicologia, Técnicas de Exame Psicológico e supervisora de estágio em Avaliação Neuropsicológica. Experiência na área de recrutamento e seleção, avaliação psicológica e neuropsicológica infantil; em clínica atua na abordagem psicanalítica. Membro do GT de Avaliação Neuropsicológica.

Lisandra Borges

Psicóloga, especialista em Psicopedagogia, mestre e doutora em Psicologia com ênfase em Avaliação Psicológica pela Universidade São Francisco. Membro do Laboratório de Avaliação Psicológica em Saúde Mental LAPSaM III/USF. Coordenadora terapêutica na Clínica Fênix (moradia assistida para autistas severos). É professora dos cursos de graduação em Psicologia na Universidade São Francisco e dos cursos de especialização em Avaliação Psicológica e Neuropsicologia do Ipog. Parecerista *ad hoc* do Sistema de Avaliação de Testes Psicológicos do CFP (Satepsi).

Lucila Moraes Cardoso

Possui graduação em Psicologia (2003) pela Universidade São Francisco (USF) e mestrado (2006) e doutorado (2012) pelo Programa de Pós-graduação em Psicologia (área de concentração Avaliação Psicológica) pela USF. Atualmente é professora-adjunta do Curso de Psicologia e do Programa de Pós-graduação em Educação da Universidade Estadual do Ceará (Uece) e colaboradora no Programa de Pós-graduação em Psicologia da Universidade Federal do Ceará (UFC). Primeira secretária da Associação Brasileira de Rorschach e Métodos Projetivos (ASBRo, gestão 2018-2020), coordenadora do GT Métodos Projetivos nos contextos de Avaliação Psicológica da Anpepp (biênio 2019-2020). Membro da Comissão Consultiva em Avaliação Psicológica (CCAP do CFP, gestão 2017-2019).

Makilim Nunes Baptista

Doutor pelo Departamento de Psiquiatria e Psicologia Médica da Escola Paulista de Medicina (Unifesp). Docente e coordenador do Laboratório de Avaliação Psicológica em Saúde Mental (LAPSaM) do Programa de Pós-graduação *Stricto Sensu* em Psicologia da Universidade São Francisco (USF); Bolsista Produtividade CNPq-Campinas.

Marcela Mansur-Alves

Psicóloga, mestre em Desenvolvimento Humano. Doutora em Neurociências. Professora-adjunta do Departamento de Psicologia da Universidade Federal de Minas Gerais. Orientadora de mestrado e doutorado do Programa de Pós-graduação em Psicologia: Cognição e Comportamento da UFMG. Coordenadora do Laboratório de Avaliação e Intervenção na Saúde (Lavis/UFMG). Membro da diretoria do Instituto Brasileiro de Avaliação Psicológica (gestões 2017-2019 e 2019-2021).

Marcelo Henrique Oliveira Henklain

Psicólogo pela Universidade Estadual de Londrina, doutor em Psicologia pela Universidade Federal de São Carlos, professor-adjunto do Curso de Psicologia da Universidade Federal de Roraima, e colaborador externo do Instituto Nacional de Ciências e Tecnologia sobre Comportamento, Cognição e Ensino (Inct-Ecce).

Monalisa Muniz

Doutora (2008) e mestre (2006) em Psicologia, área de Avaliação Psicológica, pela Universidade São Francisco, tendo graduação em Psicologia por essa mesma universidade. Foi bolsista da Fundação de Amparo à Pesquisa do Estado de São Paulo – Fapesp desde 2002, tendo o apoio dessa instituição na iniciação científica, mestrado e doutorado. Atualmente é professora-adjunta do Departamento de Psicologia da Universidade Federal de São Carlos – UFSCar, atuando na graduação e na pós-graduação em Psicologia – PPGPsi, e é pesquisadora do Laboratório de Desenvolvimento Humano e Cognição – Ladheco. É membro da diretoria do Instituto Brasileiro de Avaliação Psicológica – Ibap (2009-2011; 2011-2013; 2013-2015; 2015-2017; 2017-2019/presidente) e conselheira titular do Conselho Regional de Psicologia da região 06-Estado de São Paulo, gestão 2016-2019. Tem experiência na área de Psicologia, com ênfase em Fundamentos e Medidas da Psicologia, atuando principalmente nos seguintes temas: avaliação psicológica, inteligência, avaliação dinâmica, inteligência emocional, desenvolvimento e aprendizagem.

Neide de Brito Cunha

Doutora em Psicologia e docente do Programa de Pós-graduação em Ciências da Linguagem e do mestrado em Educação da Universidade do Vale do Sapucaí e do Centro Paula Souza. Tem mestrado em Educação e é licenciada em Letras (Português e Espanhol) pela Universidade de São Paulo e em Pedagogia pela Universidade São Francisco. Investiga habilidades linguísticas e autorregulação da aprendizagem em todos os níveis de ensino e a formação de professores.

Patrícia Waltz Schelini

Possui graduação em Psicologia pela Pontifícia Universidade Católica de Campinas, mestrado em Psicologia pela Pontifícia Universidade Católica de Campinas (bolsista CNPq) e doutorado em Psicologia pela mesma Universidade (bolsista Fapesp). Pós-doutora pela Universidade do Minho (Portugal), sob a orientação do Prof.-Dr.

Leandro da Silva Almeida. Atualmente é professora-associada 3 do Departamento de Psicologia da Universidade Federal de São Carlos, onde ministra aulas na graduação e na pós-graduação e desenvolve estudos sobre a avaliação psicológica, inteligência/cognição, metacognição e pensamento imaginativo. É bolsista Produtividade do CNPq e coordenadora do Grupo de Trabalho da Anpepp denominado Pesquisa em Avaliação Psicológica.

Rauni Jandé Roama Alves

Doutorado em Psicologia como profissão e ciência pela PUC-Campinas. Docente do curso de graduação e pós-graduação *stricto sensu* em Psicologia da Universidade Federal de Mato Grosso.

Sabrina Martins Barroso

Psicóloga pela Universidade Federal de São João del-Rei, mestre em Psicologia e doutora em Saúde Pública pela Universidade Federal de Minas Gerais. Professora-adjunta da Universidade Federal do Triângulo Mineiro e líder do grupo de pesquisa e laboratório de pesquisa Napis – Núcleo de Avaliação Psicológica e Investigações em Saúde.

Tatiana de Cássia Nakano

Pós-doutorado pela Universidade São Francisco, doutorado em Psicologia como profissão e ciência pela PUC-Campinas. Docente do curso de pós-graduação *stricto sensu* em Psicologia da PUC-Campinas.

Tatiana Quarti Irigaray

Psicóloga, doutora em Gerontologia Biomédica, docente do Curso de Psicologia, decana da Escola de Ciências da Saúde e da Vida da PUCRS.

Thatiana Helena de Lima

Psicóloga, mestre e doutora em Psicologia pelo Programa de Pós-graduação *Stricto Sensu* da Universidade São Francisco. Professora-adjunta da graduação e do Programa de Pós-graduação *Stricto Sensu* da Universidade Federal da Bahia/UFBA. Coordenadora do Grupo Especializado em Avaliação Psicológica da UFBA. Membro da diretoria do Ibap (gestão 2019-2021).